自己成長の心理学

人間性／トランスパーソナル
心理学入門

Transpersonal
Humanistic

諸富祥彦
明治大学文学部教授
カウンセラー

コスモス・ライブラリー

自己成長の心理学——人間性／トランスパーソナル心理学入門

□■□

目次

はじめに　*1*

第Ⅰ部　生きがいの喪失

第1章　透明なニヒリズム——*9*

第2章　生きている意味がわからない——*17*

「人生に、意味なんて、あるはずがないじゃないですか」——*17*

闇のイメージを大切に——*20*

「生きる意味」に悩む小学生 —— 22
『しゃべり場』 —— 24
「つらくても、生きていかなくちゃいけないの?」 —— 26
「心の闇を共有できること」の大切さ —— 28

第3章　自分を好きになれない —— 31

ある日のカウンセリング・ルームから —— 31
自傷行為の増加 —— 33
「生命のリアリティの希薄さ」を埋めるため —— 36
子どもたちの自己肯定感の低さ —— 37
子どもの心の叫びのサインとして —— 39

第4章　一人になりたくない —— 41

ひとりじゃいられない症候群（孤独嫌悪シンドローム） —— 41

仲間からの〝同調圧力〟におびえる子どもたち —— 43
「これ以上、教室にいると、刺してしまいそうです」 —— 44
「どうして、〝ひとり〟じゃだめなんですか……」 —— 45
孤独にならなくては得られないもの —— 47
学校文化が支配する国・日本 —— 49

第5章　働きたくない —— 51

若い男たちの労働意欲の低下 —— 51
元気のない男たち —— 52
「働かない」がブーム？ —— 54
厳しい道と知りつつもフリーターに —— 56
「働くことの意味」が実感できない時代 —— 57

第Ⅱ部　「自分を生きる」心理学

第6章　人間性心理学とは
　　　――現代人の自己喪失と「自分探し」――63
現代人の自己喪失のプロセス――63
「〝自分〟探し」の時代――64
人間性心理学――〝自分〟らしく生きるための心理学――66
人間性心理学の誕生――67
「自己実現した人間」とは――71
「欲求の階層説」――72
第7章　現代カウンセリングの祖　カール・ロジャーズの生涯――77
生涯かけて〝自分〟を求めていく闘い――77
少年ロジャーズ――病弱で、内向的で、空想癖のある子ども――78

あまりに厳格な家庭の宗教的雰囲気 —— 80
中国への旅——青年ロジャーズの自立 —— 81
神学から心理学へ —— 82
児童相談への没頭と独自のアプローチの萌芽 —— 84
クライアント中心カウンセリングの誕生 —— 85
「中年期の危機」 —— 86
人間性回復運動のカリスマ的存在へ —— 89
スピリチュアリティの再獲得、そして世界平和活動 —— 90
三つの転機 —— 92

第8章　カウンセリングで何が起こるか
——自分のこころの声を聴く —— 95

カウンセリングとは —— 95
〝自分らしく〟生きるための心理学 —— 97
カウンセリングの中で、人は、どのように変化していくのか —— 99

人は、他者との関係の中ではじめて「自分自身」になることができる――102
他者との関係の中で〝ひとり〟になる体験――104
〝自分自身〟になる瞬間――107

第9章　自分らしく生きるための孤独
――ムスターカスの孤独論――111

孤独を必要とした天才たち――112
孤独の自己回復機能――114
「実存的な孤独」と「孤独に対する不安」――116
「さみしさ」と「孤独」――117
充実した孤独を手にするための五つの条件――119

第10章　こころの声を聴くために
――フォーカシングの基本的な考え方――127

フォーカシング——自分のこころの声を聴く方法——127
成功するカウンセリングに関する研究から生まれた方法——128
〝内側の曖昧な何かに触れる〟ことこそ、自分の心との対話の秘訣——132
自分のこころのどの部分をも大切にする——133
〝うちなる自分〟とどうつきあうか——136
「自分に語りかける」のをやめて「自分の内側が語りかけてくる」のを待つ——139
フォーカシングの実際——142
フォーカシングを体験してみよう——144

第Ⅲ部　「生きる意味」の心理学

第11章　生きる意味を求めて——151
「何か」が足りない……——151
実存的空虚——155
「生きる意味の問い」に憑かれる時——159

中年期の危機――160
高齢者を襲うむなしさ――162
文豪トルストイの苦悩――163
「生きる意味の問い」をどう問い進めるか――165

第12章　ビクトール・フランクルの収容所体験――167

強制収容所へ――168
収容所以降のフランクル――176

第13章　どんな時も、人生には意味がある
――フランクルの思想と理論――179

どんな時も、人生には意味がある――179
逆境の心理学――180
人生を、逆さ向きに捕らえてみること――182

人生の中心点の転換―― 185
〃悩みのタネ〃とどうつきあうか―― 187
三つの価値―①創造価値―仕事における〃生きがい〃づくり―― 188
三つの価値―②体験価値―人とのつながりにおける〃生きがい〃づくり―― 190
三つの価値―③態度価値―〃運命〃への態度における〃生きがい〃づくり―― 191

第Ⅳ部 「自分を超える」心理学

第14章 トランスパーソナル心理学とは何か―― 197
トランスパーソナル心理学の定義―― 197
スピリチュアリティを含む心理学―― 200
トランスパーソナル心理学は、どういった経緯で生まれたか―― 202
体験が要請した心理学―― 208
スピリチュアル・イマージェンス＝精神性の出現―― 212

第15章　ケン・ウイルバーにおける「人間のこころの究極の成長モデル」――215
「究極のこころの成長」を目指して――215
プレパーソナルからパーソナル、そしてトランスパーソナルへ――216
上昇の道――220
下降の道――223
第16章　私を救った「いのちの目覚め」の体験――227
すべてがうまくいっていた私――227
すべてが空しくなった時――229
哲学神経症に苦しんで――231
〝人類変革の使命〟に押しつぶされ――233
私が救われた瞬間――235
真実の前でたたずむ――238
いのちが、私している――241

第17章　つらい出来事こそ、気づきと学びのチャンス
——プロセスワークの基本的な考え——245
悩みや問題こそ〝気づきと学びのチャンス〟——245
〝問題〟や〝悩みのタネ〟の立場に立つ——247
プロセスワークの創始者、アーノルド・ミンデル——249
プロセスワーク＝気づきと学びのための総合的アート——254
病は〝人生の贈り物〟——255
腹痛のプロセスに従って——256
〝喉の痛み〟のメッセージ——258
〝症状の作り手〟になってみる——260
嫌な人間関係も、気づきの機会——264
〝嫌いな人〟が教えてくれること——266

第18章　死の場所から生を見つめる
——キューブラ・ロスに学ぶ——269
死ぬのが怖いですか——269
永遠の虚無——270
輪廻転生をあいまいなまま、肯定する——272
死んだら、どうなるか——273
死にゆく過程の五段階——276
さなぎから飛び立つ蝶のように、私たちはからだを脱ぎ捨てる——277
第19章　自分を生きる　運命を生きる
——J・ヒルマンに学ぶ——281
孤独にとどまり続けると、見えてくるもの——281
自分を生きること、運命を生きること——282
ジェームズ・ヒルマン〝運命の感覚〟の復権——トラウマ理論への警鐘——284

ヒルマンとのインタビュー――287
スピリチュアル・レボリューション――〝見えないものを見るこころの目〟――290
自己変容と世界変容への同時的働きかけ――293

第Ⅴ部　エッセイ集：生きていくためのヒント

第20章　生きていくための九つのヒント――297
1　何をやってもだめな時、それでも生きていく心の工夫――297
2　因果論について――300
3　スピリチュアル・リテラシー――305
4　人間は「未来から呼びかけられている存在」である――309
5　呼びかけ、挑発してくる時間――312
6　幸福の8割は偶然！――315
7　授業「人生で一番大切なもの」――319
8　みんな、悩んでいいんだよ――全校公開カウンセリング開催！――322

9 「わかってもらう」ということ —— 325

初出・謝辞 —— 331

「気づきと学びの心理学研究会（アウェアネス）」のご案内 —— 332

はじめに

現代は、実に生きづらい時代です。私たちは、多くの悩み苦しみを抱えながら日々を生きています。

私自身も、そのひとりです。とても人には言えないような、つらい思いをいろいろと抱えながら、毎日を過ごしています。まったく悩みのない人など、ほとんどいないのではないでしょうか……。

そして、こんな生きづらい時代を生きぬいていくためには、「私たち自身の人間としての成長」がどうしても必要になってきます。人間として日々成長していかなくては、とても生きていくことができない困難な時代を私たちは、生きているのです。

本書『自己成長の心理学――人間性／トランスパーソナル心理学入門――』は、そんな生きづらい時代の中で、私たち現代人が抱えているさまざまな悩みや苦しみに目を向けつつ、悩み苦しみながらそれでもなお生きていかなくてはならない私たち自身の生きるヒントを、人間性／トランスパーソナル心理学という新しい心理学に求めていきます。

人間性／トランスパーソナル心理学というのは、一言で言うと、こころの病気の治療よりもむしろ、健康な人の「さらなるこころの成長」＝「自己成長」の援助を専門とする心理学です。

本書は、次のような方に是非、お読みいただきたい本です。

●人間としての成長、自己成長に関心がある。もっともっと、人間として成長していきたい。その道しるべがほしいが、宗教や占いよりも、もっと学問的背景のあるものを学びたい。心理学の理論に基づいた自己成長のヒントが欲しい。

●自分自身について立ち止まって、深く考えてみたい。そのヒントが欲しい。

●自分が何ものなのか、よくわからなくなることがある。

●毎日がともかく、むなしい。あれが、これが、むなしいというのではない。すべてがむなしくて、むなしくて……こんな人生を、これからあと数十年も続けていかなくてはいけないかと思うと、いやになる。

●生きるのが、つらい。苦しい。その正体を知りたい。

●一〇代半ばから三〇歳くらいのお子さんがいるけれど、どんな気持ちでいるのか、知りたい。

また当然、次のような方にも、ぜひお読みいただきたい本です。

●カウンセリングの勉強をしていて、その中で、ロジャーズとか、フランクルとか、フォーカシングといった言葉を聞いた。どうやら、人間性心理学というらしい。関心を持った。また、トランスパーソナル心理学という、人間を超えたスピリチュアルな次元に焦点を当てた新しい心理学があると聞いて、それにも関心を持った。もっと学びたい。
●ロジャーズの本、フォーカシングの本、フランクルやミンデル、ウィルバーの本などを一冊一冊読んでいくのはたいへんだし、その時間もない。人間性心理学やトランスパーソナル心理学について一冊読めば、おおまかなエッセンスを理解できるわかりやすい本を読みたい。（私は、人間性心理学とトランスパーソナル心理学を一続きのものとして理解した方が、それぞれのよさが生きると考えています。また、欧米でもこのような呼称がしばしば用いられていることから、両者を明確には区別せず、人間性／トランスパーソナル心理学という呼び方を好んで使っています）。

いかがでしょう。この本が、どんな本か、御理解頂けたでしょうか。

つまりこの本は、ロジャーズ、ジェンドリン、マズロー、パールズ、フランクルらの人間性心理学、ウィルバー、グロフ、ミンデルらのトランスパーソナル心理学、そのいずれについても、一冊で、しかも両者の関連に触れながら学ぶことができるわかりやすい入門書であるとともに、それを学びつつ、同時に私たち自身のこころについても理解することができ、その中で人間としての成長（自己成長）をはかっていくためのヒントを得ることができる本なのです。

なぜ「生きづらさ」や「悩み」「苦しみ」が「人間としての、自己の成長」に結びつくのか、と思われた方もおられるでしょう。

私は、「この人生のすべての出来事には意味がある」と思っています。どんなにつらく苦しい出来事であっても、悩み苦しみには意味があり、気づきと学び、自己成長のチャンスになりうると考えているのです。

なかでもとりわけ、成長に伴って生じざるをえないのが、「空虚感」＝「実存的なむなしさ」の感覚です。人間は、いまの自分では飽き足らなくなり、さらなる成長が必要なとき、けれども、どの方向に進んで向かっていけばいいのかわからない時、その人の内面には実存的なむなしさの感覚、「ただただ、生きるのが、むなしい」という、あの感覚が生まれてくるのです。そしてこの「むなしさ」の感覚こそ、いまの自分に飽き足らなくなった人が、さらなる人間としての成長、「自己成長」を求めて歩み始める動機となりうるのです。

この本が、あなたの、そうした「自己成長の旅」のガイドブックになれればとこころから願っています。

この本の全体の構成についても説明しておきましょう。

全体は五部構成で、第Ⅰ部では、若者たちの訴えをとりあげながら、現代人のこころの実情に迫っていきます。

第Ⅱ部では、ヒューマニスティック心理学（人間性心理学）の代表的な考えや手法を紹介しながら、「自分を生きる」＝自分らしい人生を生きるとはどういうことか、またそのために何が必要かを考えていきたいと思います。

第Ⅲ部では、ビクトール・フランクルの考えを紹介しながら、生きる意味の問題について考えていきます。

第Ⅳ部では、プロセス指向心理学などをはじめとするトランスパーソナル心理学の考えをもとに、さまざまな心の闇や人生の苦しみからどんなメッセージを受け取っていくか、そこにどんな意味を見出していくのか、また、単に自分を生きるだけでなく「運命を生きる」とはどういう生き方なのか、考えていきたいと思います。

そして、今回の改訂版において、新たに加えた第Ⅴ部が、最新版。「自分」を見つめ、この苦しい毎日を「生きぬいていくヒント」を見つけていくための、さまざまなショート・エッセイを掲載しました。

鮮度では、ここが抜群です。

第Ⅲ部でとりあげる、神経科医ビクトール・フランクルは、かつて、終戦直後のオーストラリアのラジオ国営放送で、心理療法についての連続講義をおこないました。フランクルは、それは単なる知識の伝達を目的としたものではなく、聴衆を対象にした〝大衆神経症の治療〟を試みたものであったと言っています。

この本は、人間性／トランスパーソナル心理学のわかりやすい入門書ですが、このフランクルのラジオ講座と同じように、読者のみなさんにとって、単なる知的な学習にとどまらず、みなさん自身が自分を見つめ、自分が何のためにこの世に生まれてきたのか、ご自分の生きる意味、目的や、使命は何なのか、ゆっくりと考えていく一つのきっかけになればと願っています。

なお、本書のもとになったＮＨＫラジオ第2放送の番組出演中、その内容を練る際毎回のように、大竹直子さん（千葉大学カウンセラー　法政大学講師）から、たいへん示唆に富む、多くの貴重な御助言とアドバイスをいただきました。人間の心についての彼女の深い洞察力のおかげで、本書に豊かな膨らみが与えられました。心から御礼を申し上げます。

※引用に際して、読者の便宜のために邦訳文献を示しましたが、可能な限り原文に当って訳し直したため、必ずしも訳文が一致していないことをお断りしておきます。

第Ⅰ部　生きがいの喪失

第1章　透明なニヒリズム

まず、私が、現代という時代をどのように捉えているか、お話をしてみたいと思います。私がここでキーワードとして提出したいのが、〝透明なニヒリズム〟という言葉です。

〝透明なニヒリズム〟とは何か。

カウンセリングの例などを出しながら、説明してみましょう。


心理カウンセラーである私は、子どもたち、若者たち、大人たちの声に耳を傾けながら毎日を過ごしています。ここ数年の間に、さまざまな悩みにどこか共通するものが感じられるようになってきました。

それは、ありていに言ってしまえば、〝空虚感〟とか、〝人生の意味の喪失〟〝生きている実感の欠如〟といったもので、その存在自体はずいぶん前から指摘されていたものですが、ここ数年、その表現のされ方が、ずいぶんあからさまに、というか、ストレートになってきたように感じるのです。

人間の悩みや苦しみには、その時代時代の固有の空気が微妙に反映されます。

たとえば、ここ数年激増し、先進国の中でも顕著な中高年の自殺者の問題。今やこの国は、交通事故死の何倍もの人たちが、みずから命を絶たざるをえなくなるほど、生きづらい世の中になってしまったのです。

こうした時代の空気に敏感なのは、思春期から二十代半ばにかけての若者たちです。まず、彼ら彼女らの言葉に耳を傾けてみましょう。

ある大学一年生の女の子はこう訴えます。

「私、何のために生まれてきたのか。それがわからないんです。私が、今、ここに存在していることに果して意味があるのかどうか、それがわからない。

決して手を抜いているわけでも、シラケているわけでもありません。私なりに日々努力して、それなりに一生懸命生きているつもりではいるんです。

でも同時に、『それが何なの?』『で、その先は?』『昨日や今日と同じような毎日がずっと続いていくのだとしたら、人生って結局、何の意味があるっていうのよ』そんな問いが頭の中をぐるぐる駆けめぐって離れないんです」

次は、高校二年生の男の子。彼の手首には、カッターによる切り傷の跡があります。

「俺ってさあ、たいした能力があるわけじゃないじゃん。たいした学校行ってるわけでもないし。『どうせ俺なんか、いてもいなくも同じ』そう思うと、自分が生きているって実感できなくなるんですよね。でも、こうやって、カッターで自分の腕を傷つけて、血がタラーッと流れていくのを見ていると、あぁ生きてるんだって実感できるんですよね」

生きている実感が、ない。自分が生まれてきたことの意味が、わからない……若者たちのこうした訴えは、別に、今に始まったことではありません。

けれど、最近感じないではいられないのは、かつてはこうした訴えをする若者たちは（たとえば不登校やひきこもりの若者の中に）ごくたまにいたにすぎなかったのに対し、ここ数年は、ごく普通の、元気に学校生活を送っているようなタイプの子たちさえ、こういう言葉を口にするようになった、ということです。

たとえば、休み時間の度にカウンセリングルームにやってくる中学校一年生の女の子。ある日彼女は、入ってくるなり、こんなふうな訴えをもらしました。

「何をやっても、つまらないんです。毎日、勉強、勉強で。友だちはいるし、遊んでますよ、結構。親もやさしいから、欲しいものは、何でも、買ってくれる。

でもね、先生。友だちと遊ぶ約束しても、『したいこと』が何もないんです。お母さんから『何か欲しいものないの？』と聞かれても、何も浮かんでこないんです」

中学一年で、「したいこと」もなければ「欲しいもの」もない、という。こういう〝欲のない子ども〟たち〟が増えている気がします。生きるエネルギーが低下しているのでしょうか。

少し驚いたのは、卒業を間近に控えた大学四年生男子の次の言葉。


「俺、卒業しても就職しません。しばらく、家事手伝いっていうか、家の仕事でも手伝いながら、好きなことしてたいんです。

まわりの大人をみていると、何だか、大学出たら後は、ひたすら一生懸命働いて、みたいな生き方がいいとは思えなくって。働くことの意味がわからないっていうか。もちろん、飯食うためには、そのうち働かなきゃ、とは思うんですけど。親父が元気で、楽できるうちはできるだけ自分の気持ちに正直に、自由に生きるほうがいいのかなって」


単にフリーターの増加、というだけではすまされない。今の日本では、「働く」ということが若者にとって魅力あることに思えなくなってしまっている。このことこそが問題なのです。

失業率がいずれ一〇％に達するといわれている日本で、何て贅沢な悩みだ、と言いたくなった方もおられるに違いありません。

というわけで、最後は、会社をリストラされ、お子さんが不登校になってカウンセリングに見えられた四十代半ばの男性の話。


「どうやって、やる気を出せばいいか、わかんないんですよ。ずっと働けると思ってた会社を、部下の仕事のミスを理由に突然、首切られちゃって。やっと見つけた次の仕事では、まったくの平扱い。プライドなんて気にしてたら、やってられないですよ。で、我慢して仕事してたら、今度は子どもが学校行かなくなっちまうし。クタクタになって家に着いて、学校も行かずにゴロゴロしている子どもの姿を見ると、『俺は、何のために働いてるんだ』『俺のこれまでの人生って、いったい、何だったんだ』と、そう思っちゃうんですよね」

いかがでしょう。こうした訴えの背後に、どこか共通するトーンのようなものが感じられはしないでしょうか。

彼ら彼女らは訴えます。「生きている意味がわからない」「働くことの意味が実感できない」「自分がわからない。自分が何をしたいのか、何がほしいのか、わからない」と。こうした、自己や人生のむなしさについての訴えは、一九八〇年代あたりから、しきりになされてはきました。しかし、私の見るところ、かつては影でひっそりと投げかけられてきたこうした訴えが、ここ数年、あまりにもあからさまに、当たり前のようになされるようになってきたようなのです。本来独特の暗さが付きまとうはずのこうした訴えが、もはや、公の場で、隠されることもなしに、臆面もなくなされるようになってきた、という印象があります。

ニヒリズムと言えば、たしかにニヒリズムなのでしょう。

しかしそれは決して、かつての時代のような暗黒のニヒリズムではない。暗闇の中を彷徨い、いつか光を見いだそうとするような類のものではない。

それは、むしろ、透明なニヒリズム。

黒いニヒリズムではなく、真っ白なニヒリズム。

先が真っ暗で何も見えない、光が見いだせない、というのではない。

この先は、どこまでも透けて見えていて、透けて見えるからこそ、どこまで行っても結局何もありはしないということがわかってしまう。そんな類のニヒリズムなのです。

この雰囲気は、今、私たちの時代に浸透している空気と似通っています。

今の日本では、これまで確かだと信じられてきたさまざまなものが、とたんに音をなして崩れ始めました。

完全失業率はいずれ一〇％まで上昇するのでは、とも言われています。かつて、「一億総中流」などと言われ、「どこよりも安全な国」と言われた日本は、もう、どこにも存在していません。

もはや確かなものは何もなく、したがって、何が起こっても不思議はないというリアルを明るみの中で受容する感性。

そこに私は、「生きている実感がない」と訴える若者の背後に潜む、〝どこまでも透明なニヒリズム〟との一致を見出すのです。

先にあげた、一連の悩みは、いわば〝実存的な悩み〟で、こうした悩みは、心理学の理論で言うと、私が専門とする人間性／トランスパーソナル心理学という新たな心理学の潮流で扱ってきたものです。

この本では、この潮流の心理学の代表的な考えを紹介しながら、同時に、みなさんがご自分のことを見つめることができるような、そんな話をさせていただきたい、と思っています。

第2章　生きている意味がわからない

「人生に、意味なんて、あるはずがないじゃないですか」

心理カウンセラーである私は、これまで、さまざまな人の悩みに耳を傾けてきました。ある時は、大学のカウンセリングルームで大学生の悩みをお聴きしましたし、ある時は、児童相談所で不登校の子どもたちやその親とかかわってきました。

不登校がきっかけで、自宅や自室にこもって社会的活動から身を遠ざける、いわゆるひきこもりの若者たちの宿泊治療施設に勤めていたこともあります。

今は、近隣の中学校にスクールカウンセラーとして通い、子どもたち、親たち、先生たちの話をうかがっています。さまざまな心理学のワークショップ（http://morotomi.net/）も開催していますが、そこでは、企業勤めの方、主婦の方など、大人の方の苦しみをお聴きすることが多くなります。

また、本を書くようになってからは、遠方からの飛び込みのカウンセリングの依頼も増えてきました。

私には、『〈むなしさ〉の心理学』『人生に意味はあるか』（講談社現代新書）『生きていくことの意味』（ＰＨＰ新書）『生きるのがつらい』（平凡社新書）『孤独であるためのレッスン』（ＮＨＫブックス）『魂のとびらをひらく　125の気づきの言葉』（集英社be文庫）『どんな時も人生には意味がある』『ほんとうの恋の育て方』（PHP文庫）といった著書があります。生きる意味や目的、またそれを見出せないことによる現代人の空虚感の問題をとりあげた著書があります。（インターネット書店のamazonで私の名前を入れて検索していただくと、ちょうど一〇〇冊くらい出てくるはずです）。

そんな拙著をお読みいただいた方の中で、勤務先の大学の学生さんはもちろんですが、手紙やファックスで、東北とか四国とか、かなり遠方からも相談の依頼を受けることがしばしばあるのです。

心理カウンセリングというのは、一般の人生相談と違って、通常は一回きりの相談というのは、まずお受けしません。週に一回、一時間程度の時間をとって毎週お会いすることではじめて可能となるものです。

したがって私も、大学宛に届いたお手紙を受け取り、お読みして、特に深刻な悩みや症状の重そうな方には、もっとお近くの相談機関をお勧めすることにしています。

しかし、手紙の内容にこちらも興味をおぼえ、しかも心の健康度がかなり高いとわかる方に限って、遠方の方でも、お会いすることが時々あります。カウンセリングというよりも、自分を見つめ、これからの生き方を模索していく自己探索の作業をお手伝いする「個人セッション」と呼ばれるものです。（ご希望の方は、http://morotomi.net/をご覧ください）。

「個人セッション」では普通、自分の課題を持ってこられて、それを私がお聴きし、お話をしたり、自己探索のワークをおこなっていったりするのがふつうです。

けれども、ここで紹介するのは、そんな普通の個人セッションとはまったく異なる、ちょっと異色の展開になった、そんなセッションの断片です。

遠方から一回きりの個人セッションのために、私に会いに来られた四十代半ばの女性。おそらく電車や飛行機の中で再度読みなおしておられたのでしょう。私の著書の何冊かをバッグの中から取り出されました。たくさんのページに朱で線が引かれていたり、ポストイットが貼られたりしています。「私の熱心な読者の方なんだろうなぁ。ありがたいことだ」と思い、その気持ちをお伝えすると、こう言われたのです。

「先生、申し訳ないんですけど、先生がここでおっしゃってることは、ぜったいに間違っています。今日は、それを認めていただきたくて、こちらまで参りました」

私の本の中には、人生の意味をめぐる私自身の見方を提示した箇所があります。

「どんな時も、人生には、意味がある。重い病とか、家族の不和とか、そういった一見否定的に見える出来事の背後にも、深い意味が潜んでいることが多い。この人生のすべての出来事には、意味が潜んでいる。そんな姿勢で人生を捉えてみることが大切です」

おおよそ、こんな内容なのですが、その当たりを指で指しながら、「ここは、ぜったいに間違っている」とおっしゃるのです。

「何だ。私に反論したくて、わざわざここまでやってきたのか」――一瞬そう思いましたが、すぐにそれが、単なる知的な反論などではないことがわかります。

彼女は、全身をブルブルと震わせながら、こう言うのです。

「生きていくことに、意味があるだなんて言われたら、困るんです。もし、この人生に意味があるとしたら……私のこれまでの人生は何だったんだって、ことになってしまいます。子どもの頃は両親に振り回され、結婚してからは夫に虐げられ続けただけの、私の人生。生きていると言えるかどうかも怪しい、私の人生……。

人間なんて結局、モノにすぎない。心だって脳という物質が作り出した幻だ。すべての人間は、みんな死んで、灰になるだけ。そう思えると、『そうか、人生なんて結局無意味。それでいいんだ』と、すごく気が楽になる。落ちついてくるんですけど、先生みたいに、人生には意味があるだなんて書かれると、自分の人生が、あまりにも惨めで、惨めで……」

闇のイメージを大切に

「生きていくことに、意味があるだなんて言われたら、困る」という彼女の言葉が、私の心に、グタッと突き刺さりました。

それはそうだ、と思うのです。人生そのものが灰のようにしか思えない時、「どんな時も、人生には、意味がある」なんて言葉を読むと、単なるきれい事か、お説教にしか聞こえない。もっと落ち込んでしまうのが、関の山です。

第一、私自身、中学三年から大学三年くらいにかけて、長い間「この人生に、いったいどんな意味があるのだろう」と思い悩んだことがあるのです。自分を含めて、すべての人間はしょせん、自分のことしか考えられない醜い存在だ。人類はいったん滅んで、真っ白な灰になって、生まれ変わる必要がある……などと、どこかのカルト宗教まがいのことを考えていた時期もありました。

自殺を考えたことも、一度や二度ではありません。そんな時、誰かが「人生には、意味がある」などと、しかもどこかの大学の先生が語っていたら、どうでしょう。「しょせん、あなたは、今、幸せで、しかも大学の先生なんて地位も得ているから、そんなふうに偉そうなことが言えるのだ。こっちのことなんか、わかってたまるか」と著者を罵倒したくなったのではないでしょうか。

ですから私は、実際のカウンセリングの面接では、相談に来られた方に「人生には、意味がある」などという私自身の信条を語ることは、まずありません。むしろ、人生が灰にしか思えないのなら灰のイメージ、暗闇にしか思えないなら暗闇のイメージをそのまま大切にし、味わい、それを深めていくことから始めます。そうした否定的なものを大切に深めていくことからしか、新しいものは生まれてこないものだからです。

私は、「私の本のせいで、ずいぶん悩ませてしまったみたいですね。でも私は、『人生の意味を見つけ出せなければ、だめなんだ』と言っているわけじゃないんです。

あの本でも書いたように、私もかつて、自殺未遂をしたことさえ、あります。今は何とか、「人生には意味がある」と思えているけれど、もともと心が弱いほうだから、この先またどうなるか、わからないし……。

ところで、あなたが人生についてどのような思いやイメージを抱いておられるか、もう少しお話しいただいても、いいですか」——こんなふうに切り出しました。そこで語られたイメージの断片を手がかりに、ほんのちょっぴりでも大切な気づきを得てお帰りいただければ、と願って、話をお聴きし始めたのです。

「生きる意味」に悩む小学生

先に紹介した女性は四十代半ばで、いわゆる〝中年の危機〟に相当する年齢ですが、当然ながら、「生きる意味」の問題に悩むのは中年だけに限りません。「生きる意味」の問題は、人生のどの時期でも悩むに値する人生の大問題です。

けれどもやはり、この問題に最初に真剣に悩みはじめるのは、多くは十代後半から二十代半ばにかけてでしょうし、青年期の延長が指摘されている最近では、三十代になって、「生きる意味とは」と悩み始める方も少なくないようです。

さらに最近は、この問題に関心を持ち始める時期の子どもの年齢の低年齢化も指摘され始めています。

ある地方新聞の投稿欄に、中学生の子どもが「人生に意味があるかないかわからない」と投書し、それに対する反響が続々と寄せられて特集になったことがあります。ある読者の方が、それに返答する投書の中で、私の著書を勧めてくれたので、私の知るところとなったのです。「こんなにつらいことばかりのくり返しなのに、どうして、生きていかなくてはいけないのか、わからない」という訴えに、さまざまな反響が寄せられました。

新聞に投稿をするような、ませた中学生だけではありません。

たとえば、カウンセリング・ルームで出会う中学一年生の不登校の女の子あゆみちゃん（仮名）。不登校の子どもの個性は、じつにさまざまですが、中には、学力のほうはそれほど高くはなくても、人生や生き方、こころの問題などについておそろしく深く、また真剣に考えている子どももいます。そんな子が、私とプレイセラピィをして、ゲームをしたりイラストを描いたりしている間に、ぽつんとこうもらしたりするのです。

「先生、私、昨日の夜、ぼーっと空をながめながら思ったんだけど、私の魂は、どうして、〝いま・ここ〟の〝この私〟を選んでやってきたんだろう。ほかの星でも、ほかの国でも、ほかの物体でも、ほかの生き物でもよかっただろうに。

私の魂が、〝いま・ここ〟の、この私を選んでやってきたってことは、やっぱり何か、意味があるんでしょうか」

私は、絶句しました。ほかの子が、学校に通い、みなと同じような勉強をする合間に、この子は、夜空の星と対話をしながら、自分の魂について思いをめぐらしていたのです。

私は、中学校のカウンセラーをしていますから、小学生のお子さんの悩みは、直接受けることは、あまりありませんが、少し前にある教育関係の出版社の方から「小学生高学年向けの、生きる意味の本を書いてくれませんか」との依頼をいただいて、驚いたことがあります。「小学生向けの、生きる意味の本？」おたずねすると、「最近は、小学校五、六年生の子どもが『何のために生きるのか』と悩み始めているようなのです。先生が適任だと思いまして」とのこと。たしかに魅力的なプランで、「いつかは書いてみたいのですが、今はとてもその自信がありません。小学生向けならば文章だけで考えだせるのはしんどいので、半分絵本のような形で、文章だけ担当するのならいいですよ」とお答えしましたところ、プランは中座しているようです。

生きる意味の問題は、当然、死の問題とも直結します。いろいろな意味で、大人と子どもの境界線が薄くなっているのを実感させられます。

『しゃべり場』

以前、ＮＨＫのＥＴＶで放映していた『真剣１０代しゃべり場』という番組がありました。十代の若者十数人が輪になって、共通のテーマについて真剣に語り合う、という番組。私も好きで、時折見ていたのですが、いつも感じさせられるのは、十代の若者たちの魂の純粋さ。まったすぐに問題の核心に飛び込んでいくので、もちろん整理はされていないのですが、議論のレヴェルは、ある意味では学会などよりはるかに上。対象的に、まぬけに見えてしかたがないのが、いつも呼ばれている映画監督とか、作家などのゲストの方々。下手に先輩ぶるだけで、ぜんぜんついていけていない。どうして誰も、「すみません。私のこころは世渡りをしているうちに濁ってしまって、あなた方の魂の純粋さにはかないません」と頭を垂れることができないのでしょうか。しょせん、おとなには、思春期の子どもたちのこころが理解できないというコンストラスばかり浮かび上がってしまいます。

この番組でも、「人生の目標」や「生きていくことの意味」が幾度かテーマとして選ばれ話し合われていました。

ある回では、「生きている実感、どうしたら得られますか」というテーマで話し合いがおこなわれました。

ある男の子

「そのうち、人生が終わって、そして僕のことを覚えている人たちも、みんな死んでこの世から消えていなくなってしまう。ぼくのことを覚えている人も、誰も、いなくなってしまう。そんなことを考えていると、死んでしまいたくなるんだ」

別の男の子

「ぼくは今、生きている実感もなければ理由もわからない。何のために生きているのか。今、この瞬間、何のためにあるのか。こんなに苦しいのに、なぜ生きていかなくてはいけないのか。それがわからないし、この先、どうなっていくのか、まったく見えない……」

ある女の子

「私は、無になりたい。無というのは、喜びも、悲しみも、何もない世界。そして無に一番ちかいところが、死だと思うの……」

別の女の子「そんなの、最低！　最高に、最低!!」

番組の反響は大きく、終了後、実に千通を越えるメールが届けられた、といいます。

「つらくても、生きていかなくちゃいけないの？」

それを受けて、数ケ月後、「生きる意味って何ですか」という四時間のスペシャル番組が放送されました。二部構成で、第一部は「人生の目標」について、そして第二部のテーマは「つらくても、生きていかなくちゃいけないの」。

話し合いの合間に、番組に寄せられたメールやＶＴＲが流されます。

中学一年生男子

「毎日がただ、過ぎていきます。何事もなく。私には、人生の目標と呼べるようなものはありません。だから、何度も死のうと思ったことがあります。だって、そんな人生には意味がないように思えるから」

高校を中退した後、何もせずに毎日を過ごしている十七歳男子

「花を見ていると、楽でいいなぁ、と思う。花は、ただ、大きくなればいい。どう生きればいいいか、とか、いい高校入らなきゃ、とか、そんなことは考えていないと思う」

自殺未遂の体験がある十代後半の女性

「何のために生きるのか。愛されるために生きる、とかっていうけど、きれいごとのような気がする。私は、『生きる意味を探すために生きる』これが、一番現実的で納得がいく」

友人が自殺した十七歳の女性

「私は自殺はしない。最後まで、生き抜いてやる。だって、しょうがないじゃん。生まれちゃったんだから」

話し合いのほうも、前回以上に、シリアスに展開していきます。

話題提供者の女の子の訴え。「どうしてこんなにつらいのに、生きていなくちゃいけないんですか。生きている理由は、どんなに探しても見つからないのに、どうして生き続けなくてはいけないのか。すべてがとても面倒になって、死にたくなってしまう」。彼女には、二度ほど、首をつって死のうとした経験があります。〝喜びも、悲しみも、何もない世界＝無の世界〟への、あこがれがあるからです。

衝撃的だったのは、彼女が「私は、今、目の前で、友人がみずから命を断ったとしてもそれをとめることはしません」と発言したこと。「もちろん、あなたが死んだら悲しい。私は、とても、とても悲しい、という気持ちは、一生懸命に伝えると思う。だけど、とめることはできない」。そう言うのです。

彼女は、いのちの重さがわかっていないのでは、ありません。そうではなく、生きることがどれほど重く、つらいことかがわかるから、死んでいくのをとめることはできない。これほどつらい人生を、生きていくのを選ぶのを強制することは、誰にもできない。自分の人生は、自分で選ぶほかない。だから、私は、とめない、というのです。

四時間に及ぶ話し合いは、当然ながら、結論も出ることなく終わりました。参加者の十代の若者たちはみな、頭を抱え、重苦しいムードだけが、そこに残りました。

「心の闇を共有できること」の大切さ

私は、この番組を見ていて、こころの底から、素晴らしいと思いました。テレビ番組を見ていて、これほど魂が震えたのは、じつに十年ぶりくらいのことかもしれません。

「こんなにつらくて、つらくて、たまらないのに、どうして生き続けなくてはならないのですか」――この問いは、私が、カウンセリングの中で最もしばしば突きつけられる問いのひとつです。その前で私は、ただ立ち尽くすほかないのですが、多くの相談者は「こんな話、誰にも話すことができないんすけど」そう付け加えます。

先程のテレビ番組や新聞の投書欄を見ていて、私が感動するのは、かつては一人、抱え込むほかなかった「心の闇」をこうして共有できる場ができたのだ、また、そうできるような雰囲気が立ち上がりつつあるのだ、ということです。

先に、ある高校生の「花は、悩まなくてすむから、楽でいい」という言葉を紹介しました。私も、できることなら、花のように、あるいは、草木のように、自然体で生きることができればいいなぁ、と思います。

でも、別の観点から考えると、生きる意味について悩むことができるのは、人間だけに与えられた特権です。この本の後半で紹介するフランクルという精神科医は、生きる意味の悩みや、生きている実感の欠如などの訴えを「実存的空虚」と呼びます。そして、それは、決して病的なものでも、あるいは、早く取り除くべき問題などでもなく「人間におけるもっとも人間的なものの表現」であると言います。

後でもお話ししますように、人間には、孤独に耐える力、一人でしっかり悩む力も必要です。しかし、「生きる意味なんてないのでは」といった「心の暗闇」を、あまりに長い間一人で抱え込みすぎると、それこそ病になりかねないし、自殺の引き金にもなりかねません。少し前までは、「根暗」はよくないもの、「暗さ」は一人で抱えるもの、という世の風潮がありました。私たち大人も子どもに「明るい子になりなさい」と言ってきたものです。それによって、「心の闇」はますます居場所を失っていきました。

しかし、新聞の投書欄やテレビ番組で、自分の悩みをきちんと言葉にして表現できる若者たちの姿を見ていると、また、そんな（以前であれば「危険視」されていたであろう）番組を流せるようになったことに思いを寄せると、ようやく「暗さ」の価値が認められ始めたのだ、「暗さ」を表舞台で共有できる時代になってきたのだなぁ、と思います。これは、とてもいいことです。共有できることで、一人一人の抱える「闇」は軽くなります。また、共有し、支えあうことで、「心の闇」は、それに圧倒され押しつぶされるものではなく、自分の心を深め、成長していく糧ともなっていきうるのです。

第3章　自分を好きになれない

ある日のカウンセリング・ルームから

私はもう一〇年近く、公立の中学校のスクール・カウンセラーとして活動しています。以前、児童相談所や大学の相談室でカウンセリングをしていたこともありますが、学校現場にうかがうと、心の闇が重いお子さんから、健康度の高い、けれどどこかさみしげなお子さんまで、実にいろいろなお子さんにお会いできるのが楽しみです。

そうしたカウンセリングルームで出会った子どもたちから、現代のこころの問題を考えていきたいと思います。

ある日の放課後。大方の子どもたちが部活動に行き、あたりも静かになってきた頃。一人の中学二年生の女子生徒が、カウンセリング・ルームに顔を見せてくれました。まさみちゃん（仮名）という、以前にも一度だけ、何人かの友だちと連れ立って来室したことのある女の子です。

「どうぞ」。まさみちゃんの少し緊張した雰囲気にあわせて、軽すぎず、しかし重すぎず、そんなふうに思いながら声色やトーンを調節し、私は彼女を迎え入れました。

「何だかむしゃくしゃしちゃって……」少し自嘲気味に、そう語る彼女。何か、友だちとでも、面白くないことがあったにちがいない。私は、そんなふうに連想を働かせながら話を聴いていました。

「授業に出てても、全然、気持ちが集中しないっていうか。全然、頭の中に入ってこないんです。いらいらしちゃって……。それで、ついやっちゃうんです」

「やっちゃうって何を？」

私がそうたずねると、彼女は、制服の腕の裾をまくりあげ始めました。そこには、まだ生々しい感じの残る、いくつもの切り傷。カッターナイフによるリスト・カットの跡。

「やっちゃったんだ。……いつ？」

「今日、授業中。一時間めから五時間目まで、ずーっと」

「そうなんだ……。先生方、どなたか、気づいてはくれなかった？」

「うん、気づかないよ。だって、気づかれないように隠れてやってるもん」

「そうか……。で、どうしてそんなこと、したくなっちゃったの？」

「成績が、あがらないの。私のお母さん、私のこと、すごーく気にしてくれていて、もっと頑張れ、もっと頑張れって言ってくれる。最近、お父さんの仕事、うまくいってなくって、家計も苦しいはずなのに、進学塾にも通わせてくれてるの。

私、お母さんのこと、大好きだから、頑張ろうって思うんだけど、塾に行っても授業についていけない。内容が、よくわからない。だから、塾で勉強してると、自分が惨めになってくる……。それで昨日、ついさぼっちゃった。お母さんには、塾に行ってるって、嘘ついて、あたりを散歩してバレないように帰ったんです。そうしたら余計、つらくなっちゃって……。

　こんな大事な時期に、塾さぼって。大切なお金も無駄にして。お母さんにも、嘘ついて。何て、だめな私なんだろう……。『だめな私』……そう思ってると、つい、やっちゃったんです」

「そうか……。それで、そういうことしてると、どんな気持ちになってくる?」

「うん。何か、気持ちが落ちついてくる。自分をこうやって、傷付けてると、気持ちが落ちついてくっていうか」


　面接が終わった後、担任の先生に、どんな子なのかおたずねすると、今時めずらしい〝よい子〟であるとのこと。ほかの子どもたちが、ある教師の悪口を言っている時でも、「でも、あの先生は、私たちのこと思って叱ってくださるんだと思うの」と先生をかばったりする子らしいのです。

　つまり、今時めずらしい、とびきりの〝いい子〟。そんな〝いい子〟が、追い詰められているのです。

自傷行為の増加

　それにしても、どうでしょう。「自分を傷付けていると、気持ちが落ちついてくるんです」とは、切ないほどに悲しい言葉ではないでしょうか。

しかし残念なことに、この言葉を、最近、よく耳にするようになりました。ある時は、リストカットのような自傷行為をする子どもから。ある時は、万引きをくり返す子どもから。またある時は、ドラッグに手を出したり、少女売春を繰り返す子どもから。

「自分を傷つけていると、気持ちが落ちついてくる」

「自分を粗末に扱っていると、心がラクになる」

こんな言葉を、しばしば聴くようになったのです。

また、リストカットをはじめとする自傷行為をおこなう子どもも、実に多くなってきました。私が、このことを実感させられるのは、養護教諭（保健室の先生）やほかのスクールカウンセラー仲間との話の中でのことです。とくに、高校の養護教諭の先生方と話をしていますと、今、自傷行為の子どもたちとかかわっていない方のほうが珍しいくらいです。あるいは、東京の、それなりにランクの高い私学に通う女子高校生たちにもリストカットをしている子たちが、非常に多い。あるカウンセラーに話を聴くと、その日、面接した五人の子どもの全員がリストカットをしていたとのこと。共学の高校では、最近は男子にもリストカットをする子どもが急に増えているようです。

また、以前は自宅の自分の部屋でおこなう子どもが大半だったのが、最近は、わざと他の人がいる場所を選んで手首を切る子どもが増えているのも特徴です。先の、まさみちゃんは教室内で授業中にリストカットをしていましたが、ある中学校では、一人の不登校の女の子が毎日放課後に登校してはトイレに立ちこもり、鍵をかけてリストカットをし始めるそうです。

さらに、最近目立つのは相談室においてカウンセラーの目前であえて密かに手首を切る子どももたち。彼ら彼女らは、それにカウンセラーが気づいてくれるかどうかを〝試す〟ためにその行為をおこなうのです。あまりに痛ましいけれど、いずれも、自分の心の痛みや叫びに気づいてくれない大人に対する精一杯の〝抗議行動〟のようにも見えます。

私が問題だと思うのは、最近、リストカットのことがマスコミなどでも取り上げられるようになるに伴い、悩みやすい性質の子どもたちの間で、リストカットが一種の流行のようになり始めたことです。私も、リストカットの世界で注目を浴びたある人物にあたかも取り憑かれたかのように自傷行為を繰り返し、生命の危機に至った二十代半ばの女性について相談を受けたことがあります。

不登校になったある女子高校生は、「私なんか、この世にいてもいなくても同じだ」。そう思って、死にたい気分に襲われた時、つい、カッターで自分を切り刻んでしまいます。しかし、相談に見えた彼女の母親の担当カウンセラーによると、母親は、彼女が学校に行っていないこと、したがって勉強が遅れたり、進級に支障を来すことについては気を揉んでいるのに、彼女の死にたくなる気持ちや、リストカットの傷については「どうせ、あれは、ただの流行《はやり》ですから」と、とりあうつもりもないようです。「あの子の考えることは、私には、わかりますから」とすっかり、彼女のことはお見通しと言わんばかり。思春期の子どもたちの自傷行為には、少なからず、表面ばかり気にして真剣に自分と向き合うつもりのない親たちのこうした姿勢に対する無言の〝抗議行動〟のような意味も含まれていると考えたほうがよさそうです。

「生命のリアリティの希薄さ」を埋めるため

リストカットなどの自傷行為をおこなう子どもたちの気持ちを考えてみると、まず、大きく二つのタイプが存在するように思われます。①空虚系と②自罰系です。

まず、①の空虚系のタイプの自傷行為の動機は、「生きている実感」の希薄さと大きなかかわりがあります。「ほんとうに、ただ、生きている、というだけで、生きている感じがない。こんな人生が続いていくのなら、人生は無意味だし、死んでしまってもかまわないのではないか、と思えてしまう」。そんなふうに訴える若者が少なくないのです。そして、そんな「生きている実感の欠如」「生命のリアリティの希薄さ」を埋めるために、リストカットをする、というのです。

私が以前にお会いした、ある高校二年生の男の子は、次のように語ります。

「俺ってさあ、たいして、勉強できるわけじゃないじゃん。スポーツも、何かできるわけじゃないし。この学校だって、たいした学校じゃないじゃない……要するに、俺じゃないとできないことって、何もないわけ。全部、代わりが利くことばっかり、っていうか。そんなこと考えてるとさ、『どうせ俺なんか、この世にいてもいなくても同じ。俺がいなくても、誰も本気で困らない』って、そう思うんだよね。実際、そうじゃん。俺なんか、この世からいなくなっても、明日も、その次の日も、同じように世の中まわっていくわけだしさ。……そんなこと考えてると、俺って何だろう？　って、考え始めちゃって。自分が生きてるって感じ、ないんだよね。そんな時、カッターでどこか切りたくなるんだ。

カッターで、手首とか、肩とか、腿とか、いろいろ切ってるけど、切ると痛みを感じて、血がタラーッと流れるでしょ。それ見てたり、痛みを感じてる時だけ、あぁ、俺って生きてるんだなって実感できるんですよね」

何の説明の必要もないでしょう。この子たちは、決して死のうとしているわけではありません。生きるために、自分が生きているという実感、生命のリアリティの希薄さを補って、自分を何とか、この世につなぎ止めておくために、痛みを必要としているのです。

子どもたちの自己肯定感の低さ

次に、②自罰系タイプの子どもたちは、どうでしょうか。

彼女たちは、文字通り、自分に罰を与えるため、否定的な自己イメージを確認するために自傷行為をおこないます。「自分を傷つけていると、気持ちが落ちついてくる」と訴えた、まさみちゃんのようなケースがこのタイプの典型に当たります。

彼女たちの訴えから見えてくるのは、現代の子どもたちの自己肯定感の低さです。

自己肯定感が低い、とはどういうことか。

〝自分〟を肯定できない。自分が今の自分のままでいい、とは思えない。あるがままの自分をそのまま受け入れることは、できない。自分を評価し、否定的なまなざしで捉えてしまう。「こんなダメな私を罰してしまいたい」――そう思い、自傷行為に走ってしまうのです。

このタイプの子どもたちの多くは、両親、とくに母親たちとの間に複雑な心理的葛藤を抱えています。親に対する愛と憎しみの入り交じった複雑な感情に捕らわれて、それで身動きできなくなってしまっている感じがあります。

多くは、親や教師の期待に応えようとする〝よい子〟、言わば、過剰適応傾向のある子どもたちです。しかし、その期待にじゅうぶんに応えることができない（まさみちゃんの場合であれば、思うように成績があがらない）。そのため、彼女らは、自分を責めるのです。「何てダメな子！　お母さんの期待に応えられないダメな子！」と。そして、自分を罰するかのようにして、自分の身体を切り刻んでいくのです。それはまた、親の期待に応えようとして応えられない、といって、親を否定することもできない、そうした〝がんじがらめの不自由な自分〟の存在を死に至らしめようとする祈りの儀式、死と再生の通過儀礼（イニシエーション）であるようにも見えます。

自己肯定感を持てない、〝自分〟の存在を大切にできずに苦しむのは、リストカットなどの自傷行為をおこなう子どもばかりではありません。ふと魔がさしたかのように、万引き、ドラッグ、売春などに走る〝よい子〟たちもまた、同じように自己肯定感を得られずに苦しんでいます。リストカットをする子どもが、今の自分を許せない、認められないからこそ自分を傷つけるのに対して、万引き、ドラッグ、売春などに走る子どもたちは、ふだんのよい子の自分から〝降りる〟ことで束の間の解放感を得るのでしょう。

いずれにせよ、その背後には、過剰適応の自分に対する強い嫌悪感、その緊張感から逃れようとする衝動が潜んでいます。そしてその背後には、大人、特に両親や教師に対する根深い不信感が潜んでいるのです。こうした子どもたちの何人かは、したがって、〝心から信頼できる大人〟との出会いを契機に救われていく可能性があります。

子どもの心の叫びのサインとして

自分を肯定できずに苦しみ、そのために非行に走ったり、自傷行為をおこなったりする子どもたちの屈折した心理を紹介してきました。

これにかかわる大人の側の心得として重要なのは、そうした外に現れた行為にばかり目を向けず、ましてや、説教をしたり、説得をしたりしてそれを押さえ込むのではなく、その背後に子どもの心のどんなメッセージが潜んでいるかを受け取ることです。

先程、学校や相談室でリストカットをする子どものことをお話ししましたが、なぜあえてそういう場所を選ぶのかといえば、その子の心のどこかに、「私の心の叫びを受けとめてほしい」という気持ちがあるからです。それがそのような行動として現れるのでしょう。

最近の子どもたちの変化として、多くの教師が一様に指摘するのは、「最近の子どもは、やたらと、個人的な接触を求めてくる」「他者からの関心や注目を欲するようになってきた」ということです。リストカットも、ある意味では、そのサインの一つとして理解することもできます。カウンセリングでは、子どもたちの自己表現を支えて、可能であれば自分を傷付けることによってではなく、言葉でそれを表現できるようにしていきます。

自分の体を切り刻んでまで、他者からの注目や関心を求めずにいられない。それは、あまりに悲しすぎる訴えです。（この問題をさらに深く学ばれたい教育関係者の方は、次の拙著をお読みください。『自分を好きになる子どもを育てる先生』図書文化）

第4章　一人になりたくない

ひとりじゃいられない症候群（孤独嫌悪シンドローム）

大学やその他の場所で、若者たちとかかわっていて見えてくる問題の一つは、一人になること、孤独であることへの強い不安と恐怖です。仲間から外れること、一人になることを極端に恐れ、絶えず誰かといっしょにいないと落ちつかない、という若者たち。絶えず誰かとくっつくことによって、安心感を獲得し、そうでない誰かをことさらに排除しようとする。そんな、以前から存在していた、いびつな日本的同調圧力の問題が、ここのところ、さらに強まってきているように感じるのです。

その背景には、携帯電話、電子メール、インターネットなどのコミュニケーションツールが急速に発達し普及していった現代の社会環境の変化が大きな要因として存在しています。携帯電話やメールで、絶えず友だちと「私たち、仲良し」「私たち、同じ」を確認しあっていないと落ちつかない女子高校生の文化など、その最たるものです。

恥をしのんで、私の勤務校の話をしましょう。先日、ある授業で「授業中に、メールのやりとりをしている人、怒らないから手をあげなさい」と指示を出してみました。すると、「は～い」……

約百五十人が受講している教室で、情けないことに、たった一人を除いて、全員が挙手したのです。何と素直な、というべきか、私がナメられているというべきか……。大学の授業中、私語が少なくなったのは、メールのせいだとよく言われますが、それにしても、これほどだとは。

携帯電話やメールといった通信手段が発達したせいで、容易に連絡がつくようになった。そのことが、かえって、絶えずつながっていることをお互いに確認しあっていないと落ちつかないという強迫観念を増強させていったのです。

キャンパスを歩いている学生の姿を見ても、いつもベターッと同じメンバーで寄生している学生が少なくありません。

また最近、大学や若い女性社員の勤める会社で、昼食をいっしょに食べる友だちがいなくてつらい、という理由から、不登校（不出勤）となり、そのまま、退学や退職に追い込まれる若い女性が少なからず出てきているようです。精神科医の町澤静夫さんは、こうした現象を指して「ランチメイト症候群」と命名しています。

このように、さまざまなところで、一人でいることができない、孤独であることに不安をおぼえる若者たちの存在が目につくようになってきています。

絶えず誰かと接触し続け、誰かと「私たち、同じ」「私たち、つながっている」と確認しあっていないと不安になってしまう。そんな現象をここではさしあたり、〝ひとりじゃいられない症候群（孤独嫌悪シンドローム）〟と呼ぶことにしましょう。

仲間からの〝同調圧力〟におびえる子どもたち

では、この〝ひとりじゃいられない症候群〟、孤独嫌悪シンドロームの出所はどこかというと、それは、小学校、中学校の友人関係だと思われます。つまり、〝学校文化〟の影響で、大人になってからも、さまざまな人間関係の束縛に苦しみ続けざるをえなくなっているのだと思うのです。

私がスクールカウンセラーをするようになって感じる最も大きなことの一つは、今、中学校や高校に通う子どもたち——特に女の子たち——は、ある意味では、さながら戦国状態のただ中にいるも同然だということです。

ある時、いじめられてもただ服従するばかりで何の抵抗もしない子どもにたずねたことがあります。「どうして、抵抗しないの？　言うなりになっていたら、ますますやられるだけなんじゃない？」

その子は言います。「先生、わかんないの？　私たちにとって一番つらいのは、いじめられることじゃない。仲間から排除されること、ひとりになることなんです」と。クラスの中で孤立し一人になることが、一番みじめでつらいと子どもたちは言うのです。

実際、子どもたちの多くは、孤立をひどく恐れ、おびえています。特に中学生女子の〝グループ〟へのこだわりは激しく、自分が所属する〝グループ〟からの排斥を恐れて、多くの子どもたちは異様なまでに神経を使っています。

クラスには数人の〝女王蜂〟がいて、そのまわりに何人かの子が集まって〝グループ〟を形づくっています。メンバーは、必ずしも自分の本意ではなくても、まわりの子どもの、というより、〝グループ〟という奇妙な生き物の意向に従って、自分を抑えなくてはならない。ひどく摩擦を恐れ、まわりの波長にうまく自分をあわせていなくてはならない。そのため、本音でのつきあい、などということより、その時々の関係調整ばかりが優先される。中高生の友人関係を形容して〝仮面友だち〟といった言葉が使われる所以です。

「これ以上、教室にいると、刺してしまいそうです」

こんな毎日を送っていると、当然ながら多大なストレスが蓄積されていきます。中には我慢が限界に達して〝キレて〟しまいそうになる子もいます。

ある日のこと、授業と授業の合間の短い休み時間にカウンセリング・ルームを訪れた中学二年のさとみちゃん（仮名）は、こうもらすのでした。

「先生、私、これ以上教室の中にいると、多分、友だちのこと、刺しちゃうと思う……。もう、限界です……」

「何かきっかけがあったの？」とたずねると、いつも、周囲の友だちに合わせるのが大変で、それでもグッと我慢してきたけれど、もう限界に達したのだ、と言います。「教室で、いづらい雰囲気になったら、後がたいへんだから。ひとりぼっちになって、悪口ささやかれるのもいやだし」。心のつぶやきを押し隠しながら、へらへらした笑顔をつくって、周囲に溶け込もうとしてきたけれど、もう、それも限界。これ以上我慢していると、自分でも自分のことがワケわかんなくなって、友だちのことを刺してしまいそうだ、と言うのです。「今日は、朝から頭の中がガンガン、ガンガン、痛みが走ってるんです」

今、多くの学校では、さとみちゃんのように、「教室の中にいるだけで、頭おかしくなりそう。吐き気がする」と訴える子どもたちが続出し、保健室やカウンセリングルームがそんな子どもたちの避難所になっています。

「どうして、〝ひとり〟じゃだめなんですか……」

クラスの中でいじめにあい、クラスメイトの視線が気になって、給食を教室で食べることができなくなったみずきちゃん（仮名）という中一の女の子がいます。カウンセリングルームでその子と私がいっしょに給食を食べている時に、その子のもらした言葉。

「先生、どうして、〝ひとり〟じゃだめなんですか……」

これと同じ言葉を、ぐっと飲み込んでいる子どもたちが、日本中にどれほどいることでしょう。

今、日本中に何万（もしかすると何十万）といる保健室登校、相談室登校の子どもたちが感じているこうした心のつぶやき。それは、クラスメイトたちの「あいつは、ひとりでいるなんて、みじめ」という声を、そしてその背後にある世間の声を感じるからこそ発せられるものなのです。そして何より、彼ら彼女ら自身が、みずからのうちに内在化したそうした声にとらわれ、自分で自分を責めているがために発せられるものなのです。

つまり、彼ら彼女らの苦しみの元凶は、〝ひとり〟に対する世間の否定的なまなざし、及びその内在化。一人でいること、孤独でいることを否定的に見る見方考え方そのものが呪文のようになって、彼ら彼女ら自身を追い詰めていくのです。

不登校やひきこもりの子どもたち、若者たちにしても同様です。

彼ら彼女らは、学校や会社など、いわゆる社会的活動から身を遠ざけていますが、そのような外観から、彼らはひとりでいることが好きなのだ、社会に背を向けたくてそうしているのだ、と考えるのは、短絡的にすぎます。そうではなく、むしろ、彼ら彼女らほど強く、友だちや仲間の存在を求めている子たちはいないのです。彼ら彼女らの多くはもともと、人間関係に敏感で、友だちに嫌われること、仲間外れになることを極端に恐れ、ただただ周りに自分を合わせようとしてきた。ひとりになることを強く怖れていた。そして、そのようにして、人間関係に気を使い、まわりに合わせるのに疲れ果てた結果、他者との関係を遮断し、自宅にひきこもるようになってしまっているのです。

そして、自宅や自室にこもるようになった後も、彼ら彼女らのうちなる声は自分を非難することをやめません。「社会から孤立している俺は無価値な存在だ」とさらに自分を追い込んでしまっている人が多いようです。「こんな自分は生きていても仕方ないのではないか」と自分の存在そのものさえ否定し始める人も少なくありません。彼ら彼女らのうちなる〝孤独への拒否感〟が、自分自身の現状への嫌悪感につながり、その結果、ますますエネルギーが低下していくのです。

あるひきこもりの若者が語った「ぼくは、数年間ひきこもっていたけれど、その間、一度も、心休まる暇がなかった」という言葉。この言葉こそ、まさに多くのひきこもりの若者を代弁する言葉です。彼らはまさに、内心で、闘っている。外からは休んでいるように見えても、こころの内側は、一時たりとも休んではいなかったのです。

かかわってみるとわかりますが、彼らの多くは、実に繊細で、心やさしい人が多い。世間を生きていくのに必要な、ある種の鈍感さ、厚かましさ、無神経さがなく、だから世の中で生きづらさを感じているのです。また、彼らの少なからずが、まじめで、プライドが高く、道徳的なこだわりも小さくない。そのため、たとえば性についてもインターネットや電話などでの性的なコミュニケーションは不謹慎なものとして回避するところがあり、それゆえますます女性がイメージの中だけで大きく膨らんでいくのです。

孤独にならなくては得られないもの

ひとりじゃいられない症候群（孤独嫌悪シンドローム）にかかっている若者たち。その最大の問題は、思春期・青年期のこころの成長に不可欠な自己との対話がじゅうぶんになされないことです。絶えず何かの刺激にさらされているから、自分自身を見つめることがない。最近の若者たちが、どこか妙に子どもっぽく、成熟を拒否しているように見える原因の一端もここにあるように思われます。

エリーズ・ボールディング著『子どもが孤独《ひとり》でいる時間《とき》』（松岡享子訳　こぐま社）には、子どもは生活のどこかで孤独でいる時間を必要としていること、「人間にはひとりでいるときにしか起こらないある種の内面的成長がある」こと、ひとりになり自分と対話する時間を持たず絶えず外界からの刺激に身をさらしてばかりいると、刺激におぼれて、想像力や創造性の発達が妨げられてしまうこと、が記されています。

思えば、最近は、たとえばテレビドラマのスピーディーな展開に表されるように、すべてがスピード・アップ。せかせかしていて、いつも強い刺激に追い立てられているような感じがあります。しかし子どもにとって、ひとりでボーッとしている時間はとても大切。「時間」が経つのを忘れ、「我」を忘れて無我夢中になるという体験の中で、子どもの創造力や創造性は育まれていくのです。ひたすら砂や粘土をいじくったり、長い時間ボーッと列車を観ていたりといった体験の中で、子どもの想像力や創造性は育っていくのです。

私たち大人は「みんな仲良く」などと言って、子どもたちにしきりに協調性を育てようとします。また、学校が変わったり、クラスが新しくなったりすると、「友だちはできたか」などとしきりに気にしたりもします。それが親心というものでしょうが、私たち大人は、これまであまりにも、子どもたちに友だちの存在や協調性を価値あるものとして説きすぎてきたのかもしれません。友だちがうまくできないとか、仲間集団から外されたことで自信をなくし、鬱々とした毎日を過ごしている子どもたちの何と多いことでしょうか。そしてそのような縛りを子どもの心に植えつけたのは、私たち大人なのです。

私たちはむしろ、子どもが孤独でいることが持つ積極的な価値をもっと見直すべきでしょう。

学校文化が支配する国・日本

しかし、残念なことに現実はその逆。小学校、中学校での生活を通して子どもの心に染みついた孤独への嫌悪感、いびつな同調圧力による人間関係は、最近ますますその幅を効かせているようです。その習慣は、大学生になってもＯＬになっても、そしてしばしば団地でも継続し、女性たちはおのずと小さな仲間集団を結成するようになります。そして、そこで同調し、馴れ合い、自分たちの流儀に合わない人を排除することで、集団の安定性を、ひいてはみずからの心の安定を守ろうとするのです。集団の同調圧力とそこからの排除の危険性を、学校文化の負の側面だと考えると、この、学校文化の暗い側面は今や、私たちの社会の至るところにまで浸食を始めているのです。

たとえば、団地の奥様同志の人間関係。そこでしばしば鍵を握るのは、子ども同士の人間関係です。先日も、こんな相談を受けました。あるお子さん（まさお君：仮名）が、砂場で遊んでいて、別の家のお子さんに少し乱暴なことをしました。まさお君のお母さんは、とくに大きなケガに至るようなことではないので、「子ども同志のことは、子ども同志で」と考え、手を出すのを控えていました。その場では何も言われはしませんでしたが、日が経つうちに「～さんちのお子さんは、乱暴で、しかもあそこのお母さんったら、まさお君がうちの子に乱暴を働いたのに、止めもしなかったのよ。あそこのお子さんと遊ばせるのは、もう、やめにしましょう」といった噂が広まり、団地の人間関係から完全に浮いてしまったまさお君の家は、引っ越しを余儀なくされてしまったといいます。

　これなどは、中学生同志の仲間外しとまったく同じ構造です。団地の奥様方全員がまさお君と遊ばせたくないと思ったわけではないにしても、遊ばせてしまうと、今度は自分と自分の子どもが排斥される危険があるので、噂に従わざるをえなくなるのです。

　こうして、「集団の同調圧力とそれによる排斥→孤独への恐怖」という学校文化の暗黒の側面は、卒業後何十年にもわたって、私たちを苦しめることになります。かつて学校は小さな社会であるとしばしば言われました。こと人間関係の分野に関して言えば、残念ながら、学校的価値観の負の側面によって、家庭も地域も企業までもが浸食されつつある、と言わなくてはならないようです。

第5章　働きたくない

若い男たちの労働意欲の低下

これまで、若者たちの訴えや悩みをもとに、現代人の心のありようを探ってきました。「生きている意味がわからない」「自分を好きになれない」「友人との関係にばかり気を配っているうちに、〝自分〟がわからなくなる。〝自分〟が生きているという実感がない」と彼ら彼女らは訴えます。言わば、生命というリアリティの希薄さ、あるいは、自分という存在そのもののリアリティの欠落、というふうに集約できるかもしれません。

若者のたちのこうした有り様と通底する訴えの中で、私が最近気になっているものに、若い男性の労働意欲の低下があります。次に、この問題に迫っていきたいと思います。

一例として、学生たちの就職活動の様子を紹介しますと、これは、女子学生のほうが圧倒的に積極的です。自分で自分の道を探し、人生を切り拓こうとしている意志が見えます。

授業の合間に、就職活動のことで話がはずむのは、きまって女子学生。「さとみ、公務員受かったぁ?」「ううん、ダメだった。ようこは?」「うん、内定もらったよ」そんな会話が、うるさい位に研究室に響きます。教員としては、たのもしい気分になれます。不況の中、女子学生のあいだには、ある種の危機感があり、自分の人生を自分で切り拓いていこうとする姿勢が伝わってくるのです。

一方、男子学生の間で、こうした会話がはずむことはまずありません。進路のことを自分のほうから口にする学生も少ない。そもそも男子学生には、最初からフリーター志望や、「しばらく働く気はありませ～ん」と呑気に言う学生が少なくなく、あまり就職活動をしない、しているとしても熱心にしているとは思えない男子学生が、増えているのです。

元気のない男たち

もっとも、若い男たちの元気のなさは、就職活動だけに限ったことではありません。授業やゼミでの発言も女子のほうが多いし、成績も明らかに女子のほうが上です。

たとえば、研究室に一人で質問に来たり「先生と話がしたい」と言ってくるのは決まって女子学生。男子学生はそもそも勉強しないから研究室にあまり来ませんし、来ても一人で来る学生は少ない。三～四人でやって来て、缶コーヒーをちびちび飲みながら「疲れた～」とのたまい、私のエネルギーを奪っていくのが関の山です。

これは、大学生だけに限った現象ではありません。

私がスクールカウンセラーとしてかかわっている中学校でも、男子生徒より女子生徒のほうがはるかに元気がいい。そもそも、悩みの相談に来るのも圧倒的に女子生徒が多く、男子生徒は悩みがあっても、ただ我慢し、立ち尽くすだけでそれに何とか対処しようとすることができません。そうした柔軟性がないのです。

高校の教師たちに聞いても、女子生徒のほうが、教師に対してずっとアグレッシブだと言います。たとえば、授業を成立させるのに一苦労する学級で、教師が「教科書くらい出しなさい」と一喝する。これに対して教師に反発してくるのは女子生徒に多く、男子生徒の大半は、注意されれば素直に指示に従う、というのです。

街を歩いていても、若い男と女とでは目の輝きが違う。ギラギラと何かを狙うような眼光を発している人は、圧倒的に女性に多いように思えます。

もちろん、すべての男がダメになった、とうわけではありません。

自分をしっかり持っていて、とても自然体で生きていて、他人にもやさしい。そんな、これまでの時代にも、なかなかいなかった魅力ある若い男性たちもたしかに最近、増えてきています。若い男たちの多くが、自分の無気力に、あるいは、この時代の空虚な雰囲気に飲まれてしまい、どこか投げやりになってしまっているのに対して、彼らはみずから意識的、自覚的に脱力した在り方を選び取っており、また、自分にも他人にも自然な心配りをすることのできるやさしさを持っているのです。

しかし、こうした男たちは残念ながら少数派。気だるい雰囲気を放出しながらたたずんでいる男たちが巷に溢れているのが現実です。

「働かない」がブーム？

今一度、労働意欲の低下の問題に戻りましょう。

私が多少のショックを受けたのは、ある男子学生に進路をたずねたのに対して、「とりあえず、〝家事手伝い〟です」という答えが返ってきた時でした。

これまでも、進路が決まらずに、あるいは、大学でも不適応気味だった学生が何とか卒業した後、しばらくの間、家事手伝いという形で社会とかかわって学生は少なからずいました。けれど、この学生はそうではないのです。

彼は、卒業研究も優秀で、単位もじゅうぶんに足りています。ルックスもハンサムで女の子にもよくもてるし、同性の友人や研究室やサークルの先輩・後輩からも人格者として慕われています。先程述べた意識的・自覚的な脱力系の若者で、自分にも他人にもやさしく、柔らかい雰囲気が醸しだされていて、私が側にいてもホッとする雰囲気があります。頑張って就職活動をすれば、彼なら、そこそこの企業には行けるでしょう。

そんな彼があえて、卒業してからは、週に何回か家業を手伝うだけで、特定の仕事にはつかず、のんびり過ごしていたい、と言うのです。つまりは無職＝フリーター志望です。

私は、彼のあまりの執着のなさに、少しあっけにとられました。将来は不安ではないのだろうか。焦りはないのか。世の中から取り残される不安は？　怠けるにも程がある、と少し呆れたような、情けないような気持ちにもなりました。

けれどしばらくして、私は、この焦りの原因は、彼の怠惰によるというよりも、古い価値観に捕らわれていた私自身にあるように思いはじめました。彼が就職しないことについて、妙に納得した気分になったのです。彼は言います。

「大学卒業して、すぐに就職して、働くって幸せなことなんでしょうかね？　いったん就職しちゃうと、朝早くから夜遅くまで、仕事、仕事、仕事……で、生きてる心地しないんじゃないか、と思うんですよね」

「せっかく今、まだオヤジが現役で、食べていくのには困らない状態なんで……今のうちに、ノンビリ過ごしながら、好きなことをやる生活を送っておきたいなぁって」

みなさんは、どう思われるでしょう。「大人になれないヤツだ」とか、「甘ったれている」などと批判的な気持ちになった方も少なくないと思います。けれどどこか、「否定できない」感じはしないでしょうか。

多くの方は、もし生活レベルを落とさずにすむのなら、今の仕事量を減らしていくだろうと思います。毎日があまりに忙しく、たとえお金は稼げてもそれを使う時間さえないというのが、多くの日本人の実情です。もし可能なら、あるいは、大学四年の時点に戻れるのなら、自分も彼と同じ選択をする、という方も少なくはないでしょう。彼の選択は、たしかにある角度から見れば「怠惰」ですが、別の角度から見ると「若いにもかかわらず、冷静な観察眼にもとづくきわめて〝賢明な生き方〟」と言うこともできるはずです。

そして、学生たちと話をしていると、彼のような選択をしている若い男性はそれほど珍しくはなく、多くの学生が就職を先延ばししようとしているのがわかります。

厳しい道と知りつつもフリーターに

親の立場としては、わが子に少しでもいい生活をさせたい、そのためには少しでもいい学歴を、と願い、高い学費を払い続けてきて大学まで卒業させたのに、その結果がフリーターでは「いったい、何のために……」といった気持ちになるのではないでしょうか。

しかも、この不況の中、企業の採用姿勢が変わり、正社員の採用を減らして派遣社員など、割安の労働者を求め始めた現在、フリーターは「働かずに夢を負う人」ではなく、「正社員より安い賃金で働かされ使い捨てにされる人」となってしまった面があります。フリーターたち自身も、この現実はわかっているはず。実際、フリーター体験を通して、労働賃金の安さが身に沁みた、と答える人は少なくありません。また当然ながら、フリーターは将来の身分も不安定。フリーターたちの悩みも深く、その対策として政府が最近、公共の職業安定所にフリーター専門の相談窓口を設け始めているほどです。若者の街渋谷にはヤングハローワークという、フリーターの若者の就職斡旋を主目的とするハローワークも登場しています。

このように、フリーターをめぐる現実は、きわめて厳しい。学生たちもこのことはよくわかっているはずなのに、四年制大学まで出て、就職しない若者が増えているのはなぜなのでしょうか。話を聞いていくと、次のような本音にぶつかります。

①自分が目指す人生の「目標」のようなものがない。「生きがいのある仕事」に就きたいとは思うけれど、それが見つからない。

②だから何か目指さなくては、と思って、とりあえず勉強はしてみるが、もともと特に意欲があるわけでもないので長続きしない。すぐにあきらめてしまう。

③仕方がないのでごく普通のサラリーマンになろうかとも思うが、これがあまりに過酷である。毎日毎日、何の意味があるのかわからない仕事をこなすためのタイムスケジュールに追われ、何時間も満員電車に揺られなくてはならない。「組織」に拘束されたり、尊敬してもいない上司や仕事相手に頭を下げ続けなくてはならない人間関係が息苦しい。

こうした思いから、卒業後すぐに就職することにはためらいが残るから、いくら割りが合わない低賃金でこき使われ、また将来も不安定であると知りつつも、さしあたり本格的な就職は先送りにしてフリーターになる道を選ぶ若者が多いのです。

また、たとえ就職したとしても、すぐに辞めていく若者も増えています。多くの大人は、「最近の若者は根気がなくなった」「耐性が低くなったから仕事が長続きしない」などと言いますが、実際、大卒者就職者の四割近くが三年以内に仕事を辞めているのです。

「働くことの意味」が実感できない時代

この「就職の先送り現象」や「若者の離職率の増加」の背後にあるものとして、看過できないのは、「働くことの意味」を実感できにくくなった時代の空気です。

阪神大震災の折りの、ボランティア活動がいい例ですが、今の若者も、やる気を出せばじゅうぶんやれます。自分たちが「これは意味がある」と実感できることには、必死で取り組んですごいパワーを発揮するのです。

しかし、その反面、自分たちがやる気が出ないもの、それをおこなう意味を実感できないことに対しては、とことん手を抜く傾向があります。自分に正直なのでしょう。

そんな中、若者たち、特に若い男たちの働く意欲が低下しているのは、今、多くの若い男たちが「働くことの意味」を実感できなくなっているからです。より端的に言えば「下手に働きすぎると、損だ」という実感が彼らにはあり、それが彼らに働く意欲を失わせているのです。

高度経済成長の時代なら、「働くことの意味」を実感することは容易だったことでしょう。先進諸国に「追いつけ、追い越せ」の雰囲気の中、少しでも物質的に豊かな生活をしよう、子どもにいい教育を残そうと頑張ることができたはずです。

一心不乱に働いて、仕事の成績があがり、昇進できることは、自分一人の喜びでもあると同時に、家族の喜びでもありました。必死で働く父親は、その労働のゆえに尊敬され、母親は父親から任された家庭を守ることに専念できたのです。

こんな時代の空気の中で、男たちは「働くことの意味」を疑う余地無く信じ続け、ただひたすらに働き続けることができていました。つまり、「世のため、会社のために頑張る」→「自分の出世」→「家族の幸福」という幸福な一致の中、男たちは、目指すべきターゲットに向かって一心不乱に突き進むことができていたのです。

しかし今や、誰もこの幸福な一致を信じることはできません。

現在の平成不況の中、どんなに働いても、今の生活を維持することが精一杯。下手すれば、たとえ自分のせいではなくても、部下が重大なミスを犯せばその責任をとらされてリストラされる恐れさえあります。

上司には怒鳴られ、生意気な部下に反抗される中、「家族のために」と働いても、働きすぎると、もっと家族のケアをしろ、と非難されてしまいます。家では、妻にも子どもにも気を使い、「いい夫」「いい父親」を演じようとするけれど、家族の要求水準はますます高くなるばかり。妻には絶えず文句を言われ、思春期に入った娘からは「お父さんキタナイ」と遠ざけられる始末です。

「残業手当てがカットされて、お小遣いが減ったばかりか、晩御飯のおかずも一品、カットされてしまいました。前は『ビール』と言ったら出てきていたのに、もう、それも出てこなくなってしまいました……」とは、ある中年男性のつぶやき。

一生懸命働いても、「何か」が得られる、という実感がないのです。

一方、学生たちが今のまま就職せずにフリーター生活を続けていても、さしあたり困ることはありません。車も買えるし、海外旅行にだって行けます。将来はたしかに不安だけれど、先のことさえ考えなければ、そこそこ豊かな生活はできるし、何といっても、自分の自由になる時間があって、いやな人間関係で苦しまずにすむことが最大の魅力……。

こんなふうに考えていくと、卒業してもすぐには就職したがらない学生たちの気持ちもわかる気がします。

すなわち今は、「働いても働かなくても、そんなに人生変わらない」と思えてしまう時代。否、「体感年収」のほうが「実質年収」より重要、といった考え方が支持されるように、「働きすぎると、かえってロクなことはない」と感じられている時代なのです。

そんな時代の雰囲気が、男たちの働く意欲を低下させているのでしょう。そしてそれは、ひいては彼らの生きるエネルギー、生きる活力そのものを低下させているようにも思えます。

第II部　「自分を生きる」心理学

第6章　人間性心理学とは――現代人の自己喪失と「自分探し」

現代人の自己喪失のプロセス

現代人の自己喪失のプロセス。それは、おおよそ次のように描くことができるでしょう。ひとの目や世間体、学歴や地位や収入を気にしているうち、自分は自分と同じくらいの能力を持った他の誰かと〝交換可能な存在〟でしかないように思えてしまう。たまに、本当に言いたいことを言ったりやりたいことをやったりして〝ほんとうの自分〟を出してみるとその時にきまって無視したり叱られたり嫌われたりしてしまう。だから人は知らず知らずのうちに、他の人や世間から受入れられやすい匿名の誰かという〝仮面〟を演じるようになる。そしてそんなことをくり返しているうちに、〝自分〟がわからない、ほんとうの〝自分〟は何を感じているのかわからない、となってしまう……。

多くの人は、そんな心の動きをどこかで感じて生きているはずです。

けれどもそればかりでは、生きていてもツマラナイから、何とか〝輝く自分〟になろうと仕事を頑張ったり、偏差値を上げたり、ダイエットをしてキレイになろうと涙ぐましい努力をしたりするわけですが、どこまでいっても上には上がいるから休むことができず、そのうち疲れ果ててしまう……そのような相対的なスケールをどこまで上昇していったところで、しょせんは同じランクの他の誰かと交換可能な存在であることにかわりはないわけで、「これが〝ほんとうの自分〟だ」という〝自分〟の固有性を実感することはできません。現代人の多くは、大雑把に言えばこんなふうにして〝自分〟を見失い、〝自分〟が実感できなくなっているのでしょう。

「〝自分〟探し」の時代

現代は「〝自分〟探し」の時代であると言われます。「気負ったり装ったりしてばかりいるのはもうやめて、もっと自然体で生きていたい」、「あるがままの自分で生きていくことができればどんなにいいだろう」、「もっと〝自分〟らしく生きたい。自分の気持ちに素直になって、個性と可能性を発揮しながら生きていたい」という切なる願い。

この願いそのものは、もちろん、きわめて健全なもの。また、「自分とは何か」という問いに対する最終的な答えが存在していない以上、どんな人生であれ、人生とは本来「〝自分〟探し」の道である、と言うこともできます。

豊かさを求めて走り続けているうちに、時間に追われ、地位や役割に縛られて、自分は何者なのか、自分が何をしたいのかさえ、わからなくなってしまった現代という時代。

効率がすべてのこのシステム社会の中では、自分はしょせん交換可能な「歯車」でしかないと、そんなふうに思えてきてしまいます。

システムがあっても〝自分〟がない。

物やお金はあっても夢がない。

うわべの人間関係はあっても、深いつながりがない。

こんな閉塞感に包まれた時代の中で、「〝自分〟探し」が重要なテーマとなってきているわけです。


しかし、この「〝自分〟探し」ブームにマイナスの側面がないわけではありません。

こんな風潮の中、現代社会では一見かつてないほど「個性」が尊重されているように思えます。学校教育でも「個性の尊重」がうたわれますし、心理学の世界でも「自己実現」とか「アイデンティティ」といった言葉で、個性的であること、自分らしくあることが奨励されています。こんな風潮の中で、現代人の多くは、「自分らしさ」への（ある意味では）過剰な動機づけを抱えて生きています。「個性的であること」「自分らしくあること」への強いこだわりがあり、ありきたりで平凡な「普通の人」であることが、何かよくないこと、劣ったことであるかのように思えてしまう雰囲気があります。


しかしほんとうに「個性的」であることは至難の業です。この情報化社会では、たしかに多様な選択肢が与えられていますが、どこを見渡しても、あるのはありふれた可能性ばかり。そうした現状の中で、ある種過剰な「自分らしさ」への志向を抱え込んでそれを実現できず、不全感を抱えてしまっているというのが現代人の実情ではないでしょうか。

人間性心理学――〝自分〟らしく生きるための心理学

一九六〇年代に米国西海岸で生まれた人間性心理学（ヒューマニスティック・サイコロジー：humanistic psychology）、そしてそれにもとづくカウンセリングは、現代人の多くが抱えている、こうした「〝自分〟探しへの願い」に応えて生まれた心理学です。それは言わば、「〝自分〟らしく生きるための心理学」。どこの誰でもない匿名の存在でしかなかった私が、かけがえのない、交換不可能なこの〝私〟、ほかの誰でもない個性的なその人自身になっていくという変化のプロセスを援助するのです。

と言ってもそれは、ある種過剰な「自分らしさ」への志向を抱え込んでしまい、自分をますます出口のない場所へ追い詰めてしまっているかのように見える現代人の願望をそのまま実現しようとするものではありません。そんなことをしても、絶えず新たな「自分らしさ」への欲求に駆り立てられて慢性的な欲求不満に陥ってしまうのが関の山です。

人間性心理学は、社会の風潮に毒されて、ほんとうはどこにも存在していない「自分らしさ」という幻影を追い求めるこのような生き方とは無縁です。また、自己改造セミナーのトレナーのように、私たちの心のどこかに「まだ磨かれていないダイヤモンド」のような「真の自己」が潜んでいるからそれを発見せよ、などと説くわけでもありません。

人間性心理学が目指すのは、もっと力の抜けた、自然体の生き方。気負ったり装ったりしてばかりいるのをやめて、あるがままの自分でいるのを自分に許すことができる。ありのままの自分を自分として受入れ、認めることができる。そんな生き方のことです。

人間性心理学の誕生

人間性心理学は、しばしば「心理学第三勢力」と呼ばれます。つまり、人間性心理学が誕生する前、心理学には既に二つの大きな流れがあり、それを批判的に補完する形で人間性心理学が生まれていったのです。

では、「心理学第一勢力」「心理学第二勢力」とは、何でしょうか。

「心理学第一勢力」は、行動主義心理学、科学的心理学。客観的で機械論的で実証主義的な心理学のグループです。自然科学的な客観性を追求する中で、客観的観察の対象とならない内面の世界を考察対象から除外していった〝人間の行動学〟としての心理学です。

この心理学から生まれた対人援助のアプローチに、行動療法、行動カウンセリング、認知行動療法、論理療法などがあります。人の「行動」を変える、たとえば、落ち着きがなく、席に十分以上座っていることができなかった子どもを、三十分座っていることができるようにトレーニングしていくのが、行動療法。これに加え、その人の「思考」の世界をも変える。たとえば、柔軟性のない硬い思い込みのためにクヨクヨ悩んでうつ状態になっていた人の「思考」をほぐしていくのが、認知行動療法。ごく大雑把に言うとそんな方法で、アメリカでもヨーロッパでも、このグループが主流をなしています。

「心理学第二勢力」は、フロイトの精神分析から生まれてきたグループ。夢や無意識を扱う深層心理学の流れで、力動心理学とも呼ばれます。書店の心理学コーナーで、最も幅を利かせているグループです。

この心理学から生まれた対人援助のアプローチに、精神分析療法とか、精神分析的カウンセリングといったものがあります。このアプローチでは、過去、とくに幼少期のつらい体験によって受けた心の傷によって、人は苦しめられていると考えます。治療を受ける人は、過去を回想したり、夢を語ったりし、治療者のほうは、そこで語られたことが持つ意味を解釈し意識化することによって、とらわれからの解放を目指します。一般に、「無意識の意識化」が治療の目標であると考えられています。

この二つを批判する形で生まれてきたのが、「心理学第三勢力」すなわち人間性心理学のグループ。実存心理学とか現象学的心理学などもここに含まれます。このグループの形成に最も大きな役割を果たしたのはアブラハム・マズローで、カール・ロジャーズのクライエント中心療法、ジェンドリンのフォーカシング、パールズのゲシュタルト療法、フランクルのロゴセラピーなどがこの流れに入ります。

ちなみに、ここでは内容には立ち入りませんが、この本の後半で扱うトランスパーソナル心理学は、人間性心理学の限界を超えるものとして誕生したもので、「心理学第四勢力」などとも呼ばれます。そのため両者はひと続きに〝人間性／トランスパーソナル心理学〟として捉えるべきだ、というのが私の考えです。

ここで、人間性心理学誕生の経緯をもう少し具体的にフォローしておきましょう。

人間性心理学の代表人物、マズローは最初、心理学第一勢力である行動主義心理学から心理学の世界に入りました。人間は科学的に改善しうるという発想に興奮したのだと言います。しかし、自分の赤ん坊が生まれると、マズローは次第に行動主義から離れていきます。「私はこの可愛らしくて、不思議な生き物をよく見てみると、行動主義のアプローチがとてもバカらしく思えてきました。誰でも赤ん坊を持ったら、行動主義者にはなりようがありません」という言葉が、当時の心境をよく現しています。

また、心理学第二勢力、すなわちフロイトらの精神分析に対しては、それが人間の内面生活を考察の対象としたことには一定の評価を与えながらも、心の病理的な側面にばかり着目しそれを過度に一般化した点を批判します。もっと心の健康な側面、肯定的な側面に目を向けた心理学が必要だ、そうしなくては、こころの全体性を扱ったことにはならない、と言うのです。

このことには、当時のマズローをとりまいていた環境も影響したようです。

マズローが若手心理学者であった一九三〇年代後半から一九五〇年頃、彼がいたニューヨークには当時の心理学のトップスターが勢ぞろいしていました。アドラー、フロム、ホルネイ、ウェルトハイマー……といった錚々たる面々です。

中でもゲシュタルト心理学の代表的存在であるウェルトハイマーと、日本では『菊と刀』の著者として知られるルース・ベネディクトに――その思想や理論ばかりでなく、人物や立ち振る舞いに――マズローは心酔しました。「なぜ彼らは、世の中のありふれた人とこんなにも違うのか」。そんな疑問を抱いたマズローは、心理学でこの疑問を解こうとしましたが、行動主義心理学や精神分析では、彼らのことをじゅうぶんには捉えられないことに気づきます。つまり、ほんとうに魅力ある人間のこころを解明しようとすれば、外から観察可能な行動だけを扱う心理学では物足りないし、また精神分析のように、人間のこころの病理的側面ばかりを扱うのでは、肝心なところに光が当たらない。必要なのはむしろ、自分の可能性をじゅうぶんに実現しきっている「自己実現した人間」の研究である、と考え、それに打ち込んでいきます。これが人間性心理学誕生の発端となったのです。

こうして誕生した人間性心理学ですが、それが急速に広まっていった背景として、一九六〇年代のアメリカ西海岸を中心とした文化的雰囲気も無視することができません。

一九六〇年代後半のアメリカ。それは、学生運動、大学のバリケード封鎖、ヴェトナム反戦運動、黒人の公民権運動、街頭デモなどが次々とひきおこされていった時代。また、禁欲的な勤勉を建前としたピューリタニズムへの反発から、エクスタシーを求めてフリーセックスやドラッグが大流行していました。「自由」と「解放」それが何よりも重要視されるサブカルチャーの席巻、といえば、わかりやすいでしょうか。

そんな中、心理学の分野でも、カリフォルニアを中心として専門家だけでなく多くの一般市民が参加する形で、心理療法の技法を使い、硬直したからだと心を解放していく運動が盛んになっていきました。これがヒューマン・ポテンシャル・ムーブメント（人間の潜在的な可能性解放運動）です。

この運動の拠点となったのが、カリフォルニアの、ビッグサーという美しい海岸に拠をかまえ、今でも、世界の心理学的ワークショップのメッカとなっているエサリン研究所（Esalen Institute）。この研究所に、マズローを始め、ロジャーズ、パールズといった人間性心理学のスターたちが次々と招かれ、講演やワークショップをおこなうことで、人間性心理学はいっきょに広まっていきました。それまで抑圧されてきた人間の潜在的な可能性を解放するさまざまな技法を人間性心理学は豊かに持っていました。時代が人間性心理学を必要とし、また人間性心理学もそれに応える、という形で、人間性心理学は一挙に浸透していったのです。

「自己実現した人間」とは

ここで、人間性心理学の創始者マズローの理論についても簡単に触れておきましょう。

先に述べたような理由で、自分の可能性をじゅうぶんに実現しきっている「自己実現した人間」（self-actualizing people）に関する研究を重ねていったマズロー。

研究の結果、マズローは「自己実現した人間」の特徴として、次のような点をあげています。①孤独やプライバシーを好み、欠乏や不運に対して超然としていること。②文化や環境からの自律性。③人生をいつも新鮮かつ無邪気に楽しめること。④しばしば神秘体験や至高体験を体験していること。⑤人類全体への共感や同情。⑥深い人間関係。⑦民主的性格。⑧手段と目的の区別。⑨悪意のないユーモアのセンス。⑩創造性。⑪確固とした価値体系。⑫自己中心的でなく問題中心的であること。⑬自己や他者や自然に対する受容的態度など……。

また、別の論文では、自己実現している人の基本的特徴を、①病気からの解放、②基本的欲求の

アブラハム・マズロー

満足、③自己の能力の積極的利用、④ある価値に動機づけられ、それを得ようと努めていること、の四点にまとめています。

マズローの探究心は、ここでとどまりはしません。自己実現した人間、すなわち〝自分の持っている可能性を最大限に発揮した人間〟の研究を続けたマズローは、その自然な成り行きとして次に、〝では、人間がその成長を極限まで追求するとどうなるのか〟という問題に関心を抱くようになります。

その方向での研究の一つが〝至高体験〟、すなわち〝もうこれ以上はない、という人生における最も幸福な体験〟についての研究です。ちなみに研究の結果、一般人が体験する至高体験のうち最多のものとしては、女性の出産体験や、オーケストラの指揮者の体験などがあげらえています。

「欲求の階層説」

最後に、マズローの著名な「欲求の階層説」（図1）についても触れておきましょう。

マズローによれば、人間には、いくつかの基本的な欲求、たとえば生理的欲求（睡眠をとったり食事をしたりする欲求）、安全の欲求（誰からも脅かされず、安心して生きていけるという欲求）、所属の欲求（ある集団に所属していたいという欲求）、承認の欲求（ほかの人から認められたい、という欲求）、自己承認の欲求（自分でも自分自身のことを認められるようになりたい、という欲求）といった基本的な欲求があります。これらは、別名「欠乏欲求」ともいって、それが満たされなくては、先に進めなくなる欲求です。

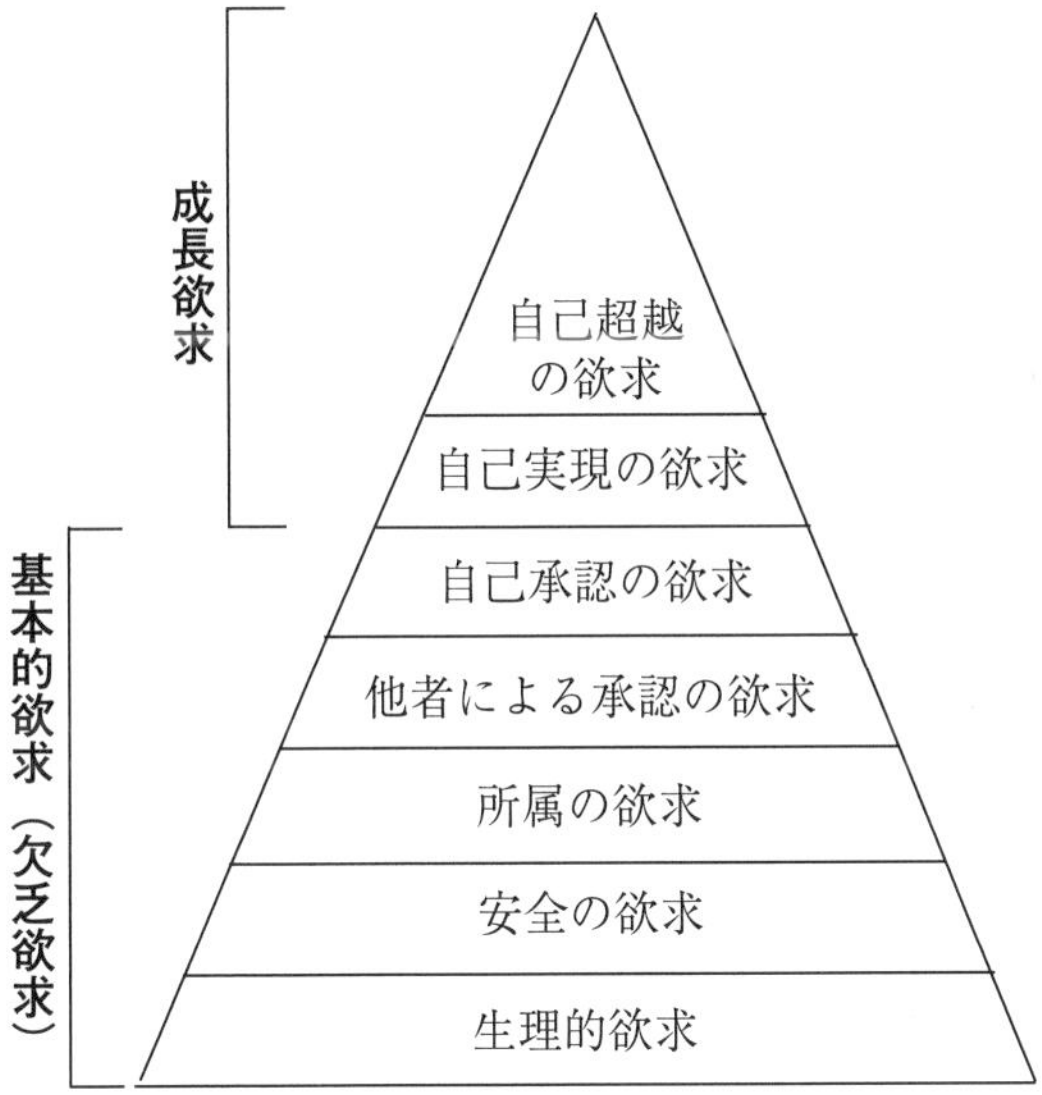

図1．マズローの「欲求の階層説」

これに対して一方、人間には、「成長欲求」、つまり、ほんとうの自分を実現したいという「自己実現の欲求」もあります。これが人間が本来欲するものなのだけれど、こうした本来の欲求というのは、それに先立つ「欠乏欲求」のすべてを満たした後ではじめて現れてくる。マズローはそう考えるのです。

この理論のポイントは、人間の「成長欲求」は、それに先立つさまざまな基本的欲求が満たされてはじめて発揮されていく、と考えるところにあります。つまり、基本的欲求が満たされていない状態で、どんなに禁欲的理想を説いても、それは無理な話である。本人の「成長したい」という気持ちを引き出すためには、まず、それに先立つさまざまな基本的欲求を満たしてあげなくてはならない、と考えるのです。

これは、従来の教育の考えなどに発想の転換を求める考えです。私たち大人は、子どもに、禁欲的理想を説きがちです。たとえば、勉強やスポーツがあまり得意でなく、したがって成績がよくない子どもに「勉強しなさい」と迫る。「学ぶ喜び」を体験してほしいと願う。しかし、子どものほうからしてみると、「学ぶ喜び」どころではなく、ただただ親や教師からほめてもらいたい、認めてもらいたいだけ。つまり「承認の欲求」に動機づけられて勉強するのです。しかし、みんなが勉強するから、相対評価の中で成績をあげるのはなかなか難しい。結果、また叱られることになり、「承認の欲求」は満たされない。それで、どうせホメてもらえないのならと、もっと違った形で教師の注意や関心をひこうと授業を妨害したり、わざと反抗するような子も出てくるのです。

ここで、親や教師が、勉強の結果だけでなく、そのプロセスに着目して、ほめてあげたり認めてあげたりしていると、たとえ成績は上がらなくても、その子の「承認の欲求」は満たされる。そして、そのこだわりから解放されるから、気持ちが学習内容のほうに向いて、勉強が面白くなり、その結果、成績が上がるということも起こりえます。けれど、親や教師があまりに結果ばかりにこだわると、子どものほうは何とかして「承認の欲求」を満たされたい、そんな気持ちに支配されます。勉強していても、気持ちは学習内容ではなく親や教師のほうにしか向いていませんから、本来の「学ぶ喜び」など実感できるはずもない。これでは、たとえ一時的に勉強したとしても長続きするはずがありません。

　このようにマズローの欲求階層説は、ただひたすら理想を説くのはやめて、相手の気持ちがどこでひっかかっているのか、そこを理解し満たさなくては、本来の成長欲求は生じてこない、ということを教えてくれます。とくにいかにして人の「やる気」を引き出すかが重要になる産業界でマズローの理論が受け入れられたのも、もっともなことです。

　また、マズロー理論のもう一つのポイントは、人間というのは、①主に欠乏欲求に捕らわれ、たとえば「もっと認められたい」とか、「もっと名前を知られたい」といった承認欲求を満たすために頑張っていたり、ひたすらお金を稼いで「もうこれだけあれば安心、というくらいお金がほしい」と思って仕事をする人のように、安全欲求に駆られて頑張り続けている人と、②そうした捕われからすべて解放されて、ただ、したいことだけをする、とか、ただ学びたいことを学ぶ、といったように、内側から生じてくる成長欲求にもとづく動機にしたがって生きている人との二種類に分かれる。人間にはつきつめて言えばこの二種類しかいない、と言っている点です。たとえば経営者だとすると「もっとうちの会社を世に認めさせたい」という動機で頑張るのは欠乏欲求に捕らわれた姿で、こうした欲求のすべてを満たしたうえでそこから解放され、ただひたすら、「この会社の使命、天命をまっとうしよう」と邁進しているレベルの経営者だけが、成長欲求に動機づけられたほんものの経営者、ということになってしまいます。

　これはかなり厳しいものの見方で、いったい何パーセントの人間が後者に入るのか、などと考えてしまいますが、やはり本質を突いたものの見方ではあります。

ご自分を見つめる、一つの道しるべとされてください。

第7章　現代カウンセリングの祖　カール・ロジャーズの生涯

生涯かけて〝自分〟を求めていく闘い

人間性心理学は、自己実現を基本的なテーマとしています。それは言わば、他者からの期待や社会規範に沿って生きるのではなく、人が、自分が本来持っている潜在的な可能性そのものを実現する心理学です。

この章では、自己実現の具体的なモデルとでもいうべきある人物の生涯をたどっていきます。その人物とは、カール・ランサム・ロジャーズ（Rogers, C. R., 1902-1987）。人間性心理学の最も重要な理論家であり実践家の一人に数えられ、現代カウンセリングの礎《いしずえ》を築いた人物です。カウンセリングの世界では、ある意味で、神様のような扱いを受けてきた人、と言ってもいいでしょう。

なぜ、ロジャーズの生涯を紹介するのか。それは、彼自身の人生が、まさに自己実現を地で行った人生であったからです。

よりくわしくは、拙著『カール・ロジャーズ入門——自分が〝自分〟になるということ』（コスモス・ライブラリー）をお読みいただきたいのですが、ロジャーズが育てられた家族は、キリスト教ファンダメンタリズムの信念に縛られたガチガチの家族。そのためロジャーズはその後、「楽しむことが下手《へた》」「自分の感情、特に怒りを表現することができない」「他の人との親密な関係をつくるのが不得手」といった、さまざまな硬さやとらわれ、不自由さを抱えて生きざるをえなくなりました。ロジャーズの人生は、こうして、自分らしくあることを許されずに幼少期を過ごした彼が、まさに血みどろで、〝自分〟らしさを取り戻していく苦しい闘いのプロセスでした。またこの〝自分〟を求めていく闘いの中でロジャーズは、同じような問題に苦しむ人々を支えるカウンセリングという新たな分野を開拓していったのです。

心理学の理論は、その心理学者自身の人生と不可分のものです。ロジャーズの理論と方法は、一見明快で単純なので、すぐ理解してしまったつもりになりがちです。しかしその深い理解のためには、それがなぜ、どのような必然性をもって生み出されていったかを、彼自身の人生との深いつながりにおいて理解していくことが不可欠だと思います。

ロジャーズがつくったカウンセリングのエッセンスは、人がより〝自分らしい自分〟になっていくのを援助するところにあります。ロジャーズの人生を知ることで、彼がなぜそうしたアプローチを生み出していったのか、その必然性を理解できるはずです。

少年ロジャーズ――病弱で、内向的で、空想癖のある子ども

幼少期のロジャーズの特徴を一言で言えば、学校の成績はよく、たしかに秀才だったようですが、友だちは少なく、家にこもりがちで本ばかり読んでいる。そしていつもボーッと何かを空想し

ている。簡単に言えば、そんな子どもだったようです。

ロジャーズは後に「自分は孤独な子どもだった」と語っています。家族以外の友だちをつくる機会がほとんど与えられなかったからですが、そのためロジャーズは、ますます読書に慰めを求めるようになりました。特に夢中になったのはインディアンの冒険物語でしたが、ロジャーズ少年はまた自分でも物語をつくるのが好きで、中でも「葉っぱ同志の語り合い」というストーリーは好評だったようです。上の兄たちを捕まえては、自分がつくった冒険物語を語り聞かせ、熱中させていたというのですから大した腕前です。このようなロジャーズの「物語づくり」の資質が、後の彼の創造的な心理学理論の形成に影響を与えているかもしれません。

カール・ロジャーズ

両親はこうしたロジャーズの読書癖、空想癖に眉をひそめ始めました。いつも空想に耽って、何をするのか忘れてしまう癖のあったロジャーズ少年の服には、「今すぐにしなさい！」と大きな字で書かれていたようです。兄弟たちからも、「ぼんやり教授」と「ムーニーさん（お月さまさん）」という二つのニックネームが付けられましたが、後者はどうやら、当時新聞に連載されていたマンガのキャラクターから付けられたもののようです。

あまりに厳格な家庭の宗教的雰囲気

後にロジャーズは、自分の育った家庭のことを、強い絆で結ばれてはいたけれど、あまりに厳格な宗教的倫理的雰囲気に満ち満ちていたと語っています。両親の教育は、子どもの個性を尊重するというより、「人間であれば、こう生きるべき」という「型」にはめこもうとするもの。それは言わば「巧妙で、愛に満ちた支配」で、その支配は、キリスト教の勤勉の美徳に基づくものでした。

ロジャーズ家の宗教の基本仮説は、自分たち家族は他の人たちとは違う「神に選ばれた者」としてふさわしく振る舞わなくてはならない、というものでした。アルコールはおろか、ダンスや劇場、カード遊びさえ堅く禁じられており、つまりロジャーズ家には社交というものがほとんど存在しなかったのです。

もう一つ、ロジャーズ家の宗教的雰囲気を形づくったのは、どうあがいても人間はしょせん「罪深い存在」である、という考えです。それは、ロジャーズ家の日課であった「朝の礼拝」の時、母親が好んで読んでいた聖書の言葉は、「われわれはみな汚れた人のようになり、われわれの正しいおこないは、ことごとく汚れた衣のようである」（イザヤ書六三、一七～六四、九。日本聖書教会訳）。人間は、どれほど正しいおこないを積もうと、しょせんは汚いボロ布のような罪深い存在でしかないということ。これがロジャーズ家の、そして中でも最も宗教的に厳格であった母親の基本的な信条でした。この言葉が、その後のロジャーズをどれほど苦しめたことか。それは、後に彼自身、この言葉が自分の胸に長年「突き刺さっていた」と語っていることからもわかります。

中国への旅――青年ロジャーズの自立

大学生の時、ロジャーズの人生の大きな分岐点となるある出来事が生じます。中国北京で開かれる世界学生キリスト教会議の、わずか二〇人の全米代表の一人に選ばれたのです。一九二二年、二月一五日から始まるその旅は、半年以上の長きにわたるもので、ロジャーズの知的及びスピリチュアルな成長の分岐点となりました。

ロジャーズがこの中国旅行で受けた最も大きな影響は、一言で言えば、宗教上の「自立」、そしてそれを通しての、家族からの「自立」です。それまで彼が受けた宗教上の影響はきわめてせまく限られたもので、特に母親の考えの支配下にありました。しかし長い船旅の間、ロジャーズは全米から来ている優秀な学生や学者や宗教上のリーダーたちから、さまざまな異なる考えを聞きました。しかも彼らは、自分の考えが唯一のものではないと知っており、決して教条主義的ではなかったのです。こうした人々との交流の中でロジャーズは「宗教的にも政治的にも急速に自由になって」いきました。

決定的だったのは、帰路、イエスの言行録の研究家ヘンリー・シャーマン博士とレナン著『イエスの生涯』について話し合う機会を持ったことです。その時点で書いた日誌には、次のような文面が見られます。「僕はただ、『ほんとうのこと』を知りたい。その結果、たとえキリスト教徒でなくなったってかまわないから」。ロジャーズが辿り付いた結論は、次のようなものでした。「イエスは神でなく、人間だったのだ。つまり彼は、史上最も神に近づくことのできた一人の人間」

ロジャーズ家のキリスト教は、保守的ファンダメンタリズムの典型的なものでしたから、手紙を通してロジャーズのこうした変化を知った両親は烈火の如く怒り、落胆しました。「イエスが人間である」などという考えは、両親にとって、危険で邪な神学に取りつかれたとしか思えなかったからです。両親はそれに反対する返事を書きましたが、当時のこと、当然ながら返事が届くまでに長い時間がかかり、その間にロジャーズはさらに自分の新たな考えを押し進めていきました。

こうしてロジャーズは、中国への旅という特殊な状況において、最小限の苦痛によって、家族との強い絆を断ち切ることに成功したのです。ロジャーズは言います。「この時から、僕の人生の目標、価値、目的、目標は自分自身のものになったのだ」と。

しかし、大きな葛藤があったのでしょう。帰国直後、ロジャーズは十二指腸潰瘍と診断を受け、五週間の入院と一年の休学を余儀なくされました。ロジャーズ家の六人兄弟中、実に三人が潰瘍に苦しめられており、ロジャーズはそれを「穏やかだけれど、抑圧的な家庭の雰囲気」のためだと説明しています。

神学から心理学へ

療養後ロジャーズは、当時、最もリベラルなことで知られていたユニオン神学校に入学します。ロジャーズ家が愛読していたファンダメンタリズム派の雑誌に「悪霊の宿る嫌悪すべき学校」と紹介されていた学校で、当然両親から猛反対されましたが、それを振り切ってロジャーズは進学したのです。

牧師を目指し、実際にこの学校のトレーニングの一貫として近隣の教会で説教をおこなったこともあるロジャーズでしたが、この学校の自由な雰囲気の中で、さまざまな体験を経たロジャーズは、次第に、特定の宗教の教義を信じ続けることに困難を覚え始めるようになりました。ある職業にとどまるために特定の信条を保持し続けなくてはならないのだと考えると、「身の毛のよだつ思いがした」とロジャーズは後に語っています。

ロジャーズはついに牧師になることを断念。一九二六年秋、それまで聴講生をしていたコロンビア大学教育学部の正規の学生となり、心理学者の道を歩み始めたのです。専攻は臨床心理学と教育心理学。実践的で科学的である点も自分に向いているとロジャーズは感じていました。しかし、この進路変更の直前、ロジャーズは再び十二指腸潰瘍になっていますから、この決断がいかに彼の心身を消耗させたかがわかります。

ここで敢然とキリスト教に背を向けて以降、ロジャーズは再びキリスト教に近づくことはありませんでした。それればかりか、特に原罪説をターゲットとして熾烈な批判を浴びせ続けました。しかしその一方で、イエスの高潔な生き方に対する共感は、最後まで失っていませんでした。そしてまた、青年時代にイエスの生き方に寄せたこの思いは、後に形成される「無条件の受容」や「共感」といった彼の理論、晩年の国際平和のための活動などにも強く反映されているように思います。多くの研究者が、青年期のキリスト教への傾倒なしにはロジャーズの心理学は生まれなかったであろうと指摘しています。

児童相談への没頭と独自のアプローチの萌芽

児童相談所に一〇年ほど勤めたロジャーズが三〇代半ばになった頃、その後の方向性に大きな影響を与える一人のクライアントとの出会いがありました。

ある乱暴な少年のことで相談に来ていた母親は、きわめて知的な女性。少年がまだ幼い時に母親が彼を拒絶したことに問題があることは明らかでしたが、面接の回数を重ねてもロジャーズはそのことを母親にうまく洞察させることができずにいました。一二回目の面接の後、ロジャーズはついにそのケースを断念し、終結を申し出て、母親もそれに同意しました。しかし握手をして別れ、まさに面接室を出ていこうとしたその時、その母親はくるりと振り向いてこう言ったのです。「先生、ここでは大人のためのカウンセリングはおこなっていないのですか」。やっていますよ、とロジャーズが言うと、その母親は椅子に戻り、夫婦生活への絶望など、自分の抱えているさまざまな問題を話し始めました。それは、それまで彼女が話していた不毛の「ケースヒストリー」とはまったく違ったもので、本当のカウンセリングがそこから始まったのです。その結果、夫婦関係が改善されたばかりでなく、少年の問題行動も消えていきました。

この体験からロジャーズは、何が傷ついているか、どこに向かえばいいのか、どの問題が重要なのか、そしてどのような経験が深く隠されているのかを知っているのはクライアント自身であること、したがってカウンセラーは自分の賢明さを誇示する必要はなく、クライアントが進んでいくプロセスを信頼すべきであることを身をもって知ったのです。後にこの体験について、「決定的な学習体験」だったとロジャーズは述べています。

クライアント中心カウンセリングの誕生

こうした体験に基づいてロジャーズが創造したクライアント中心カウンセリング。その基本的見地について、彼は次のように言っています。

「この新しいセラピィの目的は、特定の問題を解決することにあるのではなく、個人の成長を援助することにあります。その結果、その人は今直面している問題やその後の人生で直面していく問題により統合された仕方で対処していくことができるようになるのです。このセラピィは成長や健康や適応に向かう衝動をもっと信頼します」（Rogers, C. R. 1942, 末武康弘ほか訳『カウンセリングと心理療法』岩崎学術出版社）

カウンセリングやサイコセラピィの目標は、それまで、個々の問題そのものを解決することに置かれてきました。しかしそれでは、問題に直面する度に誰か他の人に頼る依存的なパーソナリティーになってしまいかねません。そうではなく、カウンセリングやサイコセラピィは、クライアントが自分で自分の問題に立ち向かうことを通して、その人間そのものが成長することを目標とすべきである。その人がこれからの人生でまた似たような問題にぶつかった時、今度は自分自身でよりよい仕方で対処できるような人間にその人自身が成長していく、そのプロセスをこそ支えるべきだ、とロジャーズは考えたのです。

このように、ロジャーズはカウンセリングの「目標」そのものを転換しました。「目標」が変われば、「方法」もおのずとこれまでとまったく異なるものにならざるをえません。ロジャーズが現代カウンセリングの祖と言われるのは、そのためなのです。

その後シカゴ大学に移ったロジャーズは、いよいよ全盛期を迎えます。

「中年期の危機」

「全盛期」を謳歌していたロジャーズのシカゴ大学時代。彼の「中年期の危機」は突然訪れます。それは、一九四九年から五一年にかけて、ロジャーズが四七歳から四九歳の時。きっかけは、以前に接触していた分裂病の女性クライアントが、シカゴに越してきたことでした。彼女が暖かくて真実味のある関係を求めてきているのはわかるけれど、どうしても自分は彼女を好きになれない——そんな状態のままロジャーズは、ある時は暖かく、ある時はよそよそしく「職業的」になったりと、一貫性を欠いたかかわりをしていました。そのためクライアントは依存と愛情を伴った強い敵意を自分に向けてきた、とロジャーズは言います。

「それは私の防衛を完全に突き破りました。彼女との接触が治療的意味を失い、自分にとってただ苦痛なものになったあとでも、私は、セラピストとして当然彼女を援助できるはずだし、また彼女と接触し続けていけるべきだと信じていました。彼女の洞察は私のそれよりも健全であることを認めましたが、そのために私は自信を失い、関係の中で私の自己を放棄してしまったのです。この時の状況は、一匹の猫が私の内臓をかきむしっているけれど、ほんとうはそうしたくないのだという彼女の夢の一つにうまく要約されています。しかしながら私は、自分にとって破壊的なこの関係を持ち続けていました。というのも、私は彼女が絶望的にも精神病の発病の危機にさらされており、危険な状況にあることを認知していましたし、私は彼女を援助しなければならないと感じていたからです。

だんだんと私自身が完全にまいってしまいそうになっているのがわかり、この気持ちが緊急なものに高まってきました。……（中略）……家に帰り、今すぐ逃げださなければならないとヘレンに言いました。今でこそ静かに『逃走旅行』として説明できますが、一時間以内に自動車で出発し、二、三ケ月家を留守にし続けました。ヘレンが冷静に私がこの混乱から立ち直れると元気づけてくれたり、私が事件を話せるようになった時、私の話を喜んで聞いてくれたことがたいへん助けになりました。

けれども、私たちが家に戻った時、私はまだセラピストとしてかなり不十分な状態にあり、人間としても値打ちがないし、心理学者として、あるいはサイコセラピストとして、もうやっていけないのではないかと感じていました」（村山正治訳「ロジャーズ」、佐藤幸治・安宅孝治編『現代心理学の系譜』岩崎学術出版社）

ロジャーズのすごい混乱ぶりが伝わってきます。

私にはここで、幼い頃から苦しさや悲しみなど人間の弱さにかかわる感情の表現を禁じられ、ひたすら両親の期待に応えることを求められ続けた少年ロジャーズの姿が思い浮かびます。実際ロジャーズは「私のしたことを好きな人はいても、私自身を好きになってくれる人は誰もいなかった。私は愛するに値しない人間で、実は劣っているのに前面に立たされていた」と語っています（**Kirschenbaum, H., 1979, *On Becoming Carl Rogers*, Delacorte**）。

ロジャーズには、人間としても、セラピストとしてもやはりどこか、自分の弱さに対して抑圧的な面があったのではないでしょうか。自分の弱さを認め受け入れることが困難であったため、「治療的な意味を既に失っている」と感じていながら、それでも「何とかすべきだ」という倫理的な信念から自分のその実感を押さえ込み、ますます治療関係を悪化させるはめになってしまったように思われるのです。この禁欲的な硬さは、もちろん、このケースに限らず、この時期のロジャーズのカウンセリングそのものの硬さ、不自由さとして反映されていました。実際、この時期のロジャーズのカウンセリングは、彼の生涯の中で最も自分の感情を表明することが少ないものだったと言います。自分の感情は抑えてひたすら相手の内面世界に沿い続けるというスタイルだったのです。

では、ロジャーズはいかにしてこの危機から立ち直ることができたのでしょうか。

なんと、自分が所長を務めていたカウンセリングセンターの部下からカウンセリングを受けることで、自分を取り戻していったのです。こんなことが可能だったのも、ロジャーズとカウンセリングセンターのスタッフとの間に、一般の上司と部下の関係とは違った、人間同志のふれあいが存在していたからでしょう。この体験を通してロジャーズは、人に愛を与えることばかりでなく、人から愛をもらうことも、以前より恐れなくなったと言います。自分の弱さを自分のものとして受け入れることができず、ましてやそれを人前にさらけ出すことなどできずに、ひたすら自分に厳しくあり続けてきたロジャーズ。その彼が、このクライアントとの再会を通して自分の「影」に触れざるをえなくなった。そして自分の弱さを自分のものと認め、受入れることができるようになっていき、と同時にセラピィでも彼はより自由になって、もっと自然に自分の感情に触れることができるようになっていった。これが、ロジャーズがその「中年期の危機」を経て体験したことだったのでしょう。

この危機から二年後、ロジャーズは次のように語っています。「この一年、私がおこなったセラピィは、かつてになくよいものになってきたように思えます。二年前、私自身が受けたセラピィによって、私のカウンセリングも変わってきたようです」

人間性回復運動のカリスマ的存在へ

中年期の危機を終えた後もロジャーズの人生はまさに波瀾万丈の人生でした。ウィスコシン大学でおこなった分裂病研究のプロジェクトがさまざまな理由で頓挫したロジャーズは、大学という世界に嫌気がさし、民間の研究所に出て活動を始めます。

と同時に、ロジャーズの実践の中心も個人カウンセリングから、エンカウンター・グループ

（集団での出会いのグループ）へと移っていきます。一九六〇年代にカリフォルニアを中心に人間性回復運動（ヒューマン・ポテンシャル・ムーブメント）が巻き起こり、その波の中でロジャーズがおこなっていたエンカウンター・グループもブームとなり、ロジャーズは一躍この運動のカリスマ的存在として脚光を浴びるようになります。

ロジャーズ自身も、グループの中にいる自分の変化を楽しんでいたようです。子どもの頃から一人でいるのが好きなタイプで、自分をあらわにしていくのを好まない人間だったロジャーズが、エンカウンターグループを経験していく中で他者への愛情や、もっと人から愛されたいという気持ちを表現していくようになったというのです。たとえば「昨日の晩、グループの誰からも愛されていない夢を見た」といってすすり泣く、女性の参加者がいたとしましょう。こんな時ロジャーズはよく、その人の側に歩み寄りキスをしたり、抱擁をしたりして慰めるのですが、こんなことは以前のロジャーズには考えられないことだった、と娘のナタリーさんは語っています。部下のカウンセリングを受け、中年期の危機と闘う中で、自分を愛すること、他者を愛することへのためらいから自由になっていったロジャーズ。彼にとってエンカウンター・グループは、その変化した自分を確かめ、また十分に表現できる場であったようです。

スピリチュアリティの再獲得、そして世界平和活動

老年期のロジャーズも家族とのトラブルなど、さまざまな苦悩を抱えますが（『カール・ロジャー

ズ入門』前掲書参照のこと）、やがて、大きな変化が訪れます。一つには百人以上の規模のエンカウンターグループで、参加者全員が「ひとつ」になり、宇宙意識の一部であると感じられるような体験を持ったことから、また一つは、妻ヘレンの死と前後してさまざまな霊的体験を持ったことなどから、青年期におけるキリスト教との決別以来遠ざかっていたスピリチュアルな領域に再び接近していったのです。晩年ロジャーズは「明らかに私の経験は、超越的なもの、記述不可能なもの、スピリチュアルなものを含んでいます。他の多くの人々同様に、私もこれまで、この神秘的でスピリチュアルな次元の持つ意義を過少評価してしまっていたと言わざるをえません」と述べています。

こうした変化は当然、ロジャーズのカウンセリングに対する考えにも影響を与えないはずがありません。一九八三年、ＮＢＣのインタビューに答えてロジャーズは、カウンセリングが深まった時の体験について、次のように語っています。「その時、私のうちなる自己が、クライアントのうちなる自己とふれあいます。私の意識的な心が決して知ることのないような仕方で。これは、ある種の神秘体験なんでしょうかね」と。

晩年のロジャーズは実践的には、エンカウンター・グループを基盤としたパースンセンタード・アプローチによる人種間、国際間、異文化間の緊張緩和への取り組みを活動の中心としていました。北アイルランドのベルファストにおけるプロテスタントとカトリックの葛藤の緩和（一九七三年）、南アフリカの人種差別をめぐる黒人と白人の対話（一九八六年）などを次々とおこなっていったのです。そのため、ロジャーズは彼が一九八七年二月四日に八五歳の生涯を閉じた時、ノーベル平和賞にノミネートされていたのです。

「静かな革命家」と呼ばれたロジャーズは、全米から駆けつけた教え子たちが別れを告げるのをきちんと見届けた上で、その異名にふさわしい静かな最期を迎えたようです。何のためらいもなく今の〝自分〟を受け入れている、そんな満足しきった表情で。

三つの転機

ロジャーズの人生、それは、楽しんだり自然に振る舞うことを許されず、感情の表出を禁じられ、ただひたすら勤労のみが求められる「抑圧家族」の中で育てられたロジャーズが、徐々に〝自分〟を取り戻していく苦しい闘いのプロセスでした。

彼の人生には、三つの大きな「転機」があったように思います。

一つめは、大学生の時の中国旅行をきっかけになしとげられた家族との宗教的な絆の断絶、学生結婚、牧師志望から心理学者への転身、といった一連の出来事で、これはいわば、青年ロジャーズの「自立」を目指した闘いだったと言えるでしょう。

二つめは、四〇代後半に分裂病の女性クライアントとの接触をきっかけに引き起こされた「中年期の危機」とその克服。これによって、みずからの心のうち深く潜んでいた否定的な自己像へのとらわれから解放されたロジャーズは、カウンセリングの中でもより自由に〝自分〟を生き、表現することができるようになっていきます。

三つめは、晩年にようやく実現したスピリチュアリティの再獲得。これは、ロジャーズ家の教条主義的キリスト教との決別によって始まった彼の闘いが十全に実現され、ほんとうの意味で〝自分〟となるために、なしとげられる必要のある「最後の課題」でした。

現代カウンセリングの祖と言われるロジャーズの理論と実践は、単なる研究や思索や臨床実践の成果ではなく、ロジャーズ自身のこうした生涯にわたる苦闘と自己変容の過程の中で産み落とされ、発展と修正を加えられていったものなのです。ロジャーズの心理学は、このことを踏まえてはじめて、その意味をほんとうに理解しうるものでしょう。

第8章　カウンセリングで何が起こるか——自分のこころの声を聴く

カウンセリングとは

みなさんは、カウンセリングというものに対して、どんなイメージをお持ちでしょうか。ちょっと敷居が高いなぁ、よほど困らないといかないなぁ、という方が、まだ日本では多いかもしれません。

あるいは、専門家から「こうしなさい」とアドヴァイスをもらうようなイメージをお持ちの方もいるかもしれません。

カウンセリングとは、そのような、「ほかの誰かに助けてもらう」ことでは決してありません。「本人の代わりに問題を解決してあげる」ことでもありません。カウンセリングを受けている方は、あくまで、「自分で」自分の問題を解決するのです。カウンセリングとは、その人が、その人自身で、自分らしいやり方で問題に取り組んでいく、そのプロセスを支えることなのです。

悩める人の多くは、自分の気持ちがわからなくなってしまっています。自分の気持ちが見えなくなってしまっている、と言ってもいいでしょう。ロジャーズのつくりあげたカウンセリングとは、人が自分の心の声に耳を傾けることによって自分を取り戻していく。自分自身になっていく。そのプロセスのことを言うのです。

神経症的な症状に苦しめられそれを克服したフロイトが生み出した精神分析学は神経症の治療に役立つものでした。分裂病的な苦しみに襲われたユングが作りだした分析心理学は、精神分裂病の理解や治療に有益なものでした。

同じように、自分らしく生きることができずに苦しんだロジャーズが、みずからの問題を克服していくその生涯を通して作りだしていったカウンセリング（クライアント中心カウンセリング）は、人が〝自分らしく〟生きることができるようになること（自己実現）を支えるものなのです。

S・フロイト

ユング

〝自分らしく〟生きるための心理学

思えば、この〝自分らしく〟生きたい、という願いは、現代人の多くが共有している願いにほかなりません。

もっと〝自分らしく〟生きたい、自分の気持ちに素直になって、自分の個性と可能性を発揮しながら生きていたい、という切なる願い――現代の若者には、特にこの傾向が強く、この平成大不況のただ中であるにもかかわらず、たとえばハローワークの職員の方にお聞きしますと、最近の若者は、〝自分らしさ〟を発揮できる仕事につきたい、それが見つからないから定職に付けない、という、リストラにおびえる中高年から見ると何とも贅沢な、あるいは、地に足の付いていない悩みに苦しんでいる、というのです。

彼ら彼女らには、気負ったり装ったりして生きるのは御免だ、もっと自然体で生きていたい、あるがままの自分で生きていくことができればどんなにいいだろう、という志向性がきわめて強いようです。

ロジャーズの心理学、そしてそれがベースとなったカウンセリングは、現代人の多くが抱くそのような志向性にピッタリのもの。それは言わば、人が〝自分らしく〟生きるのを援助するための理論と方法のことなのです。

ロジャーズの著書の中で一番売れた代表作と言えば、『ロジャーズが語る自己実現の道』（諸富他訳　岩崎学術出版）（*On Becoming A Person*, Rogers, 1961）です。

この本のタイトルは、直訳すれば『人間になることについて』、硬めに訳せば『人間生成論』ですが、そこに含意されているのは、どこの誰でもない、匿名の、一般的な人が、かけがえのない、交換不可能な〝この私〟、ほかの誰でもない他ならない個性的なその人自身になっていく、という変化のプロセスを意味しています。

この本の中からいくつかの箇所を引用しながら、ロジャーズの心理学の基本的なメッセージを押さえておきたい、と思います。

まず、ロジャーズの人生哲学の中心となる言葉を拾っておきましょう。

「人生は、流れゆく、変化するプロセスである。そこでは、あらかじめ固定されたものは何もない」

「他の人による評価は、私の行動の指針とはならない」

「私にとっては、自分自身の経験こそが、最高の権威である」

「私は、自分自身の経験を信頼することができる」

「事実は、味方である」

ここでは、「自分の経験を信じる」ことがくり返し語られています。これは、より平たく言えば、自分自身を信頼し、みずからの実感、内なる声に耳を傾けて、それに忠実に生きていくということです。自分自身の内側に与えられる全心身的な実感、つまり「これが正しいという実感」こそが、何よりも重要な思考と行動の指針とみなされているのです。

カウンセリングの中で、人は、どのように変化していくのか

みずからの内なる声に耳を傾けていく。それによって、より〝自分〟らしく生きていく。ロジャーズのそのような考えを紹介してきました。そして、そうしたことがまさに生じるのが、カウンセリングという場なのです。次の言葉は、カウンセリングの中で何が起きるか、ロジャーズの考えを端的に言い表しています。（『ロジャーズが語る自己実現の道』前掲書）

「私が、自分自身を受け入れて、自分自身にやさしく耳を傾けることができる時、そして自分自身になることができる時、私はよりよく生きることができるようです。……言い換えると、私が自分に、あるがままの自分でいさせてあげることができる時、私は、よりよく生きることができるのです」

カウンセリングを受ける方の多くは、自分を受け入れることができずに悩んでいます。たとえば「みんなの前でパリッとしている私はオーケーだけれど、部屋に帰ってグズグズ悩んでいる私は、キライ」「俺は、どうして、女の子の前にいくと素直になれないんだろう。とくに好きな子の前にいくと、よけいにかっこう悪く振る舞ってしまう……」

こんなふうに、自分の一部は受け入れることができるけれど、別の自分は受け入れることができない。でも、それはすごく無理なことなので、自然と苦しくなってしまう。そうした葛藤から、カウンセリングを受けに来るのです。

そしてカウンセリングを受ける過程で、それまで自分で否定していた自分の一部も受け入れることができるようになっていく。いいとか悪い、肯定する否定するではなく、その部分も、どうしようもなく、私自身の一部であることを認め、受け入れていく。それにより、周囲の人の目や世間体ばかりを気にして取り繕っていた〝見せかけの自分〟から離れて、〝より深く、自分自身に根ざした自分〟へと変わっていく。

成功するカウンセリングの中では、しばしば、こうした〝自己受容のプロセス〟〝表面的な、人の目を気にした自分〟から〝より深く、自分自身のこころの声に根ざした自分〟へと変化していくプロセスが生じるのです。

ロジャーズは、このプロセスをさらにくわしく次のように説明しています。

それはまず、否定形で次のように語られます。

①偽りの仮面を脱いで、あるがままの自分になっていく
②「こうあるべき」とか「こうするべき」といった「べき」から自由になっていく
③他の人の期待を満たし続けていくことをやめる
④他の人を喜ばすために、自分を型にはめるのをやめる

その変化の方向は、次に、肯定形で次のように語られます。

①自分で自分の進む方向を決めるようになっていく
②結果ではなく、プロセスそのものを生きるようになる
③変化に伴う複雑さを生きるようになっていく
④自分自身の経験に開かれ、自分が今、何を感じているかに気づくようになっていく
⑤自分のことをもっと信頼するようになっていく
⑥他の人をもっと受け入れるようになっていく

より自分らしい、あるがままの自分になる人はこうした方向に向かっていく、とロジャーズは言います。その時人は、他者からの期待や、「こうあるべき」という思い込み、そして仮面を付けていた「偽りの自分」から離れていき、その時々の自分の気持ちに従いながら、そのプロセスを生きるようになっていく、というわけです。

とは言っても、こう反論したくなる方も、おられるでしょう。

「あるがまま」の自分になるだなんて、とんでもない。自分の本心は、きわめて強欲で、自己中心で、醜い欲望の塊であることは自分自身でよくわかっている。そんな自分の暗い衝動、こころの闇を、自分自身であると認めるなんて、とんでもない。そんな恐ろしいこと、できっこない。もしできたとしても、私は、この社会から葬り去られることが確実だ、と。

たしかに、ロジャーズの考えは、かなり大胆な逆説です。

私たちはふつう、自分を変えようとする時、「こうしなくてはいけない」「もっと、こう考えたほうがいい」などと、自分に何か正しいことを言い聞かせようとします。自分に何かを言い聞かせて、自分をコントロールしようとするのです。

しかし、ロジャーズによれば、人間にとって重要な変化は、そんなふうに起きるものではありません。むしろ、そのような「自分に何かを言い聞かせる姿勢」「自分で自分をコントロールしようとする姿勢」そのものが、私たちを変化できなくしてしまうのです。

ロジャーズの考えは、むしろ、それをちょうど逆さにしたものです。


「面白い逆説なのですが、私が、自分のあるがままを受け入れることができた時に、私は変わっていくのです。私たちは、自分の現実の、そのあるがままの姿を十分に受け入れることができるようになるまでは、決して変わることはできません。今の自分から変わることはないのです。これは、私自身の経験と、クライアントの両方から学んだことです」（『ロジャーズが語る自己実現の道』前掲書）

人は、他者との関係の中ではじめて「自分自身」になることができる

ロジャーズは、こう言います。「自分自身を受け入れて、自分自身にやさしく耳を傾けることが

できる時、人は、真に自分自身になることができる」のだと。

カウンセリングとは、人が自分の心の声を聴いていく、そのお手伝いのことです。カウンセリングを通して、人は、〝自分のこころの主人公〟に、言い換えると〝自分の人生の主人公〟になっていくのです。

カウンセリングでは、人が自分を受入れ、自分の心の声に耳を傾けて、真に〝自分自身〟になっていく上で最も必要なことは、他の誰かから無条件に受け入れてもらえる関係においてはじめて可能になると考えられています。他者に受容され共感される関係こそ、人が真に〝自分自身〟になる上で必要不可欠なものだ、と考えられているのです。

このことを、デイヴ・メァーンズというスコットランドのカウンセリングの先生は、こんなふうに言います。そこで自分がじゅうぶんに〝自分自身〟でいることができるスペース（空間）が与えられること。自分の心の光の部分だけでなく、闇の部分にも、それ自らが語りだすことができるようなじゅうぶんなスペースを与えられる、ということ。そのような、こころのどの部分にも、じゅうぶんなスペースを与える人間関係を提供することに、カウンセリングの人間関係の本質的な特徴がある、と。そしてそのスペースを、自分自身でよく味わうことができる時、その人のこころの全体性が——というより、こころのそれぞれの部分が——おのずと自分を語り始めるのです。その声を自分自身で受け止めていった結果、クライアントはより深く、自分自身となっていくのです。

これは、ある意味では、たいへん奇妙な体験です。

カウンセリングの中では、カウンセラーとクライアントという二人の人間が話をしている。けれど――最初のうちはともかく、面接が深まっていくにつれて――クライアントは、カウンセラーの言葉ではなく、自分自身のこころの内側から発せられてくる声に耳を傾けるようになっていく。つまり、カウンセリングの核心は、クライアントの〝自分自身との対話〟にあるのです。相手と話をしているように見えて、自分自身のこころと対話をしている。そんな体験にカウンセリングの核心はあるのです。

自分自身と対話をするならば、一人でやればいいではないか。カウンセリングなどにわざわざ出かけていかなくてもいいのではないか。そう思われた方もいるかもしれません。

しかし、これがなかなか難しいのです。よほど瞑想に熟達された方ならともかく、ふつうの人間は、なかなか自分自身の深いところから発せられてくる小さな声に、自分で耳を傾けることはできません。しかも、カウンセリングに来られる方は、心が弱まっている方です。心が混乱し、疲れ果て、自分が何を感じ、何を望んでいるのか、わからなくなってしまった方です。そんな方に安心して、自分自身でいられる空間、自分のこころの小さな声に耳を傾ける空間を提供するところに、カウンセリングの核心はあるのです。

他者との関係の中で〝ひとり〟になる体験

これは、言葉を変えれば、カウンセリングという人間関係の中ではじめて、人は十分に〝ひとり〟でいることができる、ということです。このことに私がはじめて気づいたのは、日本にロジャーズのカウンセリングを紹介して活躍した友田不二男の考えに触発されてのことでした。友田によれば、飛躍的な成長や人格変化は「真空」状態においてこそ起こる。そこで体験した変化を確認し体現するのは、人間関係においてであるけれども、変化や成長そのものは「真空」の中で生起する、というのです。

カウンセリングをする時、言うまでもなく、そこには二人の人間がいて、話をしています。カウンセラーとクライアントという二人の人間がいて、クライアントがカウンセラーに向かって話をしている。そんな意識状態でカウンセリングは始まります。

けれども、カウンセリングが進み、二人の関係が深まっていくにつれ——そして、ここがカウンセリングという関係の特殊性なのですが、カウンセラーがクライアントの体験のプロセスに沿って自分を消し去るようにして、全身全霊を込めて話を聴いていくにつれて——話をしているクライアントから、「カウンセラーに向かって話をしている」という意識が徐々に徐々に弱まっていきます。「カウンセラーに話をしている」という対象的な意識は希薄になっていき、たしかに注意してみれば自分がカウンセラーに話をしているのはわかるのだけれど、その存在がほとんど気にならない、ひたすら自分の体験に没頭し、それにひたり、それを味わっていて、ある意味では自分〝ひとり〟でいるのと変わらないような、そんな体験になっていくのです。

その〝ひとり〟の状態で、では、クライアントが何をしているのか、というと、自分の中から出てきた、漠然とした、あいまいな体験と向き合っているのです。それが何なのかはまだよくわからない、けれどなぜかそこに大切な意味がありそうな気がする、漠然とした、あいまいな〝何か〟。

その何かとじっくり向き合いながら、さまざまな言葉や、イメージが駆けめぐっている。何かを絞り出すようにして、それと向き合いつつ、そこから何かが出てくるのを待っている。そうこうしているうちに、「あっ、こういうことかな」という手がかりが得られてくる。そしてそれを、心の中で何度も反芻《はんすう》するうちに、自分の奥の「何か」がそれに共鳴し、「そう、たしかにそうだ」という素直な反応が自分の奥から返ってくる。そして、それが幾度か積み重なるうち、重要な意味がある〝気づき〟がやってくる。「あぁ、そうだったのか！」と。そして、その〝気づき〟が広がっていく。

つまり、こういうことです。

カウンセリングとは、ふつう、カウンセラーに向かって悩みを話すことだと考えられています。これは実際そうで、目に見えるレヴェルでは、カウンセラーとクライアントとの対話のようにしてカウンセリングは進んでいくのですけれど、そのプロセスが深まっていくにつれて、クライアントの意識においては、カウンセラーに話をしている、というよりも、自分自身の体験――何かそこに大切な手がかりがありそうに思えるけれど、よくわからない、漠然とした、あいまいな体験――にひたすら、深く深く入っていく、ということが中心になっていく。そして、その深みにおいて、クライアントは、自分自身の声を――ふだんは耳を傾けることのなかった、自分の心の奥からの声を――聴いていく。この意味で、カウンセリングとは、カウンセラーとクライアントの対話に始まり、それが、クライアントのうちなる自分自身との対話に深まっていくプロセスなのです。

そして、この内なる自分自身との対話がさらに深まり、それがピークに達した時、クライアント

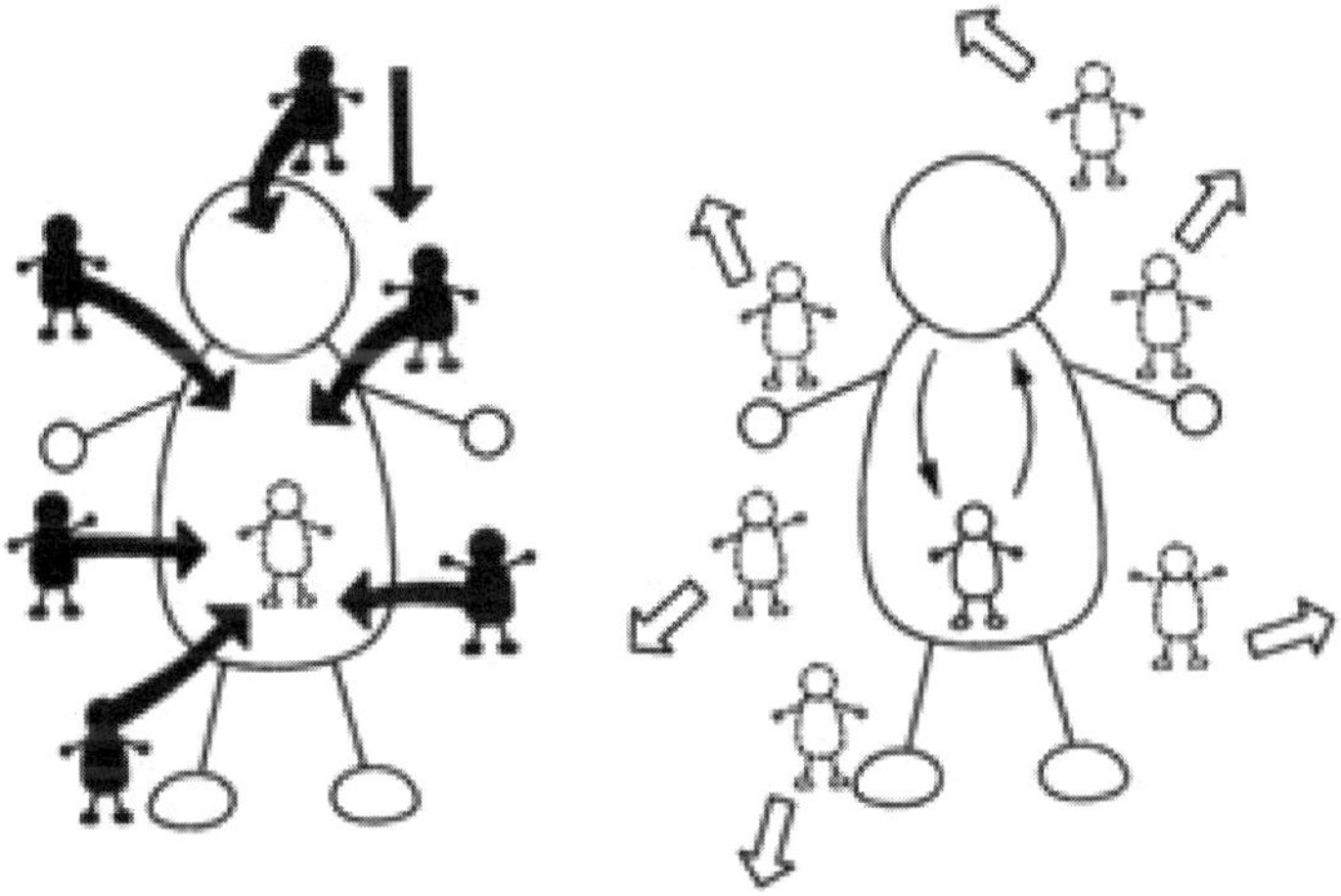

ひとりで思い悩み、心の中の複数の他者にとらわれている状態

共感的理解を得て、心の中の他者から解放された「ひとり」の状態

図2．カウンセリングにおける「ひとり」の体験

の意識においては、カウンセラーという「相手」もいなければ、「自分」もいない。そうした対象的意識の一切は消え去って、ただただ、自分の体験のみがある。そうした〝真空〟状態、まったき〝ひとり〟の体験が訪れるのです。

〝自分自身〟になる瞬間

つまり、私たちが、一人で思い悩んでいる時、物理的には一人でも、心の内側には複数の他者、言わば「自己ならざる自己」としての他者が存在しています。そしてそれらの人々の目を気にしたり、何かを言い聞かせられたりしています。たとえば、「お前はどうしてそうなんだ」「もっとこうすべきだ」「男だろ、もっとハッキリしろよ」といったようにです。

つまり、物理的には一人でも、心の中では、内在化されたさまざまな他者の声に支配され、捕らわれ、がんじがらめになっていて、身動きとれなくなっているのです。この人が、一人で思い悩むのに疲れ果てて、心のひだをていねいに聴くことのできるカウンセラーを訪ねたとしましょう。そしてそこで、自分が何を感じ何を話してもていねいに聞いて受けとめてもらえたとしましょう。自分の心の光の部分ばかりでなく、闇の部分にも、またハッキリとした部分だけでなく、あいまいな部分にも、ていねいに注意を向け、認め、受け止めてもらえたとしましょう。自分のこころのどの部分にも、それがみずからを語りだせるようなじゅうぶんなスペース（空間）を与えてもらえたとしましょう。そして、自分自身でもそんな「心理的空間」をじゅうぶんに体験し味わうことができたとしましょう。すると、何が起こるでしょうか。

不思議なことですがその人は、そのような「空間」を味わっているうちに、それまで自分の心を支配しがんじがらめにしていた「複数の他者」が、いつの間にかスーッと脱け落ちていくことに気づくでしょう。カウンセラー、クライアントの双方から、じゅうぶんなスペースを与えられ、思う存分語ることができたその「複数の他者」は――言わば、気が済んだかのようにして――その人の心から消え去っていくのです。

この人は、ここではじめて、自分の心を支配していた「他者の声」から解放されます。ほんとうの意味で〝ひとり〟になることができるのです。

これを踏まえると、こういうことができるでしょうか。

カウンセリングとは、他者との関係の中で、人がはじめてほんとうの意味で〝ひとり〟になることができる逆説的な関係のことである、と。そこで人は、自分の心のメッセージに耳を傾けて、徐々に「これが〝自分〟だ」と実感できる〝自分〟を取り戻していくことができます。〝自分自身〟になっていくことができるのです。

第9章　自分らしく生きるための孤独――ムスターカスの孤独論

前章では、カウンセリングという特殊な人間関係の中で何が起きるかを考えてきました。カウンセリングという関係の中では、人は、ふだんは気持ちを背けている自分自身の声に耳を傾け始める。カウンセリング関係の中では、たしかにカウンセラーとクライアントという二人の人間が関係を結ぶのだけれど、クライアントの主観的体験が深まっていく時、それはむしろ、二人の関係というより〝ひとり〟になる体験である。物理的には二人でいるけれども主観的には〝ひとり〟で、自分自身のうちなる声を聴いていく体験である。そう言いました。そしてそれが、人が真に自分らしい自分になっていく上で必要なことなのだ、と。

どうやら、人が〝自分〟らしく生きていく上でまず何よりも重要なことは、孤独になれること、〝ひとり〟になって自分自身の心としっかり対話できることのようです。

では、孤独になるためは、何が必要なのか。〝ひとり〟になって、自分自身と対話する時、何が起きるのか。それはいかなる体験なのか。こうしたことを考えていきたいと思います。

この章では、人間性心理学や実存心理学の著名な理論家であり、心理療法家であるクラーク・E・ムスターカスの孤独論をとりあげ、とくに孤独における自分自身との出会いの問題に焦点を当てて紹介したいと思います。

なお、孤独が人間の成長にとって持つ、重要な意味については、私は二冊の本を書いています。『孤独であるためのレッスン』（ＮＨＫブックス）と『孤独のちから』（海竜社）の二冊です。私自身、自分の著書の中でも、とても好きな二冊です。この問題をより深く学びたい方は、どうぞこの二冊もお読みください。

孤独を必要とした天才たち

ムスタ－カスの理論を紹介する前に、人が自分自身の精神世界を保持するために孤独がいかに大きな意味を持つか、いくつかの例をとりあげながら、考えていきたいと思います。

孤独の意義を論じる際にしばしば取り上げられるのが、偉大な学問的達成をなしとげた天才たちの存在です。デカルト、ニュートン、ロック、パスカル、スピノザ、カント、ライプニッツ、ショーペンハウエル、ニーチェ、キルケゴール、ヴィトゲンシュタインといった哲学の歴史に名前を連ねる天才たち。彼らはいずれも、結婚せず、人生のほとんどの時間を孤独に過ごしてきました。もし、彼らが家族との関係に多くの時間とエネルギーを費やしていたら、あのようなすばらしい、独自な思想世界を展開できなかったかもしれません。ストーというユング派の心理学者は、次のように言います。

「より高度な抽象概念に行き着くためには、もし人間が配偶者や子どもたちの感情的な要求に従属していたらとうてい見つけるのがむずかしい、孤独や徹底した集中の長い期間を必要とする。……もし彼らが人間性の充足を仕事ではなくむしろ愛情に求めることができたら、あるいは、よりそうしたいと思っていたとしたら、彼らはもっと幸せになれただろうか。それに答えるのは不可能である。強調されねばならないのは、そういう天賦の才能のある人たちが活躍できなかったら、人間はきわめて貧困だっただろうということであり、それゆえ私たちは、彼らの人格の特性は、彼らの高い知性と同様、生物学上適応していたのだとみなさなくてはならない」（ストー『孤独』森省二・吉野要監訳　創元社）。

周知のように、哲学の天才たちは、それまでの哲学の枠組みそのものを組み換えるような作業をしていきました。したがって、多くの哲学者の思想世界は、独自の概念から成り立っています。それだけ、その思想にオリジナリティがあるわけです。彼らがそろって孤独を好んだ、という事実は、こうした独自の精神世界が創造・展開されうるには、あらゆる種類の人間関係の刺激や雑音から身を遠ざける感覚遮断装置が必要だ、ということを示しているのでしょうか。

『随想録』の著者として有名なモンテーニュも次のように言います。

「私たちは、すべてが自分のためだけにある、完全に自由になれる、小さな、人目から隠された庵を確保しなければならない。そして、そこでは本当の自由と本質的な退却と孤独とを達成できる」

モンテーニュ

実にいい言葉だと思います。私たちは孤独になれる〝庵〟を確保する必要がある。なぜなら、それなくしては、「本当の自由と本質的な退却と孤独」とを失ってしまうから、とモンテーニュは言うのです。

孤独を深めていって、はじめて手に入るもの。それは、何といっても、こころの自由でしょう。自分だけの固有のこころの世界。それが、孤独になれる能力を持った人だけに許される、特権的な世界なのです。

そして、いったんこの世界を手にした人にとって、それを失うことは、もはや自分自身を失うに等しい。それに比べれば、地位も、職も、友人とのつながりも、そして場合によっては配偶者や家族でさえも、小さなことなのです。

孤独の自己回復機能

そろそろ、この章のメインであるムスターカスの孤独論に進みましょう。

ムスターカスが強調するのは、日々繰り返される決まりきった仕事からの「退却《リトリート》」の機能です。それは、単に肉体的・精神的な疲労を回復し、エネルギーを充電させるのではなく、自分固有の世界を取り戻し、それを創造的に表現したり、新たな変化を求めたりするきっかけをつかむために必要となるのです。リトリートの場所として、職場や世間から離れた、自然に囲まれた場所が好まれるのは、そのためです。

日常のしがらみから離れてこそ、自分と向き合うことができるというわけです。

孤独のこうした働きについて、ムスターカスはこう言います。（片岡康・東山紘久訳『愛と孤独』創元社　以下引用はこの本から）

「安全を確保し、確固たる地位を築こうと生きてきたことが、日々の生活を化石のように生気のないものにしたと気づいた時、人は強い不安に襲われる。しかしこの時、ひとり座し、生きることの本質に想いを巡らせ、生き損なった空しさをかみしめようとする者は、自分自身と対決する。そうして初めて、人は人生の新しい意味と方向性を考える上で、何が本当に大切なのかを理解していくのである」

「周りの世界が冷たく無意味にしか感じられない時、また、人波に呑み込まれ、その対応に忙殺させられるような時には、孤独にひとり身を任せることで人は本来の自分に帰っていくことができる。……隠者や孤独な思索家、孤高の精神の持ち主や世捨て人などは、現代社会においてはしばしば奇異の目で見られる。しかし、彼らは自分自身との対話を行う人々であり、それゆえ真の意味で健全な人々である。逆に、過度に社会適応を求めたり、常に人との交わりを求めたりする行動は、本当の自分に気づくことに対する恐れと、周囲に遅れを取るまいとする不安とに動機づけられている場合が多い」

こうしてムスターカスは孤独が持つ自己回復という意義に着目するのです。

ムスターカスは、現代の心理学者の中で、孤独の本質について最も深い洞察を展開している一人です。とりわけ、人が社会システムの中から一時的に脱出し、自分自身の中へと深く深く沈潜していく時、そこで生まれてくる創造的な世界を最も的確に掴んだ人と言えるでしょう。それは、欠如態としての孤独ではなく、充実態としての孤独。孤独の真の意味を知る人が、彼の『愛と孤独』を読むなら、身震いを禁じえないはずです。

「実存的な孤独」と「孤独に対する不安」

ムスターカスは、「実存的孤独」と「孤独に対する不安」を区別します。

孤独に対する不安は、「生と死の重要な問題に直面するのを避けるために、絶えず他人との関わりを求め、忙しく立ち働いて、本質的な孤独を打ち消そうとする防衛から生まれるもの」。真の孤独とは異なります。

一方、実存的な孤独とは、「人間の本質に目醒めていることの証《あかし》であり、生の動乱や悲劇、変転に直面してゆく際育まれるものである。この世に生まれ、激しく生き、ひとりで死んでゆくことの本質にある孤独が、実存的孤独である」

つまり、実存的孤独とは、ひとは一人で生まれ一人で死んでいく、そればかりか、人生は絶えずさまざまに変化し動いていく、その真実に目醒め、それと直面しながら生きていくこと。一方、孤独への不安とは、そうした人生の真実を見ないようにするために忙しさや他者との関わりに逃避する姿勢のことを言うのです。

「さみしさ」と「孤独」

もう一つ、ムスターカスが『愛と孤独』の中でおこなうさまざまな区別の中でとりあげておきたいのが、「さみしさ」と「孤独」の区別。英語では、ロンリネス（lonliness：さみしさ）とソリチュード（solitude：孤独）の違い。辞書の定義としてはいずれもひとりでいる状態を指す別の言葉にすぎませんが、ムスターカスは、さみしさと孤独が、似てはいるが異なる体験であると知っておくことが重要な意味を持つと言います。

ムスターカスは、神学者ポール・ティリッヒを援用して、さみしさと孤独は、人間が一人であること（aloneness）の二つの異なる側面を示している、と言います。前者はひとりであることの痛み、というネガティヴな側面、後者はひとりであることの喜び、という肯定的な側面を指しているのだ、と。そしてこう言います。さみしさは、しばしば、人と人とのつながりが拒絶されたり、離れ離れになることによって体験されているものである。それは、私たちが別れや死に直面した時に襲いかかってくる感情であり、周囲から誤解されたり、愛が破れたりした時に生まれてくる感情である。

一方、ムスターカスが言う孤独とは、自然の静けさの中で無言で木や雲や波に語りかけたり、静かに詩をひとり読んでみたり、音楽に聴き入ったり、芸術作品をひもといたりする時間におのずと去来するもの。

「孤独に身を任せている時には、群衆の中にあってもひとりきりである。しかし、決してさみしくはないのである。沈黙は孤独の本質的な部分をなす。というのも、沈黙の中でこそ、私たちは、他の場合と異なって、表面的なことには拘泥せぬ、深く、研ぎ澄まされた内省を行うことができるからである。……ティリッヒは孤独の本質について次のように述べている。『それは、この俗世の混雑した道路に、永遠が顕現することである。ひとりきりであってもさみしくはない。……永遠なるものに向き合い、他者を見つめ、自己を見出すことである』」

ムスターカスの言う孤独は、自分自身の深いところと、つながっている状態。自分の存在の核とつながり、その声を聞いている状態。だからこそ「孤独に身を任せている時には、群衆の中にあってもひとりきりである。しかし、決してさみしくはない」と言えるのです。

深い孤独を体験した者同士の出会いこそ、真の人と人との出会いとなります。逆に、孤独に耐えない人同士のつながりは、ほんとうの意味で「出会い」と言える代物ではありません。日本的な人間関係のしがらみの中で、他者との浅いつながりを保つことで、自分自身と向き合うことを回避してしまっているケースも少なくないからです。

充実した孤独を手にするための五つの条件

では、ここでムスターカスが言っているような「実存的孤独」、他者との深い出会いが可能となるようなほんものの孤独を手に入れるためには、どうすればいいか。その条件を五つほどあげておきたいと思います。なお、以下にあげる五つの条件は、拙著『孤独であるためのレッスン』（ＮＨＫブックス）の中であげた八つの条件をもとに、さらにコンパクトにまとめたものであることをお断りしておきます。

◎第一の条件――わかりあえない人とはわかりあえないままでいい、と認める勇気を持て

「みんなから理解されたい」という気持ちを捨て、「理解してくれる人だけ、理解してくれれば、いい」「わかりあえない人、わかってくれない人は、そのままでいい」「わかりあえる人とわかりあえ、ふれあえる人とふれあえれば、それでいい」という強い信念を持つこと。必要ならば、人とのつながりを諦めたり、断ち切ったりする勇気を持つことです。余分な人間関係、無理な人間関係やつきあいを「捨てる」勇気を持つことが、人生をタフにさわやかに生きていくために最も必要なものだと私は思います。

「わかりあえる人とわかりあえ、ふれあえる人とふれあえれば、それでいい」というさわやかな人生。私の知るかぎり、それを最も見事に表現したのは、ゲシュタルト療法の創始者であり、前に

説明した一九六〇年代にアメリカ西海岸を席巻した人間性開発運動の立役者の一人であるフレデリック・パールズのつくった次の詩です。

ゲシュタルトの祈り

わたしはわたしのことをして、あなたはあなたのことをする。
わたしはあなたの期待に応えるために、この世にいるわけではない。
あなたはわたしの期待に応えるために、この世にいるわけではない。
あなたはあなた、わたしはわたし。
もし偶然にお互いが出会うことがあれば、それは素晴らしいこと。
もし出会うことがなければ、それはそれで、しかたがないこと。

このような姿勢で生きることができれば、どんなにさわやかだろうか、と思います。
しかし、現実は、なかなかこうはいかないもの。何年か前に、『〈捨てる！〉技術』という本がベストセラーになりました。それだけ、モノを捨てることができない人が多いということです。人間関係も同じこと。人間関係に余分な執着があり、〝捨てる〟勇気を持てない人が、人間関係で悩んでしまうのです。

◎第二の条件――人間関係について抱いている〝歪んだ思い込みやこだわり〟に気づけ

先に私は、人間関係に余分な執着があり、〝捨てる〟勇気を持てない人が、人間関係で悩んでしまうのだ、と言いました。ではなぜ、捨てることができないのか。それは、その人の心の奥深くに、失愛恐怖、つまり、人からの愛を失うことに対する強い不安と恐怖があるからです。あるいは〝見捨てられること〟に対する不安があるからです。

カウンセリングや心理療法のいくつかのアプローチ、たとえば、論理療法（ラショナル・エモーティブ・ビヘイビアル・セラピィ）などでは、この失愛恐怖や見捨てられ不安の背景にある非合理的な、理にかなっていない歪んだ信念（イラショナル・ビリーフ）を発見し、それを意識化し、吟味していこうとします。見捨てられ不安を抱いていたり、孤独になることに不安を感じる人は、人間関係についての非合理的な信念を抱いているから、そうなるのだ、というわけです。

具体的に言えば、たとえば、「ひとから見捨てられたら、大変だ」とか、「仲間から外されると、とても惨めだ」とか、「私は、ひとりでは、とてもやっていけない」といった歪んだ思い込みを抱いている。こうした「思い込み」は、身体化された無意識の思い込みですので、自分がそうした思い込みを抱いていることすら、ふつうは気づくことができません。人はしばしば、「ひとから見捨てられたら、大変だ」といった否定的な言葉を絶えず自分自身に語りかけることでますます不安をかき立てられてしまうのです。

カウンセリングの中では、この歪んだ信念をたとえば、「ひとから見捨てられたり、仲間から外されたりするのは、たしかに、つらいことにちがいない。しばらく、落ち込むのが普通だろう。しかし、だからといって、やっていけないわけではない。たとえ、ひとから見捨てられたり、仲間外れにされたとしても、自分さえ自分のことを見捨てなければ、そして自分で自分のことを信じてさえいれば、何とか前向きにやっていける。そうやって、つらい場面をしのいでいれば、そのうち、また誰かから認められるだろうし、違った仲間もできるだろう」といったように、合理的な信念に〝書き換えて〟いくのです。

このように、身体化され無意識のものになっている信念をより合理的な信念、たとえば、「わかりあえる人とわかりあえれば、それでいい。ふれあえる人とふれあえれば、それでいい」という人生の事実に即したものに変えることで、人は自由になっていくのです。

◎第三の条件――自分の人生で、誰が本当に大切か、意識して生きよ

「わかりあえる人とわかりあえれば、それでいい」――そんなさわやかな人生を生きよ、と言ってきました。しかしたとえば密教の修行者などならともかく、一般の人の多くは、完全な孤独というものに耐えられるほど、強くありません。「この人だけは、大切な存在」と思える、ほんとうに大切な誰かとしっかりつながっておくことです。そうすれば、さほど大切でない人とのつきあいを断つこともできるでしょう。

あるいは「この人だけは、何があっても、私を決して見捨てない」「いざ、という時、必ず私を

守ってくれる。支えてくれる」「いざという時、この人の前なら泣ける。助けを求められる」――そんなふうに思える人を、一～三人でいいから、心の中で見つけておくことです。そんな人を思い浮かべることが、どれだけ私たちの人生の支えとなるか、わかりません。そんな人の存在を、どこかで感じているからこそ、「わかりあえる人とわかりあえれば、それでいい」というさわやかな、強気の人生を送ることができるのです。

場合によっては、すでに他界している人であってもかまわないでしょう。あるいは、一度も会ったことがない人、作家とか、哲学者のような人でもかまいません。その人のことをこころの中で思い浮かべ、〝こころの中のその人〟と対話をするのです。

大切な〝あの人〟とつながっている、という実感があること。〝あの人〟は、いつも、どこかで見守ってくれている、という実感があること。これがひとり、アグレッシヴに生きていくために、必要な支えとなってくれるのです

◎第四の条件――「自分はいずれ死ぬ」という厳然たる事実をしっかりみつめよ。

孤独を享受するために必要なのは、「自分もいつかは死ぬ」「もしかすると、間もなく死んでしまう」という厳しい現実を直視することです。そして、人生のゴールの地点から人生全体を見つめなおす視点を持つことです。すると、自分にとってほんとうに大切なものと、そうでないもの（捨ててよいもの）とが、はっきり見えてくるでしょう。

マルティン・ハイデッガーは〝死〟についての実存論的分析をおこないました。その結果、死の本質的特徴として、①死は追い越すことができない。死を先に済ませて何かをすることはできない。②死は交換不可能である。つまり、お前代わりに死んでおいてくれ、ということはできない。そして③死において人は決定的にひとりである。誰かといっしょに死ぬということはできない。無理心中のような場合でも、死のまさにその瞬間においてはひとりになって死んでいく、の三点を取り出しました（『存在と時間』）。そして、こうした特徴を持つ〝死へと先駆的に決意する〟つまり、自分がいつかは死ぬ、いやもしかすると明日にだって死なない保証はないのだということをリアルに自覚するならば、その人自身の〝本来の可能性〟に気づくことができる、と言ったのです。つまりその人は、本来自分はこうありうるはずだという、その本来の姿に立ち返ることができるはずだ、と。

ハイデッガー

そしてここが大切なのですが、ハイデッガーが言う〝本来性〟はドイツ語で **Eigentlichkeit**、〝固有性〟という意味もある言葉だ、ということです。つまりハイデッガーが死へと先駆的に決意する、人は自分の本来の可能性に気づく、という時、それはまた同時に、死という〝人生のゴール地点〟に前もって立つ視点を持つことで、人ははじめて、自分だけの、ユニークな、固有の可能性に気づく、ということを意味してもいるのです。

ホリスティック医学で有名な帯津良一先生が以前、こう語っていたことがあります。病から奇跡的に回復する患者が時折いるが、そうした患者に共通の特徴は、死について語るのを恐れない点である。一方死を恐れている患者の多くは、実は、死ぬことを恐れているのではない。そうではなく、「自分の人生で、やるべきことはやった」という実感を持てないまま死ぬことを恐れているのだ、と。ハイデッガーの言葉はこの事実と通じるものがあるように思います。

◎第五の条件――自分だけの〝たった一つの人生という作品〟を作る構想力を持て

人生の孤独を引き受ける、ということは、自分だけのユニークな生き方を実現できるようになる、自分で自分の人生をどうつくるか構想しながら生きていく、ということです。〝自分の人生の主人公〟になること、と言ってもいいでしょう。

「今から、人生という作品を、このキャンバスに描く。そのチャンスはたった一度だけ。二度とやり直しはきかないし、描かれた作品は、永遠に残り続ける」――そんなつもりでキャンバスを眺めながら、どんな〝人生という作品〟を描くか、イマジネーションを膨らませてみてください。

「自分がどんな作品を描きたいか」ではなく、「このたった一度、与えられた人生で、自分には、どんな人生という作品をつくりあげることが求められているのか」そう自問自答しながら、自分に与えられた〝使命の感覚〟を大切にしながら、キャンバスを眺めながら、構想を膨らませていってください。

人間に与えられているのは、人生という舞台の役者の役割だけではありません。人生という舞台のシナリオ作家の役割、私たち一人一人が、この人生でどんな役割を果たし、どんな物語を演じることを求められているか、その〝人生の見えないシナオリオ〟＝運命の物語を感受し、それを読解しつつ現実化していく、という要求が課されているのです。

第10章　こころの声を聴くために――フォーカシングの基本的な考え方

フォーカシング――自分のこころの声を聴く方法

これまで紹介してきたロジャーズやマズロー、ムスターカスらの考えを見直してみると、〝自分らしく〟生きるために欠くことができない最大のものは、自分自身のこころの声を聴く、ということだと言えそうです。ムスターカスは孤独の価値を見直せ、と言いますが、それは孤独において人は自分の内奥の声に耳を傾けるからです。マズローの言う自己実現している人間も自分のうちなる欲求に従っていますし、ロジャーズのカウンセリングのエッセンスの一端は、その中で人が〝ひとり〟になり、自分自身のこころの声を聴いていくということにありました。

では、自分のこころの声を聴くには、どうすればいいでしょうか。外界からの雑音を遮断した薄暗い書斎にこもって、ひとり、もの思いにふけるのもいいでしょう。一人旅に出るのもいいでしょうし、詩やエッセイを書くのもいいでしょう。

心理学にも自分の内面に焦点を当てたさまざまな技法が存在します。その代表的な方法が、フォーカシングです。

フォーカシング。それは、自分がどんなふうに感じているか、その内側の〝感じ〟に注意を向けて、その感じと会話をする方法。とても静かで、穏やかで、やさしい〝うちなる自分〟とのつきあい方。毎日の生活の中で〝腑に落ちない感じ〟や〝気がかりな感じ〟が残る時、その違和感の奥にあるものを探っていく。今、日本で最も人気がある、やさしく繊細なセルフヘルプの方法です。

「最近自分がほんとうは何を感じているか、何をしたいのか、わからない」「時々すごく不安になったり、怒りとか悲しみとか、強い感情に襲われてしまうことがある」「自分で決定しなくてはならない問題を抱えていながら、自分で自分の気持ちを決められない」「タバコとかお酒とか、買い物とか、やめたいけど、やめられないものがある」「掃除をしなくてはとか、レポートを書かなくてはとか、～しなくちゃと思うことがあるけれど、ついずるずると延ばしてしまう」「最近なんだか自分を大切にできていない気がする」――そんな思いを抱いている方に必ず役に立つはずです。

成功するカウンセリングに関する研究から生まれた方法

フォーカシングは、カール・ロジャーズのクライアント中心療法の流れから発展してきたセルフヘルプの方法です。実際、体験されてみるとわかりますが、フォーカシングは穏やかで、安全感のある方法。静かにやさしく自分の心に触れていく術を学ぶことができます。激しい体験を求めている人にしてみれば、少し物足りない感じを抱く方もおられるでしょう。しかし、じっくり体験してみれば、そこにこそ、心身の癒しにとって最も重要な何かが潜んでいることに気づくはずです。

フォーカシング的な態度の要点は、〝心とも身体ともつかない、曖昧な感じ〟にやさしく触れていく、ということにあります。フォーカシングを学べば、日常的な人とのつきあいの中でも、また、自分自身の生活でも、ふだんはつい、ないがしろにしてしまいがちな〝心とも身体ともつかない曖昧な何か〟〝ちょっとした違和感〟〝漠然とした感じ〟を大切にするようになります。それまで〝割り切り〟〝切り捨てて〟きた、その〝何か〟を大切にするようになるのです。そして実は、このような〝曖昧な何か〟を大切にしそこにやさしく触れていくことにこそ、カウンセリングや心理療法のエッセンスが存在します。

このことが明らかになったのは、ロジャーズとその教え子であり共同研究者のユージン・ジェンドリンらがおこなった、カウンセリングの成功事例と失敗事例との比較研究でした。カウンセリングを何度も続けていると、相談者、すなわちクライアントの側に大きな変化が生じてくる事例とそうでない事例とがある。この両者を比較して、どこにそれをもたらす要因があるかを調査した結果、カウンセラーの側にはほとんど違いがないことがわかったのに対して、クライアントの側には、大きな違いが発見されたのです。わかりやすくいうと、カウンセリングの成否を決するのは、カウンセラーの上手い下手よりも、クライアントのあり方の違いによるところが大きい、という結果が出たのです。

ユージン・ジェンドリン

しかもそれは、最初の一～二回の心理面接のテープを聴くだけでハッキリと見て取ることができ、したがってその時点ですでに、そのカウンセリングが成功するか失敗するかを予測することができたのです。つまり、うまくいくクライアントはカウンセリングが始まった時から、すでに〝あること〟をしており、逆にうまくいかないクライアントはその〝あること〟をしていなかった、というのです。

その〝あること〟とは、何でしょうか。成功するクライアントは最初の一、二回の面接から、しばしば沈黙の時間を持ち、その時そこで、自分の内側の〝心とも身体ともつかない曖昧な何か〟〝漠然とした感じ〟に触れ、そこから、つまるようにして言葉を発していたのに対し、失敗するクライアントはそのような時間を持たず、終始話しっぱなしであった。そのため面接も深まらなかった、というのです。

つまり、成功するカウンセリングの事例で、クライアントがおのずと、自分の内面でやっていた〝曖昧《あいまい》な感じに触れるということ〟こそが、カウンセリングを成功に導く決定的な要因であった。――この内的な体験のプロセスを、ジェンドリンらは〝フォーカシング（焦点づけ）〟と命名しました。これが、フォーカシングの最初の〝発見〟です。

そして、放っておいてもなかなかそのような内的なプロセスに入っていけない人がいるならば、それを教えてあげればいいではないか。このような発想から、〝自分の内側の曖昧な感じ〟に触れるプロセスを体系化し技法化したのが、フォーカシングなのです。

〝内側の曖昧な何かに触れる〟ことにこそ、カウンセリングや心理療法のエッセンスが存在する

ジェンドリンと著者

ジェンドリン宅を訪問した著者ほか一行（左から得丸智子、村里忠之、ジェンドリン、著者、末武康弘、大竹直子）

というのは、こういうことです。事実ジェンドリンも、この世にカウンセリングとか心理療法と呼ばれているものは多くあり、また、多くの人がそれを実践していることになっているが、その実、その多くは単なるおしゃべりや知的な議論であり、そう呼ばれるに値するものになっていない。ほとんどのものは、クライアントをその内側の〝曖昧な何か〟に触れさせるに至っておらず、したがって、治療的な人格変化に結びついていない、と厳しい言い方をしています。

〝内側の曖昧な何かに触れる〟ことこそ、自分の心との対話の秘訣

さて、先に私は、〝内側の曖昧な何かに触れる〟ことにこそ、カウンセリングや心理療法のエッセンスが存在している。そのため、これを取り出し、体系的な技法に発展させていったのが、フォーカシングだと言いました。

これは、言葉を変えると、自分の心の内奥とうまく対話できるかどうかのポイントは、この〝曖昧な何か〟に触れることができるかどうかにある、ということです。

外界からの刺激を遮断した薄暗い部屋の中で、あるいは、人里離れた大自然の中で、もの思いにふける。最初は散漫にあれこれのことに思いを巡らしていたのだとしても、だんだんと一つのことに、心が吸い寄せられるように集中していく。その時、人の心の内側で〝時間が止まるような瞬間〟が訪れる。思考が止まり、そこから何かが出てくるのをただ佇んで待つことしかできないような瞬間が。

この〝すべてが停止する瞬間〟に、思考の辺縁、意識の最先端（エッジ）において、まだ言葉になりえない〝曖昧な何か〟に意識がやさしく触れていることができるかどうか。そこにとどまることのしんどさに耐えかねて、すぐに散漫な思考に戻ったり、あれこれの観念のあてはめを始めたりするのではなくて、言語を絶した意識の淵にとどまり、そこでその〝曖昧な何か〟から何かが出てくるのを待つことができるかどうか。ここに、人が〝ひとり〟でいること、孤独であることの質を左右する何かがある。そこに、その人の内面世界が豊かに変化していくか、固定し停滞するかの大きな分岐点がある、と考えられる。そして、こうした姿勢を体得できるのがフォーカシングという技法なのです。

自分のこころのどの部分をも大切にする

自分の内側の〝曖昧な何か〟に触れること、〝なぜかよくわからないけれど、意味がありそうに思える感じ〟や〝こころのざわめき〟〝ちょっとした違和感〟などを大切にし、それを認め、それと適切な距離を保ちながら、その声を聴いていくこと。ここにこそ、フォーカシング流の自分のこころとの対話のエッセンスがあると説明しました。

フォーカシング流の〝こころとの対話〟で、もう一つ、大切にするのは、自分のこころの全体を大切にする、ということです。

〝こころの全体〟を大切にする、というのは、何だかわかったような、わからないような言い方ですが、抽象的な理念を語っているわけではありません。私たちのこころにはさまざまな部分――影の部分や光の部分、強い部分や弱い部分、そしてハッキリした部分やどっちつかずの曖昧な部分など――があり、どの部分にも大切な意味があることを認め、それぞれの部分の声に耳を傾けていこう、とする姿勢のことです。

私たちの内側には、さまざまな、異なる部分がいくつも共存しています。

たとえば、今の私について言うと、「今日のうちに書くと決めたところまでは、しっかり書きたい」と言っている〝しっかり屋さんの部分〟、それから、「最近何だか体調がよくない。疲れてきているし、もうやめて寝たい」という〝弱音を吐きたがっている部分〟、そして、それとは無関係に、何となく明日の仕事のことが気になっている〝別のことを考えたがっている部分〟など、いろいろな部分が私の内側には存在しています。そしてそれぞれの部分には、それぞれの言い分があって、私に何かを語りたがっているのです。

私たちの意識はふつう、そうしたさまざまな部分のどれか一つに同一化していて、その部分になりきってしまっています。今の私のようなケースでは、しっかり書きたがっている〝しっかり屋の部分〟に同一化して、倒れるまで頑張り抜いてその結果、次の日、体調の悪さに苦しむはめになるか、逆に、〝弱音を吐きたがっている部分〟に同一化してしまって、仕事を放り投げてしまい、仕事をためてしまうか、どちらかになる場合が多いようです。その結果、心やからだのバランスを崩してしまうのです。

こころのバランスが取れている人は、このどちらにも傾かず、どの部分にも同じように耳を傾けていきます。自分の内側のさまざまな心の部分の要求を勘案して、ほどよく仕事をして、ほどよく休むことができるようになるのです。

もちろん、それは単に健康上の理由からではありません。

私たちのこころには、普通、それぞれに相矛盾するさまざまな部分が共存しています。

あるこころの部分は「それはだめ。こうしなくてはいけない」と自分にも他人にも厳しく要求を発してきますし、別の部分は「こうしたい。ああしたい」と自由にのびのびした心の声を発してくるでしょう。さらに別の部分は「どうしたらいいんだろう」と迷い、ほかの人に依存したい声を発してくるかもしれません。

こんな時、さまざまなこころの部分、そのどの声をも、いずれも固有の大切な価値を持つものとして認め、そこから発せられてくる声のすべてに耳を傾けていく姿勢が大切になります。相矛盾するさまざまな声のいずれにも偏らず、固執せず、その間に立って、そこから新たな〝第三の声〟が聞こえてくるのを待っている。こうしたあり方で自分自身とかかわりながら生きていく時、その人自身のほんとうのユニークさ、個性、その人らしい生き方というのが、おのずと実現されていくのです。この姿勢は、谷川俊太郎さんの次の詩にうまく表現されています。（『みみをすます』福音館書店）

ひとつのおとに
ひとつのこえに

みみをすますことが
もうひとつのおとに
もうひとつのこえに
みみをふさぐことに
ならないように

〝うちなる自分〟とどうつきあうか

フォーカシングの開発者ジェンドリンの弟子であり、今最も活躍しているフォーカシングのトレーナーに、アン・ワイザー・コーネルさんがいます。彼女は、フォーカシングの基本姿勢を説明するのに、私たちの〝うちなる自分〟を擬人化する方法を用います。今回これをもとに、フォーカシング流の〝うちなる自分とのつきあい方〟を説明することから始めましょう。（私がサンフランシスコで、彼女のフォーカシング入門ワークショップに参加した折りも、やはりこの説明から入っていきました。）

図3をご覧ください。これは〝うちなる自分との三つの異なるつきあい方〟を示したものです。ある人が仕事の帰り道に、何か妙な違和感を感じたとしましょう。〝私は、このままでいいのかな？〟という漠然とした違和感を感じたとしましょう。

こんな時、私たちはその違和感にどんな接し方をしているでしょうか。

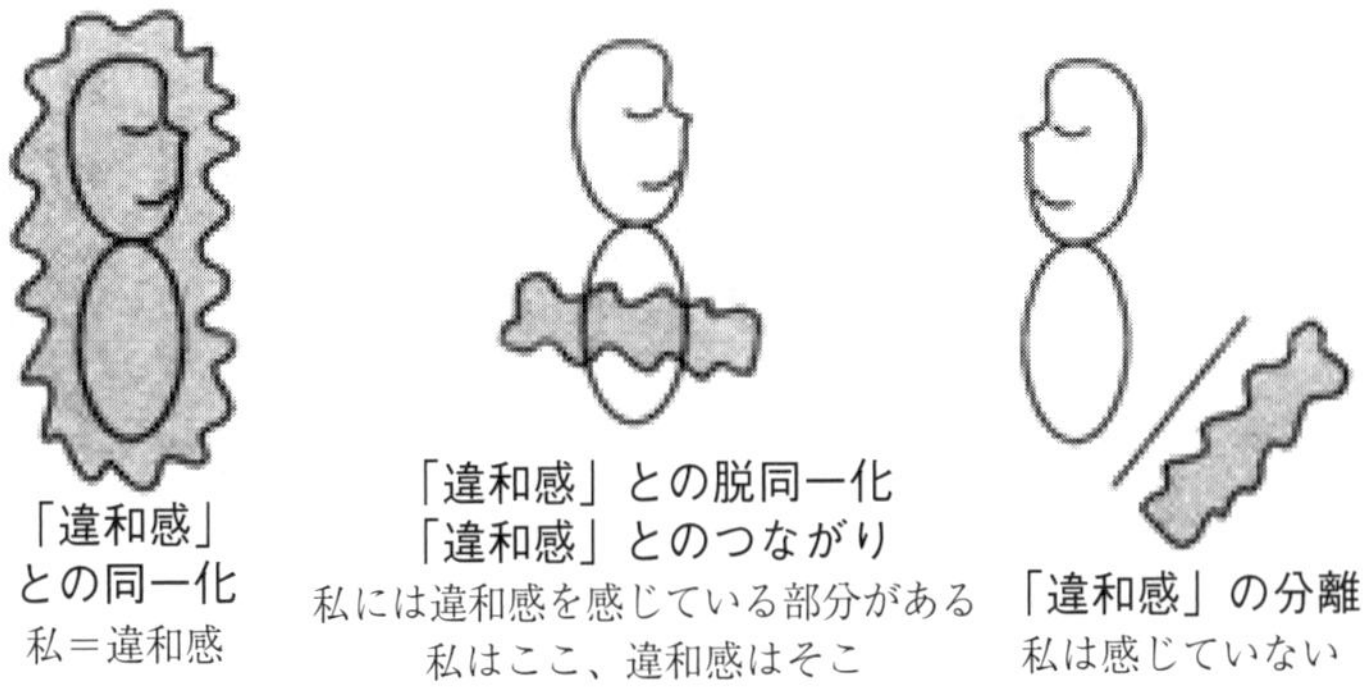

図３．フォーカシングにおける「うちなる自分」との付き合い方

まず右側の図。これは、自分とその〝感じ〟を切り離している。それを自分から切断してしまって、感じないようにしている。そうしたかかわり方です。

ほんとうは、その漠然とした違和感が自分の内側にあるのに、それを自分の外に追い出してしまっている。〝こんなもの、たいしたものじゃない。気にする必要なんてない〟と言い聞かせ、その存在や意味を否定している状態です。しかし、自分の内側の〝感じ〟とこのようにしかかかわれなくては、そこから発せられてくるさまざまなシグナルに鈍感にならざるをえません。たとえば〝疲れ〟の存在をこのように否定してしまうと、いつの間にか過労で倒れたり、といった事態につながりかねません。一般には、日本の男性、特に九州男児あたりに、このようなタイプが多いと考えられています。

次に、左側の図。これは、まったく逆に、自分の〝感じ〟と自分の間に適切な距離が取れずに、感情に支配されてしまっている状態です。

先の例で言うと、〝私は、このままでいいのかな？〟という感じに圧倒されてしまう。ほんとうは、私の内側には、ほかのさまざまな感じ、たとえば〝今のままでいいんじゃない〟といった肯定的な感じもあるのだけれど、それを忘れて、この違和感だけに同一化してしまっている。その違和感とイコールになってしまい、飲み込まれている状態です。

もちろん、何かつらいことがあって、悲しみにうちひしがれている時は、誰でもこのような状態になるものです。「私は悲しい！　助けて～！！」と泣き叫ぶことも、時には必要でしょう。しかし、いつまでもこのままでは、らちがあきません。こうした感情と、少し距離をとらなくては、自分を見つめることができないからです。

最後に、真ん中の図ですが、これが、理想的な自分の感情とのかかわり方。フォーカシング流の〝うちなる自分とのつきあい方〟です。

これは、自分の〝感じ〟を自分の〝一部〟として認めている状態です。つまり〝私イコール違和感〟と、違和感に同一化してしまうこともなければ、〝違和感〟の存在を否定し自分から切り離してしまうこともない。そのどちらでもなく、たとえば〝私の内側のある部分が、今の自分に違和感を感じている〟〝私には、違和感を感じている部分がある〟〝私の中の「何か」が今の自分に、ちょっと違った感じを持っている。そしてその「何か」は、私に何かを言いたがっている〟と認めるのです。そしてその「何か」が何を言いたがっているのか、その〝言い分〟に耳を傾け、メッセージを受け取っていくのです。

フォーカシングとは、このような、自分の内側との関係の持ち方のことです。つまり、自分の内側に、何か気になる感覚やざわめき、ささやき声のようなものが生じてきた場合、その存在を認め、それと少し距離を取りながら、それが何を言わんとしているのか、自分の内側の声に耳を傾けていくあり方のことです。

大切なのは、自分の内側に生じてくる〝何かよくわからないけれど、意味のありそうな感じ〟を決して否定しないことです。取るに足らないものとして、捨て去らないことです。私たちの人生にとって大事なことを伝えてくれる〝うちなる声〟は、〝悲しさ〟や〝怒り〟といったハッキリした感情としてよりも、まだそのような言葉やイメージになる以前の〝あいまいな何か〟として現れることが多いのです。そこにたしかに〝それ〟があること、そして〝なぜだか、よくわからないけれど、そこに意味がありそうな感じ〟がしていて、その〝感じ〟が〝自分に注意や関心を向けてほしがっている〟ことはわかるけれども、まだ具体的な形はとっていない――そのような、概念化以前の〝なぜか、気になる感じ〟（フォーカシングではこれをフェルト・センス〔感じられた意味感覚〕と呼びます）として、私たちの前に現れることが多いのです。

「自分に語りかける」のをやめて「自分の内側が語りかけてくる」のを待つ

フォーカシングとは、何も特別な心理学的治療法などではありません。それは、自分のこころと対話をするそのエッセンスを学ぶものです。フォーカシングを学ぶことで、より短時間に、より深く、より集中して、自分のこころのメッセージを聴くことができるようになります。〝ひとり〟の時間がさらに充実した自分自身との対話の時間になるのです。

ただ、自分のこころとの対話、と一言で言っても、真に充実した対話になっている場合と、単なる雑談にしかなっていない場合とがあります。さらに悪くすると、自分に対する誹謗・中傷を自分でやってしまっていることも少なくありません。いったん自分で自分を批判し始めると、とめどない悪循環に陥って、とまらなくなることがあります。

フォーカシングを学ぶことで、このような悪循環を回避することができます。何が自分を傷めつけるだけに終わるのか、そのことがよくわかるからです。その意味でフォーカシングは〝静かで、充実した内省の力〟を磨くトレーニングと言うこともできるでしょう。

そして、そのような〝充実した内省〟をおこなう最大のコツは、〝自分のこころに語りかける〟のをやめて、〝自分のこころが語りかけてくるのを待つ〟姿勢を大切にすることです。自己対話が自分を傷め付けるだけに終わってしまう人の多くに見られる特徴は、たえず〝自分のこころに語りかける〟習慣がついてしまっていることです。何か悪いことがあっても、〝そんなこと、大したことじゃない〟〝小さいことにくよくよするな！〟と、自分に言い聞かせて、自分を励まそうとする。自分を鼓舞しようとする。このような〝自分で自分に語りかける〟態度を多くの人は、おのずと身につけてしまっています。そしてその通りにできない自分をさらに非難し自己嫌悪に陥ってしまうのです。

大切なのは、自分自身に語りかけるのをやめる、ということ。そして、こころにスペース（空間）をつくって、そこで逆に、自分のこころのほうが自分に語りかけてくるのを〝待つ〟こと。そして何かが出てきたら、それがポジティブなものであれネガティヴなものであれ、すべてそのまま〝認める〟ということ。メッセージを受け取ったら、その一つ一つを〝受け止める〟ということ。この〝すべて認める〟〝待つ〟〝聴く〟〝受け止める〟という姿勢で、自分のこころやからだの内側から発せられてくる声とかかわっていくこと。この姿勢が、充実した自分自身との対話をおこなっていく上で、最も大切なことなのです。

逆に〝ちょっとした違和感〟や〝大丈夫かな、という不安〟が生じてきた時に、それを〝たいしたことない〟と気にしないようにするのは、フォーカシングの立場から見ると、自分の気づく必要のある大切なものをごみ箱に捨ててしまうような、粗末な生き方です。からだとも心ともつかない漠然とした違和感。穴の中に引きこもろうとする恥ずかしがり屋の動物のようにすぐに消えてしまうその〝うちなる自分のかすかな声〟。そこにこそ、人生を豊かにする大切なメッセージが含まれていることが少なくないからです。

私たちの内側に生じてくる、ちょっとした違和感やざわめき、何かをささやくような声――これらはすべて、何か大切な意味を含んでおり、あなたに何かを語りたがっています。だからこそ、あなたに関心を向けてもらうことを必要としているのです。それは、あなたの人生で、あなたが気づく必要のある大切なメッセージをあなたに運んできてくれているのです。

フォーカシングの実際

ここでフォーカシングの実際例を一つ、紹介しましょう。

ある女性は、ある友人を思い浮かべていると、なぜだかお腹のあたりに〝重〜い感じ〟があることに気づきました。そしてその〝重〜い感じ〟には、なぜか意味があるような感じがして、妙にそれが気になります。なぜかよくわからないけれど、そこには大切な何かがあって注意を向けたほうがいいように感じるのです。最初はおそらく、取るに足らないものだろうと考えて、その感じを無視しようと考えました。今仕事が忙しいので、そんな妙な感じは無視しておきたいと思ったのです。でもやっぱり、気になります。そこで、その〝重〜い感じ〟としばらくいっしょにいて、そこから何が出てくるか、待ってみることにしました。フォーカシング的な態度で、それとつきあってみることにしたのです。

彼女は最近、地域のある学習会を辞めたばかり。そしてその学習会にその友人が入ったことを最近、知りました。最初は〝人がどの学習会に入ろうと自由だし、辞めた私には関係ないわ〟と自分に言い聞かせようとしていました。けれど〝何かおかしい〟という感じは消えず、この感じとお腹の〝重〜い感じ〟はどこかつながっているように思われたのです。そしてそれは、何かを言いたがっているように感じられました。

まず大切なのは、この〝何かを言いたがっている感じ〟がする〝あいまいな重〜い感じ〟（フェルト・センス）を、挨拶をしたり、やさしく声をかけたりして、そのまま認めてあげることです。

フォーカシングを学んでいた彼女は、自分の中の〝あいまいな重～い感じ〟に声をかけました。〝あなたはそこにいるんですね〟と。するとこの〝重～い感じ〟は、なぜだか少し、喜んでいるような感じがしました。そしてしばらくその〝重～い感じ〟の側にいて、そこから何か出てくるのを待ってみることにしました。すると、そこには〝重～い感じ〟だけではなく、何か、突っ付くような〝鋭利な感じ〟があることもわかりました。さらにもうしばらく〝その、重～い、とんがった何か〟の側にいて、そこから何か聞こえてくるのを待っていると、その部分が〝泣きがたっている〟こと、そして〝どうしてあの人。いったいどうして？〟と不審に思っていることがわかります。そこでこの感じに対して「そうなの。わかったよ。何だか泣きたい感じだし、よくわからない感じがしているんだね」と声をかけて、そこからもっと何かが出てくるのを静かに待っています。すると実は、自分の中のその部分は、ただ悲しんでいるだけでなく、怒ってもいること、何だか〝裏切られた感じ〟がしていることがわかってきました。

意外なものが出てきたので、彼女（本人）自身も少し驚きました。そこで、自分の中の〝その感じ〟に向かって、〝いったい何のことで怒っているの？〟とたずねると、それが〝自分が無視されたことについて〟の怒りであることがわかりました。さらにそれが〝自分の話を聞き流されたこと〟についての何かであることもわかってきました。この時、記憶が突然蘇ってきました。彼女は以前その友だちに、学習会のある人にどんなに冷たい仕打ちを受けたか、仲間も助けてくれなかったか、愚痴をこぼしたことがあったのです。

〝いったい私が話したことを、どんなふうに聞いていていたんだろう〟――これが、彼女に対してここ何日か感じていた違和感の正体であることが、わかったのです。すると、彼女のからだ全体に、解放感が一気に拡がっていきました。

彼女は、このプロセスの中で出てきたさまざまな〝感じ〟に〝今日はありがとう〟と声をかけて、ひとまず体験を終えました。あとでまた、もう一度取り組むかもしれない、と感じた時は、そこに目印（例：〝聞き流された〟）を付けた上で、自分の中のその部分に〝また戻ってくるからね〟を声をかけて、フォーカシングを終えることもあります。

フォーカシングを体験してみよう

これから、フォーカシングの基本的なインストラクションを示します。「一人ではなかなかうまくいかない」とか、「これでいいのかどうか、よくわからない」と思われる方も多いかと思います。けれど、私のこれまでの経験では、ポイントさえ押さえておけば、かなりできる方も少なくありません。大切なのは、①自分の内側の〝妙な違和感〟のようなものを感じたら→②それをそのまま〝認める〟→③何か出てくるのを〝待つ〟→④何か出てきたらそれを〝受け取る〟→⑤何か違った感じが出てきたら→⑥それをそのまま〝認める〟→⑦何か出てくるのを〝待つ〟……というサイクルを「もうじゅうぶんだ」という感じがするまで続けてみることです。原理はきわめてシンプルな方法です。

まず、三十分ほど時間をとって、ゆっくりと取り組んでみましょうか。

①　からだの感じに注意を向けていきましょう。
まず、からだの外側の部分。足、腕、腰、背中、肩、後頭部、頭のてっぺん。次にからだと床や、椅子が接触している部分。そして、からだの中心部。特に、喉、胸、胃、お腹のあたり……そして全身。注意を向けつつ何か気になる感じはないかな、と問いかけてみましょう。何か出てきても深入りせずそのまま認めてあげましょう。

②　自分の内側に注意を向けながら、こう問いかけてみましょう。
「今、出てきたものの中で、私の注意を一番ひきたがっているものは何かな」

「他に何か、注意を引きたがっているもの、関心を向けてもらいたがっているものはないかな。何か、出てきたがっていたり、何かを言いたがっているもの、知ってもらいたがっているものはないかな」

あらかじめ、気になっている人や問題などがある時は、「あのこと（人）について私はどんな感じでいるのかな」と、自分の内側にたずねてみてもかまいません。

そして、その問いに自分で答えようとしないで、それに対する反応がからだのほうから返ってくるのを静かに、根気強く待ちましょう。

③　何かが出てきたら、それに挨拶をし、認めてあげましょう。
「あなたはそこにいるんですね。知っていますよ」と声をかけてあげましょう。どんなものが出てきても否定したり批判したりせず、そのまま認めてあげること。いくつも出てきた

ら、その一つ一つに挨拶をし、認めて、そのままにしておきましょう。一つ一つには、深入りしないように。そしてそれらの真ん中にいて、やはりからだから反応が返ってくるのを静かに待ちましょう。おのずと、一番強く注意をひきたがっているものが、浮上してくることが多いものです。

④ 出てきた「それ」の側に座って、関心を注ぎつつ眺めているような態度でいましょう。「しばらくいっしょにいていいですか」と「それ」に聴いてみてください。

⑤ 「いっしょにいてもいい」と返事が返ってきたら、しばらく「それ」の側にいて、関心を注ぎつつ、そこから何かが出てくるのを待ちましょう。無理に頭でこじつけたり、考えて絞り出したりしないように。

⑥ その感じにぴったりくる言葉、イメージ、音、動作などを探してみましょう。何か出てきたら「そうなの。わかったよ」と 受け止めてあげましょう。

⑦ 出てきた言葉、イメージ、音、動作などを、ほんとうにそれがぴったりくるかどうか、からだに戻して、確かめてみましょう。「これでぴったりかな」「部分的にはいいけど、もっと何かある、ということはないかな」「もっとぴったりくる言葉やイメージはないかな」と聞いてみましょう。「もうじゅうぶん」という反応が返ってくるまでくり返して、出てきたものをじゅうぶんに受け止め、味わいましょう。

⑧ 出てくる言葉やイメージ、音、動作などが抽象的すぎて、それが自分の生活にどんな具体的な意味があるのか、気になった時は、こんなふうに自分に問いかけてもいいでしょう。「生

活の中で、それと似たものはないかな」

⑨　じゅうぶんにやれたら、「もっとそこに何かないかな」と内側の「それ」にたずねましょう。「もっとある」と答えが返ってきたら、それに注意を向けましょう。特にないようであれば、そろそろ終わってもいいかどうか「それ」に聴いてみましょう。

⑩　終わってもいい、という答えが返ってきたら、また今度戻ってこれるように、今自分がいるところに目印（一番ぴったりきた言葉、イメージ、音や動作など）を付け、出てきたすべてのプロセスに感謝して、ゆっくりと終わりにしましょう。

「今日はほんとうにありがとう」と、自分のからだ、そして今出てきてくれたことのすべてに言葉をかけて、「また戻ってくるからね」と、やさしく伝えましょう。

もし可能であれば、誰か信頼できる人に側にいて聴いてもらいましょう。側にいてあげる人は、できればそこで出てきた言葉をゆっくりといっしょにくり返してあげるといいでしょう。余計な説明やアドヴァイスはせずに、ただ、相手が言った言葉をそのままゆっくりとくり返すのが一番です。それ以上のことは、一切する必要がありません。

ここで紹介したのは、アン・ワイーザー・コーネルさんの方法にもとづいています。もっとくわしく知りたい方は『やさしいフォーカシング』（大澤三枝子・日笠摩子訳　コスモス・ライブラリー）をお読みください。

第Ⅲ部　「生きる意味」の心理学

第11章　生きる意味を求めて

「何か」が足りない……

心理カウンセラーである私は、子どもから高齢の方まで、色々な方の「こころ」をお聴きしています。また大学教員として、日々若者たちと接し、語っています。そこで感じることの一つは、「みんなどこかで、心のむなしさを抱えて生きているのではないか」ということです。それを直接訴えはしなくても、一人一人のさまざまな悩みの背後から空虚感が透けて見えるのです。

とくに何かが足りないわけではない。みなと変わらない、ごく普通の人生を生きているつもりでいる。

けれどもその一方で「何か」が足りない。どこかむなしい。ツマラナイ。心の底から満たされる「何か」が足りない……。

そんな「心のつぶやき」が聞こえてくるように感じるのです。

カウンセリング・ルームを訪れたある学生はこう言いました。

「ぼくは、ただ毎日がむなしくて、つまらなくて、たまらないんです。それがこの先、どこまでも続いていくのならと考えると、どうしても死にたくなってしまうのです。……いや、正確に言うと、〝死にたい〟というより、〝生き続けていくのはもう無理だと思ってしまう〟んです」

次章でその生涯を紹介するオーストリアの精神科医ビクトル・フランクルが取り組んだのは、まさにこの問題、「心のむなしさ」の問題です。（この問題についてより深く学びたい方は、次の拙著をお読みください。『〈むなしさ〉の心理学』講談社現代新書）

空虚感に苛まれているのは、日本人ばかりではありません。フランクルのある本の冒頭には、あるアメリカの大学生が彼に送ってきた、次のような手紙が紹介されています。

「私はここアメリカにいて、自分の存在の意味を絶望的に探し求めている同世代の若い人たちにぐるりと回りを取り囲まれています。私の親友のひとりは、まさにそのような意味を見出すことができなかったために、つい先日自らいのちを絶ちました」

フランクルによればこの手紙は、現代の欧米の大学生を支配している生活感情の典型的なものです（中村友太郎訳『生きがい喪失の悩み』エンデルレ書店）。

「心のむなしさ」の問題は、経済的に豊かな国、いわゆる先進諸国においてますます深刻化していく傾向にある、と言われています。

欲求の階層論を唱えたアブラハム・マズローは、人間はその基本的欲求（生理的欲求、安全の欲求、所属の欲求、承認の欲求など）のすべてを満たして始めて、「自己実現の欲求」といった高次欲求にかられ始める、と言いました。いわゆる「豊かな社会」は、マズローの言う基本的欲求を満たしやすい社会ですから、自己実現の欲求のような高次欲求が発言しやすい社会であり、その分、それが満たされない苦しみに苛まれやすいとも言えるでしょう。

フランクルは、これを例証するように、また別の学生の手紙を紹介しています。

「私は二二歳です。学位を持っていますし、ぜいたくな車を所有し、金銭的にも独立しています。私の力に余るほどのセックスや信望も思いのままです。私にわからないのはただ、すべてのものがどのような意味を持つべきか、ということだけです」（同右）

ここまですべてが満たされた若者は、今の日本でもそれほど多くはないと思いますが、ここで言えることは、すでに豊かさが実現され経済的な目標を達してしまった社会において、「心のむなしさ」の問題はますます深刻化しやすいということです。

豊かな国や社会で自殺率が高くなるという傾向は、既に二十世紀の前半にデュルケムが『自殺論』の中で指摘したとおりです。逆に、自殺曲線は、経済的貧困の時代や政治的危機の時代には、下降しているのが実情なのです。

経済的な目標を達成してしまったというこの条件は、言うまでもなく、今の日本にこそ当てはまります。既に豊かさを実現したこの国では、欲しいものの大半は、既に手に入ってしまっています。歯を食いしばって頑張らなくては、どうしても欲しい何かが手に入らないわけではありません。

つまり頑張っても頑張らなくても、人生たいして変わらないように思えてしまう。

現代の日本はまさにそういう社会で、「生きる意欲」が失われ、「心のむなしさ」が繁殖するのに恰好の社会なのです。日本社会の全体がいわば「透明な空虚感」のようなものに覆われていて、さまざまな病理現象もそこから生じているように思われるのです。

「心のむなしさ」の問題はもちろん、若者だけに限られるわけではありません。フランクルは、ウィーン市立病院の神経科外来を訪れた次の患者の訴えを紹介しています。

「私の夫は殆ど毎晩のように自動車で飛び出してしまいます。本当は私はそれが嫌でたまらないのですが、しかし夫には、目的なしに騒がしく自動車を運転して気をまぎらわすことが必要なのです。仕事が早くすんで、五時に暇になると、もう不安が彼を駆りたて始めます。私たちは気持ちのよい住居やラジオを持っています。しかし私たちはお互いに話すことを少しも持っていないのです。そしてすることがすんでしまうと、後はただ空虚さがそこにあるだけです。本も少しも面白くありません。犯罪小説や冒険小説は別ですが、それは映画で見れば読む手間がはぶけるだけのものです。そしてラジオを聞いているうちに寝てしまうのです」（霜山徳爾訳『神経症2』みすず書房）

いかがでしょう。毎日遅くまで仕事に明け暮れ、少し時間があればすぐ外に出かけていって、気がついてみれば妻とはゆっくり話をしていない。たまに日曜に時間があると何をすればいいのかわからなくなって、どうにも落ち着かなくなってしまう。日本のお父さん方の多くが思い当たる話ではないでしょうか。

実存的空虚

現代人の内面に巣くうこの「心のむなしさ」をフランクルは「実存的空虚（das existentielle Vakuum）」とか「実存的フラストレーション」と呼んでいます。

フランクルのある患者は、次のように語ったと言います。「精神的な空転がおこっています。私は空中にぶらさがっているんです。すべてのことが私には無意味に思えます。わたしは誰か、人のことを心配している時にいちばん救われたのですが、いまではもう、私はひとりぽっちです。私は人生の意味をもう一度感じたいのです」（同右）

これはもはや病歴報告ではない、むしろ人間としての苦しみの訴えとして理解すべきだとフランクルは言います。こうした「自分の存在が何の意味も持っていないという感情」「底無しの意味喪失感」。それをフランクルは「実存的空虚」と呼ぶのです。

さてこの「実存的空虚」は、大きく二つのタイプに分かれます。

一つは、突然のアクシデントや挫折によってもたされるもので、言わば「急性」の実存的空虚、「絶望型」の実存的空虚です。

一人息子のいのちを交通事故や暴行事件で奪われた母親。結婚の直前にフィアンセに捨てられた女性。何十年もかけて取り組んできた研究が失敗に終わった科学者。

こんな時、深い絶望感に捕らわれてしまうことは、誰にでもすぐ理解できるでしょう。もう一つのより一般的な実存的空虚は、言わば「慢性」の実存的空虚、「退屈型」の実存的空虚です。

とくに大きな悩みがあるわけではないのだけれど、どこかむなしいという空虚感。それから逃れようと、人は仕事に遊びにと明け暮れます。もし立ち止まって、自分の心がむなしいこと、自分が退屈であることを認めてしまうと、たちまちにして「底無し」の泥沼に引きずり込まれていってしまう。それを恐れて現代人は、ますます生活のテンポを速め、絶えず自分を忙しくすることで感覚を麻痺させてしまおうとするのです。

フランクルは言います。

「スピードは今日の人間にとって意味への意志のフラストレーション、不満、不充足を麻痺させる役目をしている」（*Theorie und Therapie der Neurosen*, Ernst Reinhardt）

「現代人は、自分がどこから来てどこへ行くのかを知らない。それを知らなければ知らないほど……現代人はますます足早にこの道を通り過ぎていく」（同右）

「物理学のみならず、心理学においても真空嫌悪、空虚への恐怖が存在する。……私は、現代の生活のテンポの速まりを実存的フラストレーションを自分で癒そうとする無益な試みとみなす。というのも、人間は生きる目的を知らない時、それだけ生活のテンポを速めるしかないか

らである」（『生きがい喪失の悩み』前掲書）

仕事だ勉強だと多忙な毎日を送る。絶えず刺激と快楽を追い求める。現代人のこうした多忙さの背後に、フランクルは、自らの内的空虚から逃れようとする隠れた動機を見てとるわけです。現代の日本人にまさにぴたりとあてはまる言葉です。

こうすればこうなる、という先の見えてしまった人生を、それでも絶えず全力で走り続けていく。こんな毎日に慣らされてしまった私たち日本人は、絶えず自分を忙しくし、刺激を与え続け、感覚を麻痺させることで、何も感じない、何も見つめないことに慣れっ子になってしまっているようです。現代人の多くは、あえて自分を忙しくすることで、わざとものを考えないようにしているかのようです。

仕事だけではありません。自分を忙しくするのに慣れてしまっている現代人は、レジャーでさえ、そのための手段としてしまいます。余暇が言葉の真の意味での余暇ではなくなり、多忙さの原因となるのです。

フランクルは、レジャーを何か外的な物事にかかわることで心を散漫にする「遠心的レジャー」と、沈思と瞑想をおこなうような新しいタイプのレジャーである「求心的レジャー」とに分けています。現代人に必要なのは後者であり、そのためには私たちは、孤独になる勇気が必要である、と言うのです（大沢博訳『意味への意志』ブレーン出版）。

わたしも、まったく同感です。

「職業的過剰活動」と「遠心的レジャー」によって絶えず自分を忙しくし、感覚を麻痺させてしまっている現代人にとって最も恐ろしいもの。それは、「退屈」です。とりわけ、勤勉タイプの人、仕事中毒の人にとって最も苦手なのは、「何もすることがない日曜日」にほかなりません。「日曜日にウィークデイの慌ただしさがやんで、実存的空虚が彼らの中で口を開けると、自分の生活の内容の虚しいことを」意識せざるをえなくなるからです（『生きがい喪失の悩み』前掲書）。土曜も日曜も関係なく働き続けて、おまけに休みの日も必ずどこかに出かけていかなくては気がすまないタイプの人がいます。こうした行動へ人を駆り立てるのは、自分の感覚を麻痺させて、刺激を与え続け、内的空虚さを見つめまいとする隠れた動機なのかもしれません。

実存的空虚からの逃避の方法としてフランクルが取り上げる主なものは、これまで述べてきた「多忙さへの逃避」です。しかし私には、現代の日本社会で起きているさまざまな病理現象の大半が「実存的空虚からの逃避」として理解できるものだと思えます。

現代は「脱力主義の時代」であり、「むなしさの時代」です。しかしこの内的な虚無を見つめることはたいへん辛いことなので、人は絶えず自分を何かの刺激にさらし続けて感覚を麻痺させようとします。仕事を忙しくしたり、テレビゲームにはまったり、あまり好きでもない人と恋愛ごっこをしたりして。最近のテレビドラマなどを見ていますと、毎回、強い刺激を早い展開で与えることで視聴者の興味を引きつけようとしているようです。結果、私たち日本人の多くは、刺激とスピード中毒になっている気がします。強い刺激とスピードに絶えず自分をさらし、感覚を麻痺させることで、「何も感じるまい」「何も見つめまい」「何も考えるまい」とするのです。現代日本の文化は「感覚麻痺の文化」だと言うこともできるでしょう。そこでは、「もっと早く」「もっと刺激的に」が文化の支配的な原理となっているのです。

「生きる意味の問い」に憑かれる時

ところで、フランクルの言う「実存的空虚」に苛まれ、「生きる意味の問い」を憑かれたように発し始めるのは、人生のどのような段階においてでしょうか。

私は、時折申し上げるのですが、人生には、こころが順調に成長していれば悶々と悩まなくてはならなくなる時が、三回はあるはずです。思春期・青年期、中年期、老年期、の三回です。人間のこころは、順調に成長していれば、そのままでは立ち行かなくなる場面に出くわします。昆虫の成長に例えれば、いわば「こころの脱皮」が必要になる時が三回は訪れるのです。「創造の病」などという言葉がありますが、こころに関して言えば、何にも悩みを持たずに一生生きていくような人は、そのこと自体が大問題（?）。もちろんそれで生きていけるのならば、めでたいと言えばめでたいのですが、こころが成長していくために直面しなくてはならない課題と取り組むのを回避しているだけ、と見ることもできます。

さて、思春期・青年期の若者たちが、生きる意味の問題について思い悩むことは、すでに第Ⅰ部でもお話ししました。「自分が生まれてきたことの意味がわからない」「生きている実感がない」と訴える若者たちが、生きている実感、生命のリアリティーを確かめるかのようにして、リストカットなどの自傷行為に及ぶケースも紹介しました。

ここでは、中年期、老年期のこころについて少しだけ触れておきましょう。

中年期の危機

中年期と言えば、仕事盛りの時です。サラリーマンで言えば中間管理職といった年頃で、一見何の問題もない順調な時のように思えます。心理学でも幼児心理学とか児童心理学、青年心理学というのはよくありますが、中年心理学というのはあまり聞いたことがありません。

しかし、カウンセリングをしていますと、意外とこの時期は、仕事面でも家庭面でも危機的な場面に立たされやすい時期だということがわかります。

まず、自分の仕事の意味を疑い始める人がいます。四〇代半ばの学校教師が、そのまま仕事を続けていくことに疑問を覚え始め、突然辞職をしてアメリカの大学に留学するということもあります。この御時世ですから、転職を考える方も少なくありません。

管理職になって仕事の内容の変化にとまどいを感じる方もいます。特に技術者の場合、それまで自分の技術さえ磨いておけばよかったのが、管理職になると部下の人間関係のトラブルなどにも関与しないわけにいかなくなり、畑違いの仕事にパニックになってしまうことがよくあります。それまで自分が培ってきた技術が通用せずに、呆然とするのです。

思春期を迎えた子どもたちも、次々と難問を突きつけてきます。また、それをきっかけに、夫婦関係など、それまで見て見ぬふりをしてきた家族の問題に直面せざるをえなくなる場合も少なくありません。不登校のカウンセリングのプロセスで、「この子が学校に行けるまでは我慢します。けれど行けるようになったら離婚しましょう」などという会話がなされることはしょっちゅうです。

こうした中年期の危機の問題にはやくから関心を抱いたのはユングでした。彼は、多くの中年の人の悩みを聴くうちに「人は中年において、人生の大切な転換点を経験する」と考えるようになりました。人生の前半は、社会的な地位を得て結婚して子どもを育てるといった課題をなしとげる時期。ちょうど東から昇った太陽が高く輝くまでの過程を指しますが、多くの人は中年期を折り返し点として「自分はどこから来てどこへ行くのか」という本来的な問題に取り組み始めるようになるというのです。

また興味深いことに、ユングのところに相談に来た中年の人の多くは、一般的には何の問題もない人で、むしろ財産、地位、家族などについては恵まれた状態にある人だったといいます。しかし彼らは「何か」が足りないと感じ、「不可解な不安」に苦しめられてユングのところを訪れたのです。社会的な地位を確立し、財産を得て、立派な家庭を持てば幸せになれるにちがいないと信じてひたすら頑張ってきたのに、いざそれを手にしてみれば、自分の人生に大切な「何か」が欠けているという気がして仕方なくなるのです。

中年はこうして、しばしば、「自分がそれまでやってきたことに一体何の意味があるのだろうか」と疑いを発し始めます。人生のむなしさを痛感せざるをえなくなるのです。

しかしそれと向きあうことは実はたいへん大きな意味があります。それをきっかけに、「残された人生で、私は何をすることを求められているのだろう」「自分の人生を意味あるものとして完成させるために、私は残りの人生をどのように生きていけばよいのだろう」いった問いに正面から向き合うことができるようになるからです。

高齢者を襲うむなしさ

日本は今、まさに高齢化社会に突入しつつあります。

それに伴い、当然さまざまな問題も生じてきます。「生・老・病・死」が人生の「四苦」であると言われますが、「老い」には四苦がすべてかかわっています。

だから上手に「老いる」ことはたいへん困難な課題です。ボーヴォワールは『老い』の中で、こう言っています。若い頃に老いの問題を真剣に考える人はほとんどいない。だから実際に老いに直面すると愕然とし、やり場のない憤りにイラだち、怨念を秘めた諦めの中に閉じこもるようになる。多くの老人は、貧困と疾病、無為と孤独と絶望とに追い込まれている、と。

なかなか辛辣な言葉です。実際、高齢化に伴い、「過去に生きる傾向」「懐疑的態度」「興味の矮小化」「活動性の低下」「孤独感や不安感の増大」といった情緒的変化が見られると言われています。また、老いには必然的に、「家族や親しい人との死別や離別」「収入の低下による経済的自立の喪失」「健康の喪失」「社会とのつながりの喪失」など、さまざまな「喪失体験」が重なり、これが老人のむなしさ、空虚感をいっそう強めていきます。そのためでしょうか、六五歳以上でのうつ病の発生率は二〇％とも五〇％とも言われているのです。

中でもとりわけ大きなダメージとなるのが「社会とのつながりの喪失」です。社会的活動から離れることで生きがいを失い、「自分はこの世で必要とされていない」という気持ちを強めて、それがさらに老化を速めることになっていくのです。「社会とのつながり」の中で「自分もまだ役に立てることがある」という実感を持つことが、老人の空虚感を埋め、生命に張りを与えることは間違いありません。

文豪トルストイの苦悩

あまり一般的な例とは言えませんが、あの文豪トルストイも、晩年に「生きる意味の問い」に捕らわれて、死ぬほどの苦しみを体験しています。裕福な貴族で、大勢の子どもと愛する妻に恵まれ、ロシア最大の作家としてすでに名声も手に入れていたトルストイ。はたから見れば、羨ましいばかりの完璧な人生を送っていた五〇歳の彼が、「生きる意味の問い」に突然、取り憑かれたのです。

トルストイは突如として、「自分はいかに生きるべきか、何をなすべきかを知らない」という意識に捕らわれるようになったと言います。不安や疑問から解放されず、これまで自分のやってきたこと、今やっていること、そしてこれからしようとしていることが、いったい何のためなのか、どんな意味があるというのか、自問しないでいられなくなったというのです。

「最初はそれが発すべからず無益な問いのように思われた。こんなことはみんな分かり切ったことだ。俺がその解決をつけようと思えば、他愛なくできることだ。目下こんな問題にかかずらっている余裕がないけれども、よく考えればすぐに解答を得ることができるのだ。――こんなふうに思われた。しかしながら、これらの疑問は日を追うてひんぱんに繰り返されるようになってきた。そして解答のないこの疑問は、同一の疑問へ滴り落ちる墨汁の雫のように、いつしか真っ黒なしみになってしまった。……私はこれが精神的な一時の風邪でないことを悟った。これは実に重大事だ。いつも同一の疑問が繰り返されるとしたら、私はそれに答えなければならない。――こう思った。で、私はこの疑問に答えようと試みた。この疑問は実に愚劣な、単純な、子ども臭いものに思われていたのだが、いざ取り上げて解決しようという段になると、たちまち私はまず第一に、それが子どもじみた愚かしい疑問ではないどころか、人生における最も重要にして深刻な問題であるということ、それからさらに、いかほど頭をひねっても、自分にはこれを解決することができないのだということを、信じざるを得なくなった」

（『懺悔』原久一郎訳　岩波文庫）

人生の意味を疑い始めた者が、どのようにしてこの問いに捕らわれ、逃れられなくなっていくか、そのプロセスが実に見事に描写されています。

トルストイも言っているように、生きる意味の問いは、最初は取るに足らないささいな問題に思えます。すぐに片づけてしまえる子どもじみた問題のように思えるのです。

しかしいったんこの問いを本気で問い始めていくと、それが避けることのできない重要な問いであること、しかもその答えは容易には手に入らないということが徐々にわかってきます。しかしその時には、すでに脱出不可能な問いの渦の中にいるのです。

「生きる意味の問い」をどう問い進めるか

では、私たちはこの「生きる意味の問い」をどのように問い進めるべきでしょうか。

フランクルはまず、「生きる意味」を求めて思い悩む人は、次の点に注意を向けるべきだと言います。人生の意味の問題に思い悩む人は、往々にして、「すべての人間に妥当する人生全体の意味」を求めがちです。しかしそのような「人生の普遍的意味は存在していない」（『意味への意志』前掲書）とフランクルは言います。

ここでフランクルは念頭に置いているのは、たとえばキリスト教やマルクス主義のように、人類の歴史の行方そのものにかかわる「大きな物語」を描くことで、「人間は結局～のために生きているのだ」という「答え」を与えるやり方でしょう。あらゆる人間がその人生のすべてをあげて実現すべきような、絶対的な「意味」や「目的」の物語など存在しない、そうした物語を創造することで、万人に共通する「人生の意味」を描くことは断念すべきだ、とフランクルは言うのです。

では、どうすべきなのでしょうか。

私は、こう思います。人生は一瞬の花火のようにはかなく、人類の歴史もまた、永遠に比べればほんの一瞬のできごとにすぎないはかない出来事だということを真摯に見つめること。このことからしか、生きる意味の問題に関する徹底的な考究はありえないのだと。

これはつまり、無を無として突きつめる、ニヒリズムをニヒリズムとして徹底させるという方向です。西欧ではニーチェ、日本では西谷啓治がこのタイプの思想家の代表格と言えるでしょう。ニーチェは、世界には何の「目的」も「終わり」もない、一切はただ永遠に意味もなくぐるぐると回帰し続けているのだ、という世界イメージを提示しました（永劫回帰説）。

一方、西谷は、禅的な視点から「我々自身が無になりきる」立場、「虚無のリアリゼーション」の立場を説き、さらにそのような「有の否定としての虚無をも否定した立場」としての「空」を説きました（『宗教とは何か』創文社）。

いずれも、ニヒリズムをニヒリズムとして徹底することで、すべてが肯定される地平へとそれ自らを突破する、という方向性を持った思想です。

ハイデッガーらを通して、少なからず実存思想の影響を受けたフランクルも、人間が無の中に投げ入れられた根無し草のように「はかない」存在であることを認めることから出発します。人間は「無から来て無へと行く存在」「無から生まれ、存在へと投げ入れられ、無から脅かされている存在」（*Zeit und Verantwortung*, Franz Deuticke）だと言うのです。

第12章　ビクトール・フランクルの収容所体験

「生きる意味」の問題を最も真摯に追求した人と言えば、その一人に必ず数えられるのが、オーストリアの神経科医、ビクトール・エミール・フランクル（Frankl, V. E. 1905-97）です。フランクルは、アウシュビッツその他の強制収容所における体験記『夜と霧』（霜山徳爾訳　みすず書房）の著者として知られていますので、しばしば、深みはあるけれど、どこか重たく、暗い雰囲気を連想しがちです。しかし、実際のフランクルは、その逆。きわめて快活な人柄で、ジョークが好き。人を笑わせるのが、とにかく好きな方だったようです。いかなる極限状態にあっても、人生を肯定しよう、と誘いかける彼の人生哲学に、このような彼の人柄が影響を与えていることは否定できません。

さらにフランクルは、きわめてエネルギッシュで情熱に満ちた語り方をする方でした。一度、フィルムで彼の全盛期の講演の様子を見たことがありますが、興奮すると、しばしば立ち会って、聴衆にもストレートな怒りをぶつけていた様子。ファイティング・スピリット旺盛な姿勢で人生を生き抜いていったようです。

この章では、フランクルの思想に大きな影響を与えた強制収容所体験について紹介します。

強制収容所へ

第二次世界大戦の折り、ナチスによるユダヤ人の虐殺がおこなわれたことはよく知られています。ユダヤ人であったために、一九四二年、三七歳のフランクルと彼の両親は直ちに、チェコのテレージェンシュタット収容所に送られました（この時点で、妻との別離を余儀なくされています）。後にフランクルの父親はそこの老人ホームのようなところに運ばれ、餓死するのですが、それまでの間、両親は同じ屋根の下で生活をすることが許され、フランクルも毎日数分であれ両親と顔を合わせることができました。その意味では、この収容所の生活はまだ平和なほうだった、とフランクルは述懐しています。

テレージェンシュタット収容所での二年間、フランクルは何十万人ものユダヤ人の中で精神科医として活躍します。病人看護局において彼の所属する部署は、精神面のケアを担当していました。入所してくる囚人たちに安心感を与え、収容所での生活を乗り切る方法を伝えていったのです。

しかし、一九四四年フランクル（三九歳）はついにポーランド、オシュフェンチムにある悪名高きアウシュビッツ収容所へと送られていきます。彼の母親も一週間後に送られてきたのですが、残念ながらそのままガス室に運ばれてしまいます。最終的には、一人の妹を除いたすべての家族を、フランクルは収容所で失ってしまうのです。

まず、入所時のショック体験について次のように語られています。

アウシュビッツ収容所では、生存の確率はわずか三十分の一である、と言われていました。まず、入所の段階ですぐ九五％の人がガス室に直行させられます。そして残りの五％だけが労働者として選ばれ、消毒槽に入れられるのです。

フランクルは運よくこの五％に選ばれたわけですが、浴槽に入る前、彼はその際持ち物をすべて取り上げられました。ベルトやメガネの着用は許されましたが、何と毛まですべて削ぎ落とされたといいます。フランクルはこうして、文字通りすべてのものを奪い取られてしまったわけです。どれほど失意に打ちのめされたことでしょう。

その中には、彼の上着の裏に縫い付けられていた『医師による魂の癒し』（邦題『死と愛』霜山徳爾訳　みすず書房）の原稿も含まれていました。フランクルはそれを取り上げられまいと上着の裏地に原稿を縫い合わせて、最後まで抵抗を試みていたのです。

もちろんそれでも原稿はナチスに奪われてしまいます。著作やインタビューの中でフランクルは、収容所体験の最もつらかった出来事として、アウシュビッツでこの原稿を奪われた時のことを述懐しています。アウシュビッツに入れられたが最期、十中八九は死を覚悟しなければならない。だとすれば、自分の「生きた証」として、生みたての子どものような存在であるこの著作だけは何とか世に残したい。そうした思いが断ち切れなかったというのです。

当然ながら落胆の大きかったフランクルですが、彼はそれでもあきらめません。収容所の捕虜となり、発疹チプスの高熱にうなされる中、彼は、ある捕虜から四十歳の誕生プレゼントにと送られた短い鉛筆と、ある友人が収容所の監督から盗んできてくれた紙の裏側とを使って、速記用の記号で、その原稿を再生し始めたのです！

話をもとに戻しましょう。

こうして文字通り、すべてのものを奪い取られ、さらにその生命さえ大きな危機にさらされたフランクルは、それでもなお、次のように考えようと努めたといいます。

「こんなふうに人間は、他者からすべてのものを奪うことができる。その人の自由でさえも。ただし、そのような状況に対して、自分自身がどんな態度をとるかという自由は別である。そしてこの態度こそが重要なものなのだ」

この言葉に示されるようにフランクルの眼差しは、収容所においてさえ信じ難いほどオプティミスティックなものでした。彼は、いかなる状況にあっても、失われたもの、奪われたものよりも、まだ残されたものに目を向け続けたのです。そして彼は、次のように自分自身に言い聞かせ続けたといいます。

「お前はこれまで、人生について、しかも人生の意味について書いたり語ったりしてきた。そしてこの人生の意味は無条件のもので、いかなる状況においてもそれは失われることはない、と言ってきた。たとえ苦しみが取り除かれない時でも、その苦しみから何らかの意味を掴み取ることができるはずだ、と。……さあビクトール、今度はお前自身がそれを生きる番だ」（*How to Find the Meaning of Life, Possibilities*, March/April, 1991）

フランクルは、自分にこう言い聞かせることで、収容所の悲劇的状況を内的な勝利の体験に転換しようとしたのです。

けれども、収容所においてフランクルは、次々と耐えがたいほどの悲惨な光景を目のあたりにし、また自ら体験していきます。

まず収容所での生活が長期化するにつれて、囚人たちは信じがたいほど無感動・無感覚になっていきました。仲間が鞭で打たれサディスティックに痛めつけられる様子を見ても、何時間も糞尿の上に立ったり寝たりさせられても、平気になってしまったのです。発疹チブスのバラック病舎では、囚人が一人死ぬと、仲間が次々とまだ暖かい屍体に近づき、一人は昼食の残りのじゃがいもを素早く手にし、また別の一人は死者の木靴が自分のものよりまだましなことを確かめるとそれを取替え、さらに他の一人は同様にして上着を取り替えていったといいます。そしてフランクル自身、その様子をただ傍観していたというのです。わずか二時間前まで話をしていた仲間の屍体がすわった目を見開いて窓から中を覗き込んでいるのを見ても、フランクルはスープを飲み続け、そのような自分の無感覚に驚嘆したと語っています（『夜と霧』前掲書）。

長期間いる囚人にとっては、生命維持という目的に役立たないものは、何であれ、まったく価値のないものとみなされて、収容所にはいわば文化的冬眠が支配するようになりました。けれどもその一方で、囚人の間ではなお二つの関心事があったといいます。一つはその時々の軍事情勢に関する混乱した情報、そしてもう一つは、意外なことに、宗教への関心や欲求です。とりわけ後者についてフランクルは、「想像以上に最も内面的なもの」であった、と記しています。

「われわれが遠い工事場から疲れ、飢え、凍え、びっしょり濡れたボロを着て、収容所に送り返される時にのせられる暗い閉ざされた牛の運搬貨車の中や、また収容所のバラックの隅で体験することのできるちょっとした祈りや礼拝は最も印象的なものだった」(『夜と霧』前掲書)

そしてフランクルの観察によれば、このような精神的に高い生活をしていた人間には「恐ろしい周囲の世界から精神の自由と内的な豊かさへと逃れる道が開かれていた」ため、「収容所生活のかくも困難な、外的状況を苦痛ではあるにせよ彼等の精神生活にとってそれほど破壊的には体験」せずにすんだということです。そこに彼は、「繊細な性質の人間がしばしば頑丈な身体の人々よりも、収容所生活をよりよく耐え得たというパラドックス」を見て取ったのです。

フロイトはかつて、人間は飢えにさらされると個々人の相違が消え失せ、満たされない画一の衝動に支配されるようになるはずだ、と述べたといいます。けれども収容所でフランクルが目のあたりにしたのは、これと正反対のことだったのです。

「これらの人々が体験したものは道徳的には退行ではなく、進歩であり、進化である。それは道徳的であり……宗教的でもある。実際に多くの収容所の囚人の中には、拘禁において、かつ拘禁を通じて、無意識に抑圧していた神への志向性が咲き出でたのであった」(霜山徳爾訳『神経症2』みすず書房)

フランクルの眼差しは、こうして、およそ人間的なものをすべて奪われた収容所での悲惨な生活「にもかかわらず」残された、人間精神の崇高さに向けられていきます。

フランクルが収容所で見たもの、それは一言で言えば、「同じ状況に直面してある人間は、それこそ豚のようになったのに対して、他の人間はそこの生活において反対に聖者のようになった」ということ、「収容所のバラックを通り、点呼場を横切り、こちらでは優しい言葉を、あちらでは一片のパンを与えていた人々」がいた、という驚嘆すべき事実だったのです（同右）。

またフランクルは、収容所では未来における「内面的な拠り所を失った人間が崩壊していった」という事実を報告しています。このことを、フランクルは次のようなエピソードをあげて説明しています。ブタペストのオペレッタの作曲家兼脚本家だったある囚人は、二月の中頃、奇妙な夢を見ました。その夢の中で彼は、ある人物にいつ戦争が終わるのかをたずね、「三月三十日だ」という返答を得たといいます。彼は、三月の中頃に発疹チフスにかかり、また三月の終盤になっても戦況が衰えないのを知って徐々に元気を失い、三月二九日に発熱。そして三月三十日、夢の中で戦争が終えると告げられたその日に意識を失って翌日、死亡したというのです（山田邦男・松田美佳訳『それでも人生にイエスと言う』春秋社）。

人間が「時間的存在」であることを、つくづく思い知らされるエピソードです。

また、次のエピソードも同様の事実を示しています。一九四四年の年末、クリスマスには家に帰れるだろうという素朴な希望が囚人たちの間で脹らみ、にもかかわらずそれが叶えられないことを知ると、失望や落胆が広がり、抵抗力を失って、その直後にはかつてなかった大量の死亡者が出たというのです（『夜と霧』前掲書）。

そして、これらのケースとは逆に、「未来における拠り所」を見出した人間、未来において「自分を待っている人やもの」を見出すことのできた人間は、強靱な精神的抵抗力を獲得し、生命力を取り戻していったということも示されています。

フランクル心理学のこの基本仮説は、彼が収容所の中でおこなった臨床実践において証明されたのです。

「もう人生からは何も期待できない」と考えて自殺を試みた二人の男性の囚人。彼らにフランクルは、次のように語りかけました。「たとえあなたが人生に何も期待していなくても、人生のほうはまだあなたたちに期待しているはずだ。何かがまだあなたたちを待っているはずだ」と。すると彼らの口から次のことが明らかにされました。「一人には、彼が並外れた愛情をもっている一人の子供が外国で彼を『待って』おり、もう一人には人間ではないが他のものが、すなわち彼の仕事が彼を『待って』いた」ということが。すなわち「彼は科学者としてあるテーマについて本のシリーズを書いていたのであるが、それはまだでき上がっておらず、それが完結されることを待っていたのである」（『それでも人生にイエスと言う』前掲書）。

このことを自覚することによって、二人は自殺をとりやめたと言います。

このように、「自分を待っている仕事や、自分を待っている愛する人間に対する責任」を意識した人間は、自らの生命を放棄することは決してできません。なぜなら「彼は、まさに自分の存在の『何故』（理由）を知っていますし、したがってまた『ほとんどいかなる如何ににも』耐えることができるから」なのです（『夜と霧』前掲書）。

このことは、実は、収容所におけるフランクル自身にもあてはまります。フランクルが収容所の中で、長い過酷な体験にもかかわらず、何とか生き延びることができたのは、彼を「待っている」二つのものがあると思えたからです。すなわち、彼は収容所を出た後、家族の何人かが、つまり愛する妻や両親が「待っている」と信じていました。また、アウシュビッツで奪われた彼の処女作を出版し、フランクル心理学の体系を世に問うという仕事が「待っている」という使命感がありました。この二つが彼をその地獄の体験の中で支え、生きながらえせしめたのです。

とはいえもちろん、ナチスの収容所という悲惨な環境の中で生き続けることが、このような精神力だけで可能になるわけではありません。彼の著作やインタビューの記録を読むと、いくつもの度重なる幸運が彼を救ったことがわかります。まず第一に、既に述べたように、彼がウィーンでユダヤ人病院の医師として勤務していたため、収容所行きが一年ほど延期されました。第二に、「ガス室」が設えてあるアウシュビッツ収容所にフランクルが収容されていたのは、わずか三、四日のみでした。その後彼はすぐに、ドイツのバイエル地方のダッハウ収容所に運ばれていったのです。そこで「心配するな、ここにはガス室はない」と告げられた時の安堵感を、彼は幾度も語っています。さらにその後、彼は自ら志願してある病囚収容所に移るのですが、そこに移った直後に、その直前までいた収容所は、人肉を食べざるをえないほど悲惨な飢餓状態に陥ってしまったと言います。

このような幾度にもわたる幸運が重なって、フランクルは生きながらえることができたのです。

一九四五年、ついに終戦を迎え、収容所は解散しました。

収容所以降のフランクル

約三年の収容所生活を終え、故郷ウィーンに戻ったフランクルは、まさに獅子奮迅の大活躍を開始します。フランクルを生きながらえせしめた精神の力こそ、大戦後の混乱した社会において真に必要とされるものだったからです。

一九四五年、四月二七日にダッハウ収容所から解放されたフランクルは、長い時間と交渉を経てやっとウィーンに辿り着きました。人に勧められて彼はまず仮設老人ホームに行き、南京虫だらけのベットで一夜を過ごした後、ある医師を介して、社会問題担当大臣の秘書だったブルーノ・ピッテルマンに出会います。ピッテルマンはすぐにラジオとタイプライターを送り、フランクルに仕事に復帰するための論文を書くように勧めます。そのおかげでフランクルは、一九四六年ウィーン市立総合病院神経科部長という地位を得ることに成功します。

またフランクルは、このタイプライターを使って、アウシュビッツに入所する際とりあげられたあの原稿の復元に全力で取り組みます。解放後一年ほど経って、赤十字の助けを得てやっとのことで家族の消息を知ることができたフランクルは、と同時に、父はテレージェンシュタット収容所で、母はアウシュビッツのガス室で、そして最愛の妻は悪名高きベルゲンベンセンの女性収容所で命を奪われていた事実を知って打ちのめされますが、この悲しみを忘れ、それにうちかつためにも、フランクルは全霊を傾けて原稿の再生に猛烈に取り組んでいきます。こうして一九四六年、ついに念願のデビュー作『医師による魂の癒し』を刊行。ロゴセラピーおよび実存分析の体系をはじめて世に問うています。

同じ年に出された二冊目の本『ある心理学者の強制収容所体験』（邦訳『夜と霧』）は、フランクルが自らの収容所体験をまとめたものです。犠牲者に代わって、ホロコーストについて語り継いでいく責任を感じていたフランクルは、この著作を最初は、匿名で刊行するつもりでいたと言います。

わずか二、三週間で書き上げられたこの著作は、しかし、フランクルの著作の中で最も多く読まれたものとなり、とりわけその英訳『生きる意味を求めて』（***Man's Search for Meaning***）は、実に一八ケ国語に翻訳され、英語版だけで九百万部を突破。一九九一年におこなわれたアメリカ議会図書館の調査によれば、「私の人生に最も大きな影響を与えた本」の第七位に輝いています。第一位は聖書ですが、心理学・精神医学の分野ではフランクルのこの本だけが唯一、ベストテン入りを果たしています。

フランクル

一九九一年、八六歳の誕生日を目前に控えた時点でフランクルは、インタビューの中で『フーズフー（***Who's Who***：英語刊行図書著者目録のこと）の編集者に、「あなたの人生と仕事を一言でまとめるとどうなりますか」とたずねられて、次のように答えたというエピソードを披露しています。

「私は、ほかの人々が生きる意味を見出すのを援助することに、自分の人生の意味を見出したのです」（*How to Find the Meaning of Life,* 前掲論文）

一九九七年、フランクルは九二歳で他界しました。奥様の話によると、フランクルは彼の思想どおり、死の直前まで、他者に心を配り続けて、ジョークを語り続けていたようです。苦しみの中から立ち直ろうと懸命に生きている多くの人々の心を支え、魂を鼓舞し、生きるエネルギーを与え続けたフランクル。彼の死は、そんな人物だけが与えることのできる独特の喪失感を人々に与えたことでしょう。

なお、フランクルの生涯、著作、思想、理論とその応用などについて、よりくわしくは拙著『フランクル心理学入門――どんな時も人生には意味がある』（コスモス・ライブラリー）をお読みください。

第13章　どんな時も、人生には意味がある――フランクルの思想と理論

どんな時も、人生には意味がある

〝生きる意味〟の問題に対するフランクルの回答は、それほど複雑なものではありません。それは、彼の人生に対する直観的な洞察にもとづく、きわめてストレートな考えに貫かれています。フランクルの考えを、どんなふうに表現すれば、現代の日本を生きる私たちの心に届くか、私なりに吟味を重ねてきました。私は、フランクルの思想のエッセンスを私なりの言葉で捕らえなおすと、次のように表現できるのではないかと思っています。


どんな時も、人生には意味がある。

なすべきこと、満たすべき意味が与えられている。

この人生のどこかに、あなたを必要とする〝何か〟があり、あなたを必要とする〝誰か〟がいる。そしてその〝何か〟や〝誰か〟は、あなたに発見されるのを〝待って〟いる。私たちは、常にこの〝何か〟〝誰か〟によって必要とされ〝待たれている〟存在なのだ。

だから、たとえ今がどんなに苦しくても、あなたはすべてを投げ出す必要はない。あなたがすべてを投げ出しさえしなければ、いつの日か人生に〝イエス〟と言うことのできる日が必ずやってく

るから。いや、たとえあなたが人生に〝イエス〟と言えなくても、人生のほうからあなたに〝イエス〟と光を差し込んでくる時が、いつか必ずやってくるから。

たとえ、あなたが人生に絶望し、もう何も期待しなくなってしまったとしても、人生のほうは、あなたに絶望することはない。人生は、死のその瞬間まで、あなたに期待しなくなることなど、決してありはしないのだ。

逆境の心理学

フランクルは言います。どんな人の、どんな人生にも意味がある。この世にいのちある限り、意味のない人生なんてひとつもない、と。

ほかの人が言っても、単なる気休めにしか聞こえませんが、彼の言葉に重みがあるのは、ユダヤ人としてナチスの手でアウシュビッツ収容所に捕虜として捕らわれていた体験に支えられているからです。彼の著作『夜と霧』が、そこに記された数々の陰惨な事実にもかかわらず、ある種のさわやかな感動すら与えてくれるのは、フランクルのまなざしが、強制収容所の生き地獄の中で、なお希望を失わずに生きようとする人々の姿と、それを支える人間精神の気高さとに注がれているからでしょう。

前回紹介した次のシーンを思い出していただきたいと思います。収容所生活で生きる希望を失い、「もう人生には何も期待できない」と自殺を決意しかけた二人の囚人にフランクルは次のように問いかけたのです。

「たしかにあなた方は、人生にもう何も期待できない、と思っているかもしれません。人生の最後の日がいつ訪れるかもしれないのですから、無理もない話です。ナチスの手でガス室に送られるくらいなら、みずから自分のいのちを断つほうがまだマシだ。そんなふうに思われたとしても、少しも不思議ではありません。けれどもその一方で、人生のほうはまだ、あなたに対する期待を決して捨ててはいないはずです。〝あなたを必要とする何か〟がどこかに必ずあり、〝あなたを必要としている誰か〟がどこかに必ずいるはずです。そして、その〝何か〟や〝誰か〟はあなたに発見されるのを待っているのです」

この言葉を聞いて、二人の囚人は自殺をとりやめたのです。

どんな時も人生には意味がある。自分を必要とする〝何か〟があり、自分を必要とする〝誰か〟が必ずいて、自分に発見され実現されるのを待っている。そして自分にも、その〝何か〟や〝誰か〟のために、できることがあるはずだ――このような思いほど、私たちの生きる勇気とエネルギーをかきたててくれるものはありません。

フランクルのメッセージは、実に半世紀にわたって、人生に絶望しかけた多くの人々の魂を鼓舞し続けてきました。まさに、人々に生きる勇気とエネルギーを与え続けてきた人、と言っていいでしょう。

人生を、逆さ向きに捕らえてみること

とは言っても、こう言いたくなる方もいることでしょう。

何が、「どんな時も、人生には、意味がある」だ。そんなの、単なる気休めでしかありゃしない。この世の中は、単なるモノの集合体。私たちのこころだって、脳という物質が作りだしている幻影だ。そこにいったい、どんな意味があるというのだ、と。そもそも、いったいなぜ、こんなつまらない毎日を生き続けなくてはならないのだ、と。

私は、こういった考えを否定したいとは、まったく思いません。実際、後の回でくわしくお話しますが、私自身も、生きる意味の問題に苦しんだあげく、数度、自殺を試みたこともあるからです。フランクルの言葉は、そんな絶望しきっていた二十歳の頃の私のこころを、動かしてくれました。フランクルの本を読んだから悩みが途端に消えた、などというつもりはありません。ただ、フランクルの次の言葉を読んだ時に、それまでの絶望とは異なる、否定しがたい〝何か〟が自分の中で動き始めたことは、事実なのです。

なぜなら、フランクルは、人生というものを、私たちがふつうに考えるのとは、まったく逆さの角度から眺めてみることを教えてくれるからです。フランクルは言います。

「人間が人生の意味は何かと問う前に、人生のほうが人間に問いを発してきている。だから人間は、ほんとうは、生きる意味を問い求める必要なんかないのである。

人間は、人生から問われている存在である。人間は、生きる意味を求めて問いを発するのでなく、人生からの問いに答えなくてはならない。そしてその答えは、人生からの具体的な問いかけに対する具体的な答えでなくてはならない」（『医師による魂の癒し』前掲書）

ここでフランクルが言っているのは、こういうことです。

私たちは、〝何のために生きているのか〟〝この人生に意味なんてあるのか〟と思い悩むことがあるけれど、ほんとうは、そういったことに悩む必要なんて、これぽっちもないのだ。なぜならば、私たちがなすべきこと＝実現すべき意味・使命は、私たち人間がそんなふうに思い悩むかどうかとかかわりなく、〝私を越えた向こう〟から、私たちの足下に、常に、そして既に、送り届けられてきているからだ。それが、私たち人間の側の思い計らいを越えたところで成立している、端的な、人生の真実であるからだ。

つまり、〝何のために生きているのか〟という問いの答えは、私たちが何もしなくても、もう与えられてしまっている。私たちがなすべきこと、おこなうべきことはむしろ、私たちの足下に、常に既に送り届けられてきている〝意味と使命〟を発見し、実現していくこと。〝自分の人生には、どんな意味が与えられており、どんな使命が課せられているのか〟――それを発見し、実現すること。それだけであり、そのことを私たちは、人生から問われている。人生のほうから求められている。――「人間は、人生から問われている」とフランクルが言うのは、そういう意味なのです。

いかがでしょう。先に申し上げたように、フランクルのこの言葉は、思い悩んでいた時の私のこころの〝何か〟を確実に動かしてくれました。

それは、「人間は、人生から問われている」「問いを発するのは、私たち人間ではなく、人生のほうである。私たちが人生に問いを発するのに先立って、人生のほうが私たちに問いを発してきている」という見方そのものが、人生の問題を考える時の、それまでとはまったく異なる地平を私に指し示してくれたからです。

〝人生からの問い〟――当時の私には、こうした視点がまったく欠落していました。人生を、私たち人間のほうから捕らえるのではなく、人生の側に立って、向こう側から、自分を見つめること。こうした視点の転換が私の悩みの土台そのものを揺るがしてくれたのです。そして、そのような視点に立ってみると――私たちが生きる意味の問題に思い悩むと悩むまいとにかかわりなく――人生のほうが、私たちに、意味を送ってきてくれている。「どんな時も人生には、意味がある」と言えるのは、日常的な人生の地平とはまったく異なる、このような地平に立ってはじめて可能なことなのです。

たしか、五木寛之さんでしょうか。人間は、ただ生きている、それだけでとてもすごいことなのだ、と言っておられたのをおぼえていますが、フランクルのこの考えは、それに通じるものがあります。いずれも、〝人間の思い計らいを越えたところで成立している人生の究極の真実〟の側に立って、はじめて言えることなのです。

人生の中心点の転換

大切なことなので、もう一度確認しましょう。

どんな時も、人生には、意味がある。どんな人の、どんな人生にも、なすべきこと、満たすべき意味が与えられている。私たち人間の〝なすべきこと〟〝満たすべき意味〟〝この人生でなしとげるべきテーマ〟——これらはすべて、今も、また今も、あなたの足下に送り届けられてきている。だから私たちは何も、それを求めて思い悩む必要はないのだ。

人生のこの、素晴らしい真実。あとはただ、私たちがこの素晴らしい真実に目を開くだけ。勇気をもって、こだわりをすてて、この素晴らしい真実を受け入れるだけ。

人生のこの逆説的な真実を、フランクルのこの言葉は、語りかけてくれているのです。

このフランクルの言葉を受け入れるためには、しかし、私たちの生き方、〝人生への構え〟そのものに、ある根本的な転換が求められます。

私たちはふつう、人生とは〝自分のしたいこと〟をしていく場だと考えています。自分の夢を実現する。自分の欲望を叶えていく。自分の希望を実現し、目標を達成していく。そんなところだと考えています。つまり、人生の中心点は自己に置かれているのです。

しかし、〝幸福になりたい〟〝自己実現したい〟という人間の欲望には際限がありません。ある地位を手に入れたら、もっと高い地位が欲しくなる。ある程度有名になれたら、もっと名声を、と思ってしまう。それが世の常で、だから〝幸福になりたい〟〝自己実現したい〟という欲望に駆り立てられている人は、どこまでいっても、心の底から満たされることがありません。絶えず〝何か足りない〟〝どこか満たされない〟という欠乏感を抱いて〝永遠の不満の状態〟に陥らざるをえなくなってしまうのです。

私たち人間の持つ欲望の中でも、最も強い欲望の一つは〝不死＝永遠の生命〟への欲望でしょう。今、四十代の方でしたら松本零司さんのマンガ『銀河鉄道９９９』を覚えておられる方も少なくないでしょう。このマンガの中で、主人公の鉄郎少年は〝永遠の生命〟を持つ〝機械のからだ〟を求めて、果てし無い宇宙の旅に出ます。しかし、その旅の道中で出会う〝機械化人間〟たちはいずれも、永遠の生命と引換えに、とても大切な何かを失ってしまった悲しみにうちひしがれ、いつかまた、あの限りある生命、生身の肉体に帰りたい、と悲嘆のうちに鉄郎少年に打ち明けるのです。このストーリーは、私たちの欲望の逆説性を端的に語りかけてくれています。

フランクルは、人が容易に陥ってしまうこの〝欲望の罠《わな》〟から、人々を解き放とうとします。そしてそのために〝人生への基本的な構え〟を転換することを求めます。つまり、〝私のしたいこと、やりたいことをするのが人生だ〟という人生観から、〝私のなすべきこと、私がこの世に生まれてきたことの、意味と使命とを実現していくのが人生だ〟という人生観への転換が必要だと言うのです。それはいわば〝人生の中心点〟が自己の欲望や願望から、意味や使命からの呼びかけの声へと、百八十度引っ繰り返るような劇的体験です。

こうした生き方の転換が、〝欲望の虜《とりこ》〟となり〝永遠の不満の状態〟にイラだちながら生きる状態から脱け出して、〝私は、なすべき時に、なすべきところで、なすべきことをしている〟という

深い〝生きる意味〟の感覚に満たされて生きていくことができるようになるためには必要なのだ
と、フランクルは言うのです。

〝悩みのタネ〟とどうつきあうか

フランクルが説くような生き方の転換が生じると、それに伴って、私たちを苦しめている様々な〝人生の問題〟とのつきあい方にも変化が生じてきます。

〝欲望や願望中心の生き方〟〝したいことをする生き方〟をしていると、当然ながら、〝悩みのタネ〟などなくしてしまうほうがいいことになります。病気は早く治ったほうがいい。人間関係は修復できたほうがいい。不登校の子どもは、はやく学校に行けるようになればそれでいい。……というわけで、要するに、〝悩み〟や〝問題〟はさっさと片づけて無くしてしまったほうがいい対象ということになります。

それに対して、フランクル心理学が説く生き方、〝意味と使命中心の生き方〟〝なすべきことをする生き方〟へと生き方の転換を果たした人は、こう考えるはずです。

「病気、人間関係のトラブル、リストラによる失職や配置転換、子どもの不登校や家庭内暴力……こうしたことが起こるからには、何かそこに〝意味〟があるはずだ。それらの出来事を通して、人生が私に、何かを問いかけてきているはずだ。

これらの出来事は、いったい、何を意味しているのだろう？

これらの出来事を通して、人生は私に、いったい何を問いかけてきているのだろう？　私に、何を学ばせようというのだろう？」

これが、フランクル心理学の、そして次の章からお話しするトランスパーソナル心理学のとる考え方です。どんな辛い出来事であれ、それが起こるからには意味がある。私たちに、何かを問いかけ、何かに〝気づかせよう〟何かを〝学ばせよう〟としているはずである。つまり、人生の辛い出来事はいずれも、私たちにとって〝試練〟であり、そこから何かを〝学び〟〝気づく〟ことで、私たちの魂が成長していく重要な機会だと考えるのです。

三つの価値――①創造価値――仕事における〝生きがい〟づくり

これまで述べてきたように、フランクルは、〝自分のしたいこと〟ではなく〝人生が自分に求めてきているること〟を発見し取り組んでいけ、それが、私たちが生きる意味と使命を実感しながら生きる道だ、と言います。

そして、〝人生が自分に求めてきていること〟を見つけるための手がかりとして〝三つの価値領域〟を区別します。創造価値、体験価値、態度価値の三つです。

一つめの〝創造価値〟。これは大雑把に言うと、自分の〝仕事〟を通して実現される価値のことです。そういうと、何かとてつもなく、大きな仕事を思い浮かべる方がおられるかもしれませんが、そうではありません。私たちがふだんやっている何気ない仕事にも、実は、大変な価値が潜んでいるのです。

たとえば化粧品のセールス。一見利益至上主義の仕事に見えますが、少し化粧が変わることでずいぶんイメージが変わることがあるものです。そして、他人の目に映る自分の姿が変わることで、自分で自分について抱くイメージ（自己イメージ）も変わり、自信に満ち、積極的な性格に変わることもあるでしょう。こう考えると、ずいぶん大きな影響力のある仕事であることがわかります。

とはいっても、私は、今の仕事に満足しなさい、と言っているわけではありません。

やはり仕事を変えなくてはダメだ。今の仕事を生きがいとすることなどとてもできそうにない、と思っている方もいるでしょう。そんな方は、思い切って他の仕事を探してみるのもいいでしょう。もっともこの不況下。むやみな冒険はお勧めしかねますが。

私が思い出すのは、イギリスで出会った三〇代前半の日本人学生。その大学は、発展途上国の〝開発〟に関する学問では世界有数の大学で、夢のある分野だからか多くの日本人が在籍しており、しかも一流企業からの脱サラ組も少なくなかったのです。

彼は私に、こう語ってくれました。企業に活気があったのはバブル崩壊前まで。バブルがはじけてからは活気も衰え、社員の夢もしぼんできた。毎日擦り切れるほど働いて、人間関係にも気を使ってクタクタになる。それでも幹部になれるのは、一〇〇〇人ほどいる同期の中でほんの二、三人。もし勝ち抜いて上に行けたとしても〝小さな歯車が、大きな歯車に変わるだけ〟。しょせんは、消耗品にすぎない。人生の大半の時間を仕事に費やすのだとすれば、このままの生活を続けるのは、もう御免だ。そう思って、思い切って会社をやめ、開発学の勉強をするためにイギリスの大学に来たというのです。

日本でサラリーマンをやっていると、つい目の前のことで一杯で、視野が狭くなりがちです。しかし彼らのように視野を広く取り、外に目を移していくと、〝自分が誰かの役に立てている〟ことを実感できる仕事はいくらでもあるはずです。〝働きがい〟のある仕事を見つけるには、視野を広く取る必要があることを私は彼らから学びました。

三つの価値──② 体験価値──人とのつながりにおける〝生きがい〟づくり

二つめの〝創造価値〟。これは、人や自然とのふれあいで実現できる価値のことです。人間は、人とのつながりなくして〝自分らしさ〟も〝生きている喜び〟も決して感じることはできません。自分を必要としてくれる誰かがいて、その誰かのために自分にもできることがある。このことほど、私たちの生きる意欲を喚起してくれるものはないのです。

次の例は、私がフランクル心理学を教わった高島博医師から聞いた話です。

余命三ケ月と診断されたある老婆。彼女は、自分の病状から先はもう長くないことを察していたのでしょう、次第に自己中心的な態度をとり始めました。見舞いに来てくれた家族や担当の看護婦に横暴な態度をふるい始めたのです。自分はもうすぐ死ぬのだから、まわりの人は自分に尽くしてくれて当然だ、と言わんばかり。自分の容姿も気にかけなくなって、なりふり構わず、化粧も一切しなくなっていました。

その彼女がある朝、ふと窓の外を見やった時のことです。彼女の目には、憔悴しきったサラリーマンの姿が映りました。老婆はそこで、「人生で絶望しているのは、自分だけではないんだ」ということに気づいたのです。

元来、陽気で活発な性格の持ち主であった彼女は、その翌日、看護婦に頼みました。化粧を整え、車椅子を外に出し、押してもらうことを。そして、勤めを急ぐサラリーマンの一人一人に「行ってらっしゃい」と微笑みかけていったのです。

最初は、何のことかと、とまどっていたサラリーマンたちも、次第に、ニッコリと笑顔を返してくれるようになりました。疲れ切って曇った顔だったサラリーマンたちの顔にも、微笑みと元気が戻ってくるのが、手に取るようにわかったのです。

これが嬉しくて、朝の挨拶はこの老婆の日課となりました。そして、それが生きがいとなったためか、老婆の余命は予定より三ケ月も延びたといいます。人に喜んでもらうことが、文字通り、自分自身の〝生きる力〟となった好例です。

三つの価値——③態度価値——〝運命〟への態度における〝生きがい〟づくり

最後に〝態度価値〟。これは、自分に与えられた運命に対してどういう態度をとるか。それによって実現されていく価値のことです。

人間には、持って生まれた運命があります。どんな家に生まれたか。どんな顔に生まれたか。身体は健康か病気がちか、などなど。この〝与えられた運命〟にどういう態度をとりながら生きるかによって、その人の人生の真価がわかる、とフランクルは言います。そして、この価値だけは、人がいかなる苦境に追い込まれ、また、病や老いのためにさまざまな能力や可能性が奪われても、実現の可能性が断たれることはない、というのです。

次の例はフランクルが若いころ勤めていた病院の入院患者の話です。（『それでも人生にイエスと言う』前掲書）

多忙な広告デザイナーだったある若い男性。悪性で手術もできない重篤の脊髄腫瘍をわずらっていた彼は、そのために手足が麻痺してしまい、デザイナーという仕事を断念せざるをえなくなりました。〝創造価値〟実現の可能性を断たれてしまったのです。

それでも彼は、めげません。毎日を少しでも意味あるものにしようと読書に励み、ラジオを聴き、ほかの患者との会話に熱中したのです。ところが病の進行のために筋力が衰え、書物を手に取ることすらできなくなりました。さらには頭蓋骨の神経の痛みのため、ヘッドフォンの重さにさえ耐えることができなくなり、他の患者と話をすることもできなくなりました。〝創造価値〟に加えて〝態度価値〟実現の可能性も奪われたのです。

しかし彼は、それでも次のような態度をとることで、自分の人生を意味のあるものにしようとしました。生命がおそらくあと数時間しかないことを知った彼は、ベッドの側を通りかかった当直医のフランクルを呼び寄せて、次のように伝えたというのです。

「午前中、病院長が回診した時にわかったのですが、私には、死ぬ数時間前になったら苦痛を和らげるためのモルヒネを打つように指示がくだされているようなんです。つまり私は、今夜で終わりだと思います。そこで、今のうちに注射をすませておいてくださいませんか。そうすれば、あなたも私のためにわざわざ安眠を妨げられずにすむでしょうから」

フランクルは言います。

「彼は人生の最後の数時間さえ、まわりの人をいたわり気を配っている。どんな辛さや苦痛にも耐えた勇気はともかく、こうしたさりげない言葉、まわりの人を思いやるこの気持ちを見てほしい。まさに死の数時間前のことなのだ。ここには素晴らしい業績がある。職業上の業績ではなく、人間としての無比の業績が」

私たちがまさに息を引き取るその時まで、この人生から、〝なすべきこと〟〝実現すべき意味〟がなくなることがありません。ついに人生が終わるその時まで、〝意味〟は絶えず送り届けられていて、私たちに発見され実現されるのを〝待っている〟のです。

第Ⅳ部 「自分を超える」心理学

第14章　トランスパーソナル心理学とは何か

フランクルの心理学は――自己や個人性を大切にしながらも、それを越えて――人生の〝意味や使命〟に中心を置く心理学でした。〝自己を越えた向こう側から〟発せられてくる呼びかけを大切にする心理学であると言えるでしょう。

その発想の基礎には、自己実現原理を越えた、自己超越原理――個々人の思い煩いを越えたところで成立している、人生の究極の真実の側からものごとを考えていくこと――が存在していました。それは、〝生きる意味〟とか〝空虚感〟といったフランクルがみずからのテーマとして追求した問題が、個人的な問題や悩みに還元できるものではなく、人間が人間であることの普遍的条件そのものに深く由来するものであるからでしょう。

この章では、この自己超越原理をより徹底させた心理学であるトランスパーソナル心理学の基本的な考え方を紹介していきます。

トランスパーソナル心理学の定義

トランスパーソナル心理学には、いまのところ決定的な定義はありません。しかし、今のところ最もよく知られているのは、ロジャー・ウォルシュとフランシス・ヴォーンが一九九三年におこなった次の定義です（『エゴを超える道』Tarcher/Putnam BooK）。

「トランスパーソナルとは何か。まずトランスパーソナルな体験とは、アイデンティティや自己の感覚が、個人的なものを超えて拡がっていき、人類、生命そのもの、精神、宇宙といったより広い側面を含むようになっていく体験のことである。……そして、このようなトランスパーソナルな体験及びそれに関連した諸現象についての心理学的研究を、トランスパーソナル心理学というのである」

この定義によれば、トランスパーソナルとは、要するに〝私〟のアイデンティティの果てし無い拡大。〝自分とは何か〟という感覚が、〝私は私〟という狭さから解き放たれて、他者、人類、地球上のあらゆる生命、さらには宇宙全体へと拡がっていく体験。あるいは、自分もまた、万物がその顕現であるところの〝空＝究極の一者〟の顕現である、ということを深く深く自覚する体験。

〝自分というもの〟のアイデンティティの果てし無い拡がりに伴って〝私は私〟という感覚が、〝ほかならぬこの私が人類の一部〟〝ほかならぬこの私が地球の生命の一部〟〝ほかならぬこの私の成長が、宇宙の自己進化の表現〟という感覚へと変容していく。

すると、地球の裏側の誰かの痛みや叫び声は、私と無関係な誰かの痛みや叫びではなく、同時にこの私自身の痛みであり叫びでもある、と感じられ始める。地球の傷みが、同時にこの私自身の痛みとして、感じられてくる。

私が自然を守る（エコロジー）のは、人類を守るためではない。私は自然であり、自然は私であるのだから、自然を守ることは、イコール私自身を守ること、となる。

〝人類全体がしあわせにならないうちは〟どころではない。大自然、地球生命圏、さらには宇宙そのものの〝しあわせ〟を〝私のしあわせ〟と同一視する感覚。それを、単なる抽象的な理念や思想のレヴェルではない、〝体験〟のレヴェルで実感できる感覚の変容。

そんな〝感覚の変容〟を体験するのが、トランスパーソナルな体験、というわけです。

また、興味深いのは、ウォルシュとヴォーンがこれに続いて、トランスパーソナル精神医学、トランスパーソナル人類学、トランスパーソナル社会学、トランスパーソナル・エコロジー（生態学）などの定義を記し、さらにこれらを包括し統合する学際的な動向として、〝トランスパーソナル・ムーヴメント〟の存在を指摘していることです。また、このムーヴメントは学問ばかりでなく、心理療法やカウンセリング、代替医療の実践家や体験者、ミュージックやアート、ヒーリング、地球環境問題や難民救済などのボランティア、スピリチュアルな瞑想や宗教的実践など、実に幅広い実践活動に波及しています。私が会長を務める日本トランスパーソナル学会も、いわゆる学者中心ではなく、一般の主婦やビジネスマンを中心に、セラピストやカウンセラー、学校の教員、医師、看護婦、僧侶、司祭、占星術師、マスコミ関係など、実に多種多様な人々が会員になっています。

要するに、トランスパーソナルとは、現代人の生き方やこの社会の有り様に〝何かおかしい〟〝どこか違う〟と違和感を覚え始めた人々が、オルタナティブな（＝それに代わる）新たな生き方を探し求めていく、人々の実践の中から生まれた現代の大きな潮流。そして、その学問的な柱となるのが、トランスパーソナル心理学なのです。

スピリチュアリティを含む心理学

トランスパーソナル心理学の最大の特徴は、魂やスピリチュアリティの次元まで含んだほんとうの意味での全人的でホリスティックな人間存在を視野に入れた心理学である、ということです。私がこれまで聞いたさまざまな定義の中で、トランスパーソナル心理学についてのもっとも歯切れのよい定義は、次のようなものでした。

「トランスパーソナル心理学　＝　現代心理学　＋　スピリチュアリティ」

これまでの心理学と異なるトランスパーソナル心理学最大の特徴は、魂とかスピリチュアリティと言われる次元を心理学の枠内に取り込んだことにある、というわけです。

世界のさまざまなスピリチュアルな伝統——正統派キリスト教から、キリスト教神秘主義、イスラム教、ヒンズー教、チベット仏教、禅仏教、そしていわゆる未開民族の民族宗教に至るまで——には、私たちの〝こころ〟に関する重要な教えが豊かに蓄積されています。これまでの心理学は、その科学としての体裁を守るために、これらスピリチュアルな伝統とは距離をとってきました。しかし、心理学が〝こころの科学〟である以上、スピリチュアリティの問題から逃れていては、中途半端なものにならざるをえません。

私たちが心の問題に関心を持つ時、その問いの矛先はしばしば、自分自身に向けられます。〝私とは、何者か〟〝ほんとうの自分は、どんな自分か〟といった問いがそれです。しかし、従来の心理学がこれまでそれらの問いに出してきた答え――自我とエスと超自我である（フロイト）とか、セルフである（ユング）といった答え――は決して、私たちにじゅうぶんな納得の感覚を与えてはくれません。

トランスパーソナル心理学は、多くの若者がその答えを求めて心理学に発する問い――〝私は何者か〟〝ほんとうの自分は誰か〟といった問い――に、どこまでも応えようとする心理学です。そしてそのために、古今東西のさまざまなスピリチュアルな伝統を含みこむのです。しかももちろん、現代心理学の持つ科学的方法論も捨てることなしに、です。

トランスパーソナル心理学は、特定の宗教にその答えを求めたり、ましてや、さまざまな宗教のモザイク的な折衷によって答えを出そうとはしません。むしろ、人間の宗教的な本性、〝私たちがこの世に生まれてきたこととの究極の意味〟を求めないではいられない〝聖なる衝動〟を抱えた人間本性に着目しようとします。トランスパーソナル心理学が、宗教性という言葉を使わず、スピリチュアリティという耳慣れない言葉をあえて使うのも、そのためです。特定の〝形〟をとった宗教にではなく、この宇宙、この大自然、そして私たち自身の内部にあまねく働く〝いのちの働き〟そのものに着目するのです。

「宗教からスピリチュアリティへ」、つまり、特定の宗教を信仰する気にはなれないが、人間を越えた何らかの働き、〝見えない世界〟は重要視する、というこの動向は、特にアメリカを中心に欧米諸国で顕著なものであり、デーヴィッド・エルキンスはそれを〝スピリチュアル・レボリューション〟と呼んでいます。トランスパーソナル心理学はこの〝スピリチュアル・レボリューション〟の理論的支柱となる学問体系なのです。

いずれにせよ、これまでの心理学がじゅうぶんに考慮に入れなかったスピリチュアリティや魂（ソウル）といった次元を中心に据え、ほんとうの意味で全人的、ホリスティックな人間存在を扱うのが、トランスパーソナル心理学であると言えます。

トランスパーソナル心理学ではこうして、科学的合理主義全盛の近代にあってずっと無視されてきた〝見えない次元〟、魂やスピリチュアリティの復権を唱えます。この動きはやはり必然なのか、世界的な大潮流となりつつあるようです。たとえば、ＷＨＯ（世界保健機構）が〝健康〟を「身体的精神的社会的かつ、スピリチュアルに完全な一つの幸福のダイナミカルな状態」と定義し直そうとする動きがその最も大きなものの一つでしょう。〝見えない次元の復権〟が、今、世界規模で生じようとしています。

トランスパーソナル心理学は、どういった経緯で生まれたか

次に、トランスパーソナル心理学誕生の経緯について説明しておきましょう。

まず押さえておくべきは、トランスパーソナル心理学は、この本の前半で紹介した人間性心理学（ヒューマニスティック・サイコロジー）――アブラハム・マズロー、カール・ロジャーズ、ユージン・ジェンドリンらの心理学――がみずからの限界を乗り越える試みの中から、それ自体を批判的に補完する形で生まれてきたものだ、ということです。

人間性心理学は、行動主義心理学（第一勢力）と精神分析（第二勢力）を批判的に補完する形で生まれてきました。行動主義心理学はその客観性においては優れているものの、人間の内面世界についての理解が弱い。精神分析は人間の深層への理解は深いが、あまりにも病的な側面に偏りすぎている。これでは、人間として、その本来の可能性をじゅうぶんに発揮しながら生きている人（自己実現している人）の心理を理解することはできない。そこから、そのような自己実現している人の内面を理解するのにじゅうぶんな射程を持った心理学を構想するために、人間性心理学は生まれてきたのです。

トランスパーソナル心理学は、さらに、こうして誕生した心理学第三勢力（人間性心理学）を補完する形で生まれてきた心理学、その意味で〝心理学第四勢力〟と呼ばれている心理学なのです。（時折、勘違いされる方がおられて、第四勢力のほうが第三勢力より上なのだろうと考えて、「私はトランスパーソナルをさらに超えた第五勢力の創始者だ」などと吹聴する自己愛に満ち満ちた方が登場されます。第〇勢力と呼ばれるときの数字が大きいほうが上だ、などということはまったくありません。むしろ、心理学の世界では、第一と第二、つまり、行動主義と精神分析が、今も昔も変わらず、巨大な帝国を築き上げています。それに比べると、第三、第四勢力、すなわち、私が専門とする人間性／トランスパーソナル心理学は、残念ながら、まだ少数派です。学会の会員数を見ても、アカデミックな世界での権威付けとしても、まだまだ弱小勢力です。頑張らなくては！）

このように考えると、人間性心理学をぬきにして、トランスパーソナル心理学は存在しえないことがわかります。人間性心理学の限界を超えるものとしてトランスパーソナル心理学を理解しないと、そのよさもじゅうぶんに理解できないのです。したがって私は、両者はひと続きに〝人間性／トランスパーソナル心理学〟として理解されるべきだ、と考えています（実際米国では、この呼称がしばしば使われますし、トランスパーソナル心理学の重要な論文の多くが、人間性心理学会の学会誌に掲載されています）。

では、人間性心理学の内部からどのようにしてトランスパーソナル心理学は生まれてきたのでしょうか。それを理解する上でキーパーソンとなるのは、マズローです。既に紹介したように、マズローこそ、人間性心理学の基礎を築いた人物なのですが、そのマズロー本人が晩年にトランスパーソナル心理学を創始した人でもあるからです。

マズローはなぜ、みずからが創始した人間性心理学を越え出ていったのでしょう。

彼の中心となる研究テーマの一つは、「自己実現している人」の特徴の研究にありました。「自己実現している人」の特徴として、マズローは次のような点をあげています。

孤独やプライバシーを好み欠乏や不運に対して超然としていること。文化や環境からの自律性。人生の基本的なことをいつも新鮮かつ無邪気に楽しめること。しばしば神秘体験や至高体験（この上なく幸福な体験）をしていること。人類全体への共感や同情。深い人間関係。民主的性格。手段と目的の区別。悪意のないユーモアのセンス。創造性。確固とした価値体系を持っていること。現実の知覚。自己中心的でなく問題中心的であること。自己や他者や自然に対する受容的態度。自発的な行動などなど……。

こうして、〝自分の持っている可能性を最大限に発揮した人間〟すなわち自己実現している人の研究を続けたマズローは、その自然な成り行きとして、次第に、〝では、人間がその成長を極限まで追求するとどうなるのか〟という問題に関心を抱くようになっていきます。その方向での研究の一つが、「至高体験」（ピーク・エクスペリエンス）、すなわち、〝もうこれ以上はない、という人生における最も幸福な体験〟についての研究です。

この「至高体験」の研究の中で、単に自分の可能性を発揮している、というだけではすまない、そうした個人性を越え出て、人間が人間として体験できるギリギリの究極的真実に触れたような体験を持った人と多く出会ったことは、自然の道理です。また、人間性心理学を基盤としたワークショップのメッカ、エサリン研究所などを通して、禅、ヨーガ、道教、スーフィズムなどの東洋宗教やシャーマニズムと出会うようにもなりました。こうしたことがきっかけとなって、マズローは次第に、「自己超越」の問題に関心を抱くようになります。「自己実現」の問題の追求を深めていくうちに、単に「自分の可能性の実現」という状態を超えた「自己超越」の問題に関心がシフトしていったわけです。

こうして、マズローの心理学は次第に、一般に言われる客観的な心理学とは異なった、人間を超えた哲学や価値の体験を含む心理学となっていきます。晩年に書かれた『存在の心理学に向けて』

(*Toward a Psychology of Being*, Van Nostrand, 1968) ではついに次のように書くに至っています。

「第四の心理学、それは、トランスパーソナル(超個的)で、トランスヒューマン(超人間的)な心理学。人間性やアイデンティティや自己実現などを超えていく心理学。人間の欲求や関心よりも、むしろ、宇宙そのものに中心を置く心理学である」

このようなマズローの研究テーマの移り変わりは、私には、とても自然なもののように思えます。マズローという人は、とても真っ直ぐな探究心を持った人だったのでしょう。〝人間のほんとうの生き方・在り方とは何か〟〝人間が、その本来の可能性を実現し尽くして、みずからの成長を極限まで追求していくと、いったい、どこにたどりつくのか〟きわめてシンプルでストレートなこうした問題関心を抱いたマズローは、それをそのまま純粋に、真っ直ぐに探究していったのだと思います。そしてその結果、自分の考えが、自分が過去に考え出した〝自己実現〟理論の枠に収まりきれなくなり、その枠を突き抜けて、〝自己超越〟〝トランスパーソナル〟〝宇宙に中心を置く心理学〟というところまで、ゆきついていったのです。

心理学第三勢力、すなわち人間性心理学の中心人物であったマズローのこうした変化に呼応して、学会誌『人間性心理学研究』の編集を務めていたスティッチら、現在、トランスパーソナル心理学研究所(ITP)が軒をかまえるカリフォルニアのパロアルトを中心に活躍していたグループが、まず人間性心理学の内部で、自我を超えた体験に関心を持つ研究集団をつくっていきます。そしてマズローと、後にトランスパーソナル心理学の主役の一人となるスタニスラフ・グロフらの話し合いによって、この新たな心理学の動向に、〝トランスパーソナル〟という名前を付けられました。二人はこの言葉に、〝パーソナリティを超える〟という意味を託していたようです。

それまでも、ユング、アサジオリ、ジェイムズといった人たちがそれぞれ別個に、内容的には後のトランスパーソナル心理学につながるような、自己超越的な体験に関する研究を独力でおこなってはいましたが、体系的な概念や理論を構築していたわけではありませんでした。したがってやはり、一九六〇年代の終わりに持たれたマズローとグロフのこの話し合いによって、トランスパーソナル心理学は始まったと言っていいと思います。

そして、一九六九年に、前出のマズロー、スティッチ、グロフを中心とし、メダルト・ボス、ビクトール・フランクル、ロベルト・アサジオリ、アーサー・ケストラー、アラン・ワッツなどの賛同を得て、米国トランスパーソナル心理学会が創設されたのです。

そして、学会創設の翌年、一九七〇年にマズローは心臓発作のため急逝します。もし、彼の死があと一年早くやってきていたら――。トランスパーソナル心理学はこの世に誕生していなかったかもしれません。おそらくマズローにとって、トランスパーソナル心理学創設は、彼のいのちに与えられた〝最後の使命〟だったのでしょう。

体験が要請した心理学

トランスパーソナル心理学は、心理療法や心理学のワークショップ、禅などの修行や瞑想などで、それを体験した一般の人々が示したさまざまな〝超正常〟な体験の意義を探究する必要に迫られて生まれた心理学です。また、臨死体験や体外離脱の体験などで得られる通常の意識とは異なった意識状態、すなわち、〝変性意識状態〟を重要視し、この状態が持つ人間成長上の意義を重く見る心理学でもあります。

このことには、カリフォルニア、ビッグサーというハネムーンのメッカにもなっている美しい海岸に拠をかまえるエサリン研究所を中心に展開されたヒューマン・ポテンシャル・ムーブメント（人間の潜在的な可能性解放運動）の影響も小さくありません。

この運動が展開された一九六〇年代後半のアメリカは、人種差別やヴェトナム戦争に象徴された〝アメリカン・ドリームの嘘〟に対する反発から、学生運動、大学のバリケード封鎖、ヴェトナム反戦運動、黒人の公民権運動、街頭デモなどが次々とひきおこされていった時代のただ中にありました。また、禁欲的な勤勉を建前としたピューリタニズムへの反発から、エクスタシーを求めてフリーセックスやドラッグが大流行していました。

そんな中、心理学の分野でも、特にカリフォルニアを中心として、単に専門家だけでなく、多くの一般市民が参加する形で、さまざまな心理学の技法を使い、硬直したからだと心を解放していく運動が盛んになっていました。これがヒューマン・ポテンシャル・ムーブメントです。マズローやロジャーズの人間性心理学がその理論的な支えとなり、さまざまなワークショップが開かれ、多くの人々が解放感を獲得していったのです。

そうしたワークショップの中で、参加者たちは、エクスタシー、至高体験、神秘体験、超越体験など、心理学者のほうでも予測しえなかったさまざまな体験を示していきました。しかもそうした、一般には「ふつうでない」とみなされてきた体験をしたからといって狂気に陥るわけでなく、むしろ深い心の成長をもたらすと思える臨床的事実が次々と観察されていったのです。さらにそれは、決して稀にでなく、頻繁に観察されたので、ある程度一般化しうる体験であると考えてよいように思われました。そのため、そうした現象を目の当たりにした心理学者たちも、これまでの心理学の枠には納まりきれないそうした言わば〝超正常〟な体験の意味を探る新たな学問領域をつくる必要に迫られたのです。

この必要に応じてつくられたのがトランスパーソナル心理学です。従来の心理学の枠を超えたさまざまな〝超正常な〟体験に対する人々の関心の高まりが先にあり、「こんなに多くの人の関心を集める現象があるならば、それを研究対象とする学問も必要なはずだ」という順序で生まれてきた心理学なのです。

また、同じ時期、既成のキリスト教に反発をおぼえたアメリカの若者の多くは、その代案を東洋宗教に求めていきました。禅、ヨーガ、チベット仏教、テラヴァーダ（上座部）仏教、道教、イスラム神秘主義の一つスーフィズムなどが大流行し、ここでも若者たちは今まで体験したことのない、意識状態を体験していきました。さらに、人類学者カルロス・カスタネダがメキシコのヤキ・

インディアンの呪術師ドン・ファンに入門した体験を著作にあらわし圧倒的な人気を得たことから、シャーマニズムが再評価され、トランスパーソナル心理学への要請も強くなっていったのです。

トランスパーソナル心理学の研究が進んでいくうち、さまざまな心理学のワークショップ（集団による体験学習）や、東洋宗教の修行、瞑想、シャーマニズムなどで体験される〝超正常〟な意識状態の体験、すなわち〝覚醒体験〟〝神秘体験〟〝宇宙意識〟などと呼ばれるそれらの体験は、私たちの日常的な意識体験と同じ土俵で扱ってはその意味が理解できないものであること、それらの体験の意味をほんとうに理解するにはそれぞれの意識状態に応じた科学（＝状態特定科学）が必要であることが、次第に明らかになってきました。こうした日常とは異なった意識状態は、トランスパーソナル心理学では〝変性意識状態（オルタードード・ステイツ・オブ・コンシャスネス）〟と呼ばれ、チャールズ・タートらによって中心的な研究課題として追求されていきました。

変性意識状態には、朝寝ぼけてボケーッしている状態から、ほろ酔い状態、瞑想体験、心理療法での気づき体験、宗教的な覚醒体験、神秘体験、宇宙との一体感の獲得、そしてさらには、体外離脱の体験や臨死体験、過去生や生まれ変わりの体験など、実に幅広い体験が含まれますが、いずれもトランスパーソナル心理学の重要な研究対象となっています。注目すべきは、これらの変性意識状態の体験が大きな癒しや意識の変容をもたらしてくれる、とみなされていること。たとえば、臨死体験の体験者の人生観、世界観がどのように変化したかを調査したケネス・リングによれば、臨死体験者は、他人の視線を気にする気持ちや有名になりたいという願望、物質的な成功を収めたいという現世的な欲求が著しく減少し、代わりに、充実した人生を送れるようになった、自然の美しさを感じられるようになった、他者への思いやりや寛容さが増したといった報告がなされています。

こうして、心理療法やカウンセリングにおける意識変容から、人生観が一八〇度ひっくり返る宗教的な回心の体験、さらには臨死体験や過去世体験に至るさまざまな〝変性意識状態〟に多くの人々が関心を抱き、知的関心が増大すると共に実際にそれを体験した人々も急激に増えつつあること、しかもそれらの体験は取扱い方さえ間違わなければ大きな成長をもたらしうる意義深い体験であることなどから、ますますトランスパーソナル心理学は注目を浴びるようになりました。

ここで、注意しておかなくてはならないのは、このような特殊な体験はあくまで特殊な体験にしかすぎないということです。たとえば、ワークショップの場で、どんなに素晴らしい宇宙との一体感を獲得したとしても、日常生活は何にも変わらないことも多いとわかってきたのです。宗教の修行においてすばらしい〝悟り〟の体験を得たと自他ともに認める人が、日常生活では神経症に悩んだり、周囲の人との人間関係に苦しめられ続けたりしていることがあるのと、同じことです。

むしろ、地に足をつけた普通の人が、毎日の生活の中で〝個を超えて働いている力〟をどういかし、心を豊かにしていくか。そちらのほうが、特殊な体験よりずっと大切だという認識が共有され始めています。またそれに伴って、トランスパーソナル心理学も、落ち着きのある成熟した心理学になりつつあります。

スピリチュアル・イマージェンス＝精神性の出現

トランスパーソナル心理学では、一般常識からすれば理解不可能な不思議な体験や外から見れば精神病のように見える状態も、実は深い魂の成長（スピリチュアル・イマージェンス＝精神性の出現）の兆候である場合がある、と考えます。

トランスパーソナル心理学の創設時から中心的な役割を果たしたスタニスラフ・グロフとその妻クリスティーナは、ある人があまりに急激なスピリチュアルな成長の途上にある場合、本にも得体の知れない不思議な体験——神秘体験、自然や宇宙と一体になる体験、過去生の体験、神秘的なヴィジョンを見る体験、憑依、チャネリング（霊的交信）、ＵＦＯとの遭遇の体験、臨死体験、自分ではコントロールできない強烈なエネルギーがからだ中を流れる体験（ヨーガで言うクンダリーニの覚醒）など——に突然襲われることがあることに気づきました。そしてこれを〝スピリチュアリティの突如とした発現〟という意味でスピリチュアル・イマージェンス、それによって本人を襲う〝精神的な危機や混乱〟という意味でスピリチュアル・イマージェンシーと名付けたのです。

このような、自分でもわけのわからない不思議な体験をして混乱し、しかし人に言っても笑われるだけなので、誰にも言えずに胸にしまったままでいる。そんな人は、けっこうまわりにいるものです。私が授業や講演などで、スピリチュアル・イマージェンシーの話をすると、後で必ず「先生、実は私も……」という人が出てきますから。

スピリチュアリティの発現、という意味で、この体験は望ましいものでさえあります。しかし本人としては、自分でもどうしてよいかわからず混乱し、場合によっては、日常生活に支障をきたすこともあります。また、あまりに苦しいので周囲の人にうちあけたところ、その人もどうしてよいかわからないから精神病院につれていき、精神病と診断されてクスリ漬けにされ、そうしているうちほんとうに発病してしまった、という悲劇的なケースもあります。たとえば、ある女性は、日没時にビーチを一人で歩いていたところ、突然美しい光を見て、宇宙との一体感を感じ、恍惚としたまま帰宅し、興奮しながらその話を家族にしたところ、どうしていいか困った家族に精神病院につれていかれて、以降、クスリ漬けと入退院のくり返しの毎日が続いたというのです。

こうした体験をした人に必要なのは、その人の話をありのままに聞いてくれる人の存在です。実は、クリスティナ自身がこうした危機の体験者で、夫のグロフの助力によってそれを克服した体験の持ち主。そこでグロフ夫妻は、こうした体験をした人々を支えるネットワーク組織、SEN（スピリチュアル・イマージェンス・ネットワーク）を開設、専門家や体験者によるサポート・システムを立ち上げています。

グロフ

こうした活動を反映してか、一九九四年に改訂されたばかりのアメリカ精神医学会の新診断基準DSMⅣ――では〝スピリチュアルないし宗教的な体験〟という新しい診断の枠組みが設けられています。現在、SENは日本でも向後善之さんを中心に活動を展開しています。〝精神病と誤診される神秘体験〃があるのと同様に、〃神秘体験を伴った精神病者〃も存在するわけで、かなり慎重な対応が望まれます。

＊トランスパーソナル心理学について、さらに学びを深められたい方は、拙著『トランスパーソナル心理学入門』（講談社現代新書）をお読みいただいたり、ホームページ（http://morotomi.net/）をご覧いただき、私が講師を務めている「気づきと学びの心理学研究会　アウエアネス」のワークショップ（体験型の学習会）にご参加ください。また、一般の方々にも開かれた学会である、日本トランスパーソナル学会（http://transpersonal.jp/）は、私が会長を務めている学会です。

第15章　ケン・ウイルバーにおける「人間のこころの究極の成長モデル」

この章では、トランスパーソナル心理学の最大の思想家であるケン・ウイルバーにおいて、人間のこころの成長はどのように考えられているか、お話ししたいと思います。

「究極のこころの成長」を目指して

魂やスピリチュアリティの次元を含み入れることによって、トランスパーソナル心理学は、これまでの心理学では説明できない範囲のこころの成長まで射程に入れることができるようになりました。従来の心理学では自己実現や〝自我の確立〟、すなわち、しっかりと自分を持って、理性的に判断し、自分の感情をコントロールできる〝成熟した人格〟になることがしばしば目標とされてきましたが、トランスパーソナル心理学では、さらにそれを越えたこころの成長を描くことができるようになったのです。

「究極のこころの状態」には、いわゆる〝悟り〟のような体験も含まれます。それは、アイデンティティ（自己意識）の変容、拡張が極限まで徹底された体験です。

ウイルバーによればそれは、東西の神秘思想が説く、神、ブラフマン、永遠、無限、空《くう》、無、存在、宇宙といったさまざまな絶対者と人間とが一つであるような究極のレヴェルまで進みます。そして、〝空即是色《くうそくぜしき》〟とか〝一即多〟と言われるように、こうした〝究極の一者《いっしゃ》〟が、この世では多種多様な万物として顕現しているならば、私は空であると同時に、彼でもあり、あなたでもあり、鳥でもあり、魚でもあり、ゴキブリでもある。そうした時空を越えた意識状態に達していくはずです。

トランスパーソナル心理学はこのような、人間のこころの成長の極限に関心を注ぎ続けてきたのです。

プレパーソナルからパーソナル、そしてトランスパーソナルへ

ところで、トランスパーソナル心理学における〝こころの成長理論〟を理解する上で欠くことができないのが、ケン・ウイルバーが提示した〝プレパーソナル→パーソナル→トランスパーソナル〟という概念図式です。まずこの三つの言葉の区別から始めましょう。

プレパーソナル、パーソナル、トランスパーソナルは、ウイルバーが定めた〝人間の心ないし意識の三つの水準〟です。大まかに言えば、プレパーソナルとは、個としての〝自分〟を確立する以前の状態。パーソナルとは、個としての〝自分〟を確立した状態。そしてトランスパーソナルとは、個としての〝自分〟を確立した後、さらにそれを超えていく状態。

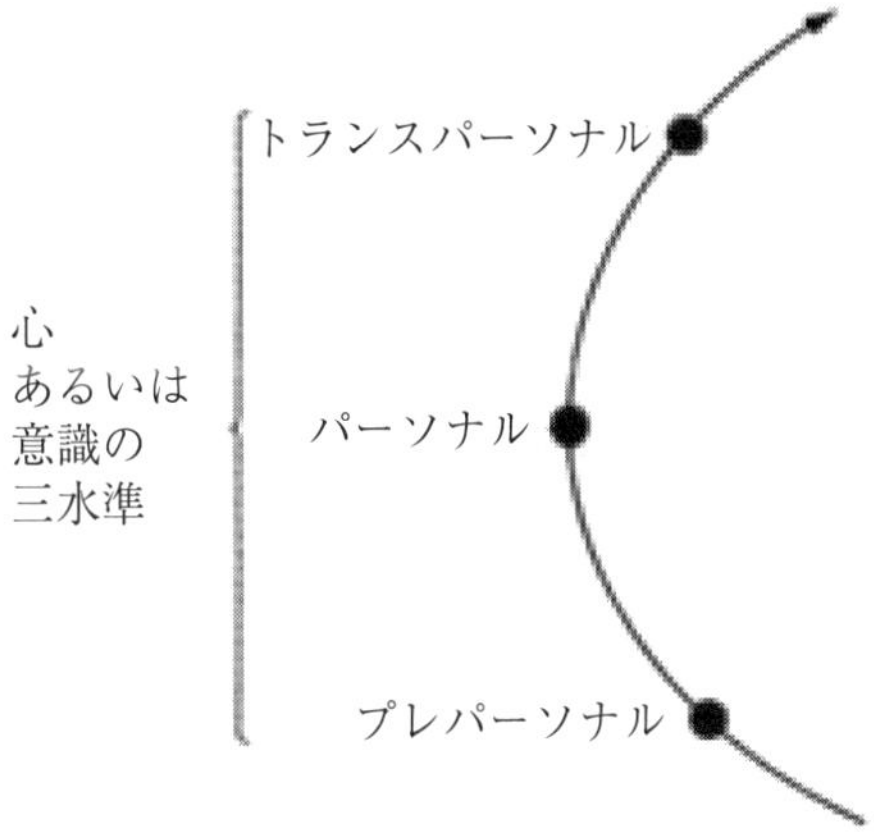

図４．ウィルバーの概念図式

ウイルバーは、この三つの意識水準を区別した上で、人間のこころの成長は、プレパーソナルを〝含んで超えて〟パーソナルへ、そしてパーソナルを〝含んで超えて〟トランスパーソナルへ、という順序で、（あたかも梯子を昇っていくように）一段一段垂直的に成長・発達していくと考えます。ウイルバーの理論が、階梯パラダイムとか、構造―階層パラダイムと言われるゆえんです。（図４参照）

この成長モデルのポイントは二つあります。

一つはやはり、自我の確立（フロイト派）や自己実現（人間性心理学）を超えた（トランスパーソナルな）状態を想定していることでしょう。

ウイルバーの描く自己成長モデルの頂点は、さまざまな宗教の伝統において、神、ブラフマン、無、空、永遠、無限、存在などと呼ばれてきた絶対の一者とひとつになる究極の意識状態です。ウイルバーをはじめとするトランスパーソナル心理学者は、これらさまざまな宗教的伝統の修行者が最終的に到達する究極の意識は、呼び名こそ異なるものの実質はほぼ共通していると考え、そこに着目するのです。

このトランスパーソナルという段階の設定によって、ウイルバーは、幼児から青年、そして大人へ、という従来の発達心理学が考察してきたプロセスに加えて、既に個としての自分を確立した大人が、さらなる自己実現を続け、実存的不安を乗り越えて、ついに究極の意識状態に至る（パーソナル→トランスパーソナル）というプロセス、すなわち、幼児の未分化な意識状態から自己を確立した大人の意識状態を経て覚りに至るまでのプロセスを一続きの連続した自己成長理論として捉えたことになります。これは、少なくとも本格的には、はじめての試みでしょう。

つまりそれは、〝誕生から覚りまで〟を連続的に捉えた自己成長理論です。

従来の心理学はせいぜい〝成熟した自我〟の確立を目的としたものでした。つまり、子ども時代の未熟な心理状態から脱して、しっかりと自分を持って、理性的に判断し、自分の感情をコントロールできるようになる、という〝成長のプロセス〟をたどっていくのが心理学の役割だという暗黙の前提があったように思います。

トランスパーソナル心理学はこれを越えて、可能性としては誰でもが、そのエゴイズムとナルシシズムを超えて、究極の覚りに至りうる理論モデルを示したのです。

二つめのポイントは、トランスパーソナルとプレパーソナルの区別にあります。

主著の一つ『アートマン・プロジェクト』（吉福伸逸ほか訳　春秋社）執筆作業中のこと（一九八〇年）、ウイルバーは最初、この著作をゲーテやシェリングに由来する〝生ける自然〟や〝有機的生命力〟の目的論的展開を説くロマン主義の立場に立って、その伝統にならい、子どもを神と一体化した天国状態にあるとみなす前提で書いていくつもりでいました。

しかし、ウイルバーはここで、ある難問に直面します。すなわち、もし子どもであることが神と一体化した状態であるならば、たとえば赤ん坊の自他の区別すらつかない未分化な意識状態と、宇宙と自分の境界すらなくなった究極の意識状態や、すべての形あるものへの捕らわれから自由になった悟りの状態とを同じとみなしていいものかどうか、という疑問が生まれてきたのです。

この問題は、これまでの宗教的伝統においても未解決の問題でした。たとえば、禅に「悟りとは、赤ん坊のようになることじゃ」という表現があり、聖書にも「幼な児のようにならなくては、天国に入ることはできない」という言葉があるように、赤ん坊の自他未分化な意識状態と、悟りの状態、〝無境界〟の意識状態とはしばしば同一視されてきたのです。

ウイルバーはこの問題を〝絶望的な混乱〟に陥るほど考え抜き悩み抜いたと言います。そしてその結果、トランスパーソナルとプレパーソナルの区別、という着想に至ったのです。すなわち、一方での赤ん坊の未分化な意識状態と、もう一方での、心の成長の極限に到達する無境界、無分別の意識状態。たしかにいずれも〝非自我的体験〟であり〝非合理的体験〟であるという点では一致していますが、赤ん坊の意識は、単なる物質世界との融合の状態であり、そこには自我や理性はもちろん、ソウルもスピリットも含まれていません。赤ん坊も覚った人も自我や理性にとら

ケン・ウィルバー近影
（Courtesy of Integral Institute）

われていない、という点では同じですが、覚った人は自我や理性を放棄したわけではないので、必要に応じてそれを使うこともできる。ここに、両者の決定的な違いがある、とウイルバーは考えたのです。つまり、自我を確立し理性を持つに至った大人が、それを含んで超える形で到達した意識状態と、まだ自我も理性も持っていない赤ん坊の意識とは、まったく異なるという結論に達したのです。こうしてウイルバーは、パーソナル（自我と理性）の段階の前と後、という意味で、プレパーソナルとトランスパーソナルとを区別して使うようになったのです。

この「プレ」と「トランス」の区別は、きわめて大きな意義を持っています。たとえば、正常な大人の神秘体験と、精神病者の体験の区別。どちらもやはり〃非自我的体験〃であり〃非合理的体験〃であるという点では共通しているものの、人間の自己成長にとっての意味は、まったく異なっています。後者は、健全な自我と理性を持ちたくても持てなくなる体験であり、プレパーソナルの体験と言えますが、前者は、自我と理性を持った大人がさらにそれを超えてたどり着いた状態であり、トランスパーソナルな体験と言えるのです。

上昇の道

トランスパーソナル心理学最大の理論家、ケン・ウイルバーは、プレパーソナル、パーソナル、トランスパーソナルというこの概念の識別に基づいて、人間のこころの究極の成長モデルを構想していきます。重要なのは、彼がその大著『進化の構造』（1・2　松永太郎訳　春秋社）において、

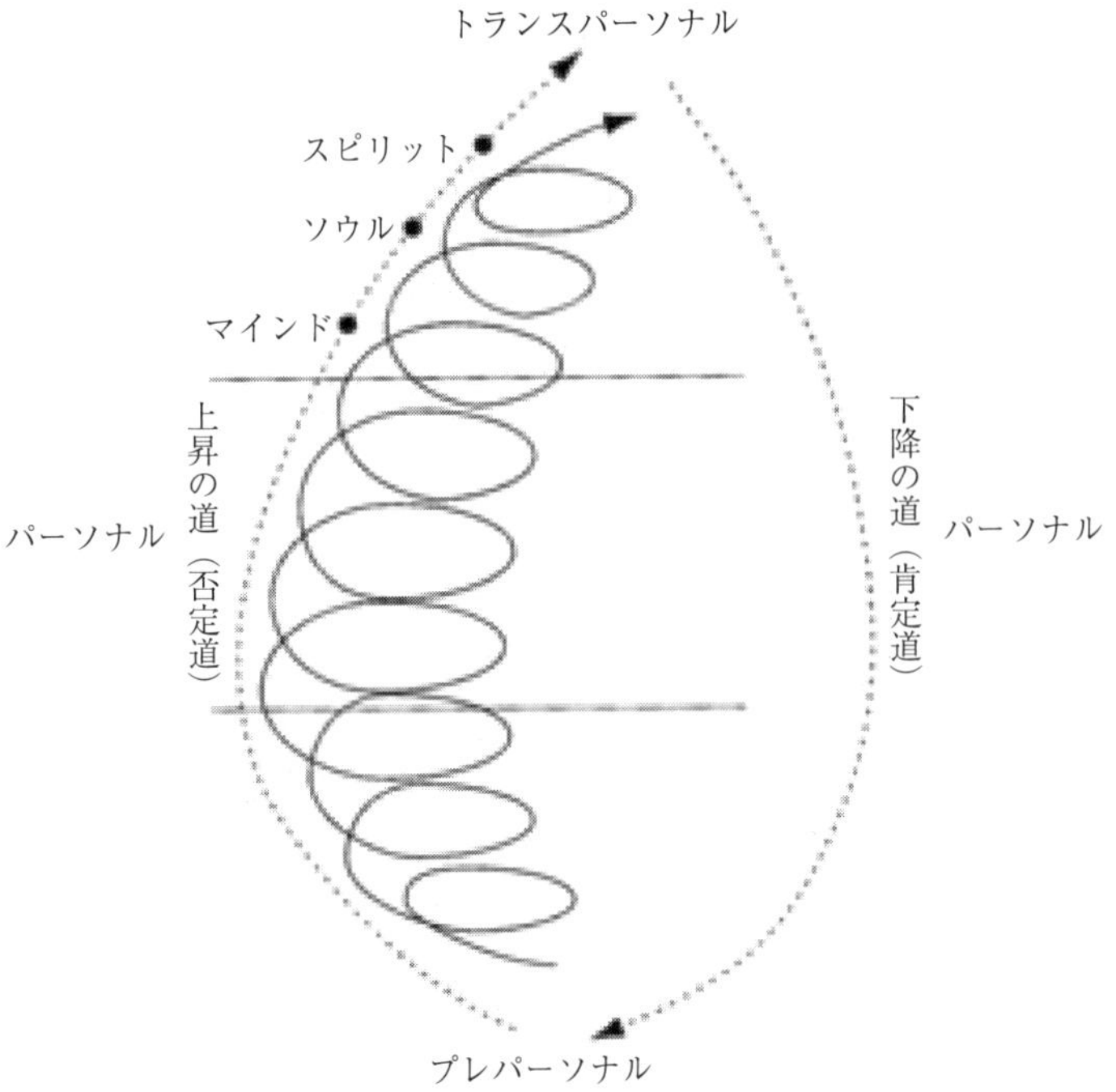

図5．ウィルバーの意識変容論

〝プレパーソナル→パーソナル→トランスパーソナル〟という、いわば究極の悟りを目指していく〝上昇の道〟ばかりでなく、いったん究極の意識に目覚めた後、日常的な世界に降りてくるプロセス、すなわち〝トランスパーソナル→パーソナル〟という〝下降の道〟もかなり詳しく論じていることです。つまり彼は、人間のこころの完全な成長を、上昇と下降、往道《おうどう》と還道《かんどう》の往還論として示しているのです（図5参照のこと）。

　上昇の道については先程から説明していますが若干補足すると、ウイルバーはトランスパーソナルなレヴェルの内部に、マインド（心）の段階（＝心霊の段階）、ソウル（魂）の段階（＝微細の段階）、スピリット（精神／霊）の段階（＝元因《げんいん》の段階）という三つの下位段階を設定しています。マインドの段階を〝含んで超える〟仕方でソウルの段階へ、ソウルの段階を〝含んで超える〟仕方でスピリットの段階へ、と上昇していくのです。

いわゆる超常現象や神秘体験、時間や空間の制約を超えた体験――体外離脱体験、ＥＳＰ、透視、念力、テレパシー、過去生体験、先祖との同一化、タイムトラベルなど――はこの中では一番下のマインドの段階に位置づけられています。前にお話ししたスピリチュアル・イマージェンシー（魂の危機）もここに入ります。トランスパーソナル心理学者の中にも、グロフのようにこの段階を非常に重要視する人もいますが、ウイルバーは「これらの現象がすべて実際に存在するかどうかは、われわれにとって重要な関心事ではない」（吉福伸逸・菅靖彦訳『意識のスペクトル１・２』春秋社）と述べているほどで、それほど積極的ではありません。禅では、これらの体験を〝魔境〟と呼び、覚りの妨げになるものとして、坐禅中にそれが現れてもとりあわずに、できるだけ早く通り過ぎるよう戒めていますが、ウイルバーは、一応その存在価値をきちんと認めておく姿勢は保っています。

いずれにせよ、ウイルバーの関心は専ら、そうしたすべてのプロセスを突き抜けた末に到達する上昇の道の頂点、そこで体験する究極の境地に向けられています。ウイルバーによればそれは、東西の神秘思想によって空、無、神、ブラフマン、無限、永遠、宇宙などと呼ばれてきた絶対者との合一体験ないしはそれらとの境界さえ消え去る〝無境界〟の状態。一切の形にとらわれない純粋な目覚めの状態。しかもその形のない空がそのまま形あるこの世界と一つであるという真理への覚醒。西田哲学で言う絶対矛盾の自己同一。『般若心経《はんにゃしんぎょう》』で言う〝色即是空《しきそくぜくう》〟〝空即是色〟の世界。それは、まさに私たちの死の瞬間に、粗い肉体から脱け出した意識が微細になっていく体験にも似た体験です。

下降の道

こうして上昇の道を昇りつめ、その極限において究極の真実＝〝完全なる空〟に目覚めた後、人は日常世界への下降の道をたどり始める、とウイルバーは考えます。一言で言えば、上昇の道＝〝色即是空〟から下降の道＝〝空即是色〟への転換が生じる、と言うのです。

上昇の道、すなわち〝色即是空〟について、ウイルバーは次のように言います。

「現象の世界において、確固とした実体に見えるものは、実はうつろいやすく、実質を欠いている。それは金剛経にも言うように、『泡、夢、影に似たもの』である」（進化の構造・1』前掲書）

こうして、上昇の道の頂点において、この世の一切の形あるもの（色）は、実は空であったことを知ると、この認識は次に、その〝空〟は実は、その完全な姿で、この世の一切（色）に顕現していること、つまり〝空即是色〟へと転換し、下降の道をたどり始めます。完全なる空は、「すべての、そしてそれぞれの存在に平等に現れているから、万物は、その慈悲と思いやりにおいてまったく平等に扱われる。これは何か、上から下へと見下ろすような意味において言っているのではない。そうではなく、それぞれの存在はまったくあるがままで、スピリットの完全な顕現だからである」（『進化の構造』2）。

つまりこの世界のすべては、ただそのままで〝究極の一者であるスピリット＝空〟がその姿を現したものである。したがって、この世のすべては、ただそのままで、つねに既に空の顕現として、すべて平等に、大切に扱われなくてはならない、というのです。

このように、ウイルバーの説く下降の道は、この世の一切、万物の多様性を、そのあるがまま、そのままの姿で〝スピリット＝空の顕現〟として受入れ、肯定する道です。それは、まさに〝肯定道〟にほかなりません。

この世のすべてを空のうちに顕現し展開していくものとして肯定し、その豊かさを享受する在り方。これは、成熟した大人による、余裕ある、心豊かな生き方です。

上昇の道にある者は、ただひたすら、純粋に〝ほんとうの自分〟を探し求めて、それ以外のすべてをそうではない、これは違う、と切り捨て、否定しながら進んでいきます（否定道）。こちらは、余裕のない青年の在り方と言えるでしょう。私自身の青年期が文字通りこうであったと思います。

私はここで、上昇道より下降道のほうが優れているなどと言いたいわけではありません。ウイルバーの自己成長論の意義は、何よりもまず、何と言っても、人間のこころの上昇の道をその頂点に至るまで描ききったことにあります。

〝ほんとうの自分〟を、究極の真理を求めゆく旅を、どこまでも、妥協することなく、つきつめていく道。ただ批判だけをばらまき、自分では何もしない常識人気取りの人々や、毎日がただそれなりに楽しければいいという快楽主義者がはびこるこの平板な世の中（フラットランド）、最初から下降しきったこの世界で、こころの可能性を極限まで追い求めていく上昇の道を明確に示したことには計り知れないほど大きな意義があります。

しかし、ただひたすら上昇するばかりでは、私たちの心はバランスを失います。ただひたすら純粋に、まっすぐに、究極の真理を、空を目指して上昇の道を突き進むことの危険性を、私たちはオウム真理教の事件で目の当たりにしました。それは、自分の神秘体験を特別視し、それをもって何か特別な人間になったかのように勘違いし、他人を見下し、解脱《げだつ》に至っていない人間ならば滅ぼしてもいいかのような妄念を抱いたがゆえの悲惨な結末でした。

私たちにとって、いったん、上昇の道を昇りきり、究極の真理に目覚め、空を体験すること、何が究極かを体験的に知ることの意義は、計り知れないほど大きなものがあります。それは、私とは誰か、ほんとうの自分とは何者かという問いの答えをひっくり返してしまうような劇的な体験となることでしょう。この肉体に包まれた私は死んでも、ほんとうの自分は死なない。私という〝形〟は無くなっても、その本来の姿（空）に還っていくだけ。そんなふうに言い切れるような劇的な体験。私たちの死生観、私たちがこの世に生まれてきたことの意味が、一八〇度、転回してしまうような体験です。

しかし、いったんその究極の真理を、空を知った後は、下降の道を降りてゆき、この日常世界でしっかりと地に足をつけた生活をしながら日々を楽しむ態度を身につけることが、ほんとうの意味での心の成熟にとっては、何よりも大切になります。生きるエネルギーに満ちた子どもたちの笑顔。朝目覚めた時の小鳥のさえずり。地平線に消え往く夕日の美しさ。愛する人の優しさに触れた瞬間。こんがり焼けた一枚のトーストと一杯のコーヒー……。

この世界のすべてが実は、あの〝究極の一者＝空〟の顕現した姿であること（空即是色）。そのことを知った人であれば、この世界のどんなちっぽけな一つ一つのことにも、慈しみを感じ、魂を込めて生きていくことができるようになります。この世界の溢れんばかりの豊かさ、多様さをそのまま祝福し、抱きしめることができるようになるのです。そしてそんなふうに毎日を生きることが、こころの成長、魂の成熟にとってきわめて大切な意味を持っているのです。

最後に、一つだけ加えておくとすれば、日本の思想家で、この意識変容における上昇と下降の往還のプロセスを最も鮮やかに描いたのは、宗教哲学者井筒俊彦でしょう。

井筒は、瞑想修行における表層意識から深層意識への意識の深まりのプロセスが、その極限において到達する究極の地点を〝意識のゼロ・ポイント〟と呼びます。それは、自我意識が消滅した地点であると共に、言語による存在の分節化から解放された〝無分節態〟、存在そのものが顕現し、真理が開示される究極の地点です。そして、いったんここに到達するや、日常意識へと還りゆく還道を井筒は描きます。その還道において戻ってくる日常意識は、しかし、かつての日常意識と同じものではなく、分節と無分節とが同時に成立するような、質を新たにされた日常意識だと言うのです。

第16章　私を救った「いのちの目覚め」の体験

この章では、私自身の体験について話をさせていただきたいと思います。

あとでくわしくお話しますが、私は、中学校三年（十五歳）の春から大学三年（二十一歳）の秋まで、〝生きる意味〟の問題に苦しみ続けました。悩みに悩みぬき、自殺を企図したことも何度かあります。けれども大学三年の折り、ある劇的な体験――私の底に与えられた〝いのちの働き〟が〝いのちの働き〟それ自体に目覚める、という体験――をし、それによって救われた、ということがあります。しかし、その後も数年間にわたりこの問題に憑かれ続けてきました。

私事をくわしく話させていただくのはきわめて恥ずかしいことですが、この問題については、単に結論として辿りついた考えを抽象的に述べるだけではなしに、個人的な体験をお話しするのが、最も伝わりやすいだろうと考えました。

すべてがうまくいっていた私

まず、私の人生史を簡単にお話したいと思います。

私は、昭和三十八年に福岡の北九州に生まれました。父の仕事が落ちつかず、転職を五十回近くも重ねたこともあって、私たちの世代にしては珍しい位の貧乏。いつも借金に追われていて、小学生の頃、栄養失調で倒れたこともあります。家計の不安や絶えない夫婦喧嘩、さらに、生後まもなく幽門痙攣という腸の病気で死にそうになったことも影響したのか、不安が強く神経質で、小学校低学年の頃には場面緘黙《かんもく》といって、教室に入った途端、緊張のあまり一言も話せない有り様でした。からだもあまり強いほうではなく、今でもそうですがいつも風邪ばかりひいていて、疲れやすい体質です。

私は、今でこそかなりガッシリした体格でタフな印象を持たれがちですが、もともと性格は、かなり内向的で神経質。とくに人前で話すのが苦手で、人間関係でひどく疲れます。そのためか、「生きていくのって大変なだぁ、しんどいなぁ」などといつも思っていたのをおぼえています。これが、五歳から十歳頃までの、私の自画像です。

こういった基本的な資質は今でも変わっておらず、したがって、人との関係から解放され、自分の部屋や車の中で一人になれるとすごくホーッとします。だからこそ不登校の子どもやひきこもりの若者の気持ちがよくわかり、カウンセラーとしては役立っているところもあります。『孤独であるためのレッスン』（NHKブックス）とか、『孤独のちから』（海竜社）といった本を書いたのもこのあたりが関係していると思います。

しかし、こういったマイナス面を補って余りあったのがいかにも〝九州・博多の女性〟という感じの、母親のパワフルな愛情の力。その愛情エネルギーは圧倒的で、母の生き様は、どんなに貧乏でも希望を持ち前向きに生きる見本のようでした。おかげで私も、先述のような困難を抱えながらも、基本的には前向きにスクスク育ったと思っています。

また、小学校四年生の時に転校してからは、なぜか突然、クラスの人気者に。当時流行《はや》っていたフィンガー五のモノマネをしたこともあって、女の子からもモテモテでした。

いいことがあり、自己イメージがポジティブになると、頑張る気も出てきます。中学生の折りは、いわゆる田舎の優等生。勉強がよくでき、その中学の首席連続記録を塗り変えたりして有頂天になっていました。たしか県内の模擬試験で五位くらいの成績になったこともあったと思います。

といっても勉強一筋のガリ勉タイプだったわけではありません。いろんな女の子を好きになっては積極的に告白し、かたっぱしから玉砕を続けていきました。また、当時の私は熱狂的なプロレスファン。近県でアントニオ猪木さんが出場するプロレスがあると、学校をさぼって電車に数時間ゆられても応援に行っていました。さらに当時人気絶頂だったキャンディーズの親衛隊で、福岡でコンサートやサイン会があった時には、風邪で熱が三九度あっても、必ず駆けつけていました。

つまり、当時の私は、地方の優等生によくいる〝よく学び、よく遊ぶタイプ〟の典型。元来のひょうきんな性格のため友だちも決して少なくなく、青春を謳歌していたのです。

すべてが空しくなった時

そんな、順風満帆だった私の毎日に、ある日突然、亀裂が走ります。というより、まさにその〝順風満帆の状態〟のうちに、私の精神的な危機の芽が内包されていたのです。

というのも、一五歳にして、同世代の仲間の多くが抱えていた基本的な欲求はほぼ満たしきっていたから、この時点でもう、先が見えてしまった。「人生で人間が得ることのできる幸せなんていうのはこの程度のものなんだ」と、先が見えてしまったわけです。

学校の首席の記録も塗り変えて、大人たちから「このままいけば東大だ」だなんて言われて、自分でもすっかりその気になっている。首席の成績表を見るたびに、他人を蹴落としてトップに立つエゴイスティックな衝動を満たされ、そんな自分を眺めてナルシシスティックな快感に酔い痴れる。今から思えば、実にいやらしい子だったわけですが、まわりの大人からは「諸富君は勉強がすごくできて、それでいてガリ勉でなくて、友だちも多い」と、よくほめられていました。現代社会の競争のレールにうまくのせられたまま、その勝者となった私は、まんまと無自覚なエゴイストになってしまっていたわけです。

けれど、一五歳にして基本的欲求の大半を満たしてしまった私は、同時に「もう先には何もない」ことにうっすらと気づいてしまいました。このまま頑張って勉強すれば、たしかに東大に入れるかもしれない。卒業すればいい会社にも入れるだろう。医者や弁護士になるのも、悪くはない……しかし、もしそうできたとして、自分の欲しいものをすべて手に入れることができたとして、それがいったい何だって言うんだ。そういったことをいつまでも繰り返していくのが僕の人生だとすれば、そのことの全体に、いったいどんな意味があるっていうのだろう……そう考え始めたのです。

哲学神経症に苦しんで

決定的だったのは中学三年の春に太宰治『人間失格』を読んでしまったことです。一気に読み終えた私は、明け方の光りが差し込むのを確認すると共に、自分の内側で奇妙な感覚がうごめいたのを覚えています。――あぁ、このままではいられなくなる。それは、それまで長い間慣れ親しみ、既に自分のからだの一部となっていた何かが、突然やってきた風の力で一瞬にして吹き飛ばされてしまったような、抵抗しようのない感覚でした。

この物語では、ひたすら純粋無垢に生きるがために生きるのがつらくなり、世の中から落伍していく主人公から「人間、失格」というつぶやきが発せられます。そのことによって、より適応的に生きている他の登場人物たちの内面に潜む打算やエゴイズム、その醜さや空虚さなどが射照される見事な構成になっているのです。当時ちょうど自分の内面に潜むエゴイズムや空虚感をぼんやりと意識し始めていた私は、この本を読んだことがきっかけで、自分の内面を直視せざるをえなくなり、泥沼のような苦しみに吸い込まれていったのです。

最初はとるに足らないものとして、打ち消してしまおうとしていたこの疑いの感覚は、しかし次第に、どれほど打ち消しても打ち消しえないものとなっていきました。――もう、もとには戻れない。――そう観念した私は「人生のほんとうの意味・目的はどこにあるのか」「ほんとうの生き方とは何か。どのような生き方なのか」そう問い始めました。そしてそれ以降、来る日も来る日も、ひっきりなしに、そう問い続けていったのです。

この問い以外の一切は、どうでもよい、些細なことがらにすぎないように思えました。この問いの答えが得られるまでは、私は、内面においては生きてはならない。人生の時間を止めていなくてはならない、と。そしてこの問いは、その後、十年近くにわたって、私の生活を支配し尽くしたのです。悪いことにこの問いは、いつでも容赦なく、私の生活に侵入してきました。食事中であれ、友人や恋人との会話の最中であれ、試験の最中であれ――試験の最中にこの問いに捕らわれるや否や、私は即座に答案用紙をひっくり返し、その裏面に、その時の私の思索の成果を書き込む作業に専念せざるをえなくなるのでした。

まったく、生きた心地がしませんでした。生きているという実感が失せていましたし、何か、この世の中と自分との間には、つねにぶ厚い壁があって、隔てられているようでした。季節の変化も感じられなくなりましたし、軽い離人症というか、人と話をしていてもテレビの一コマを見ているようで、自分がこの人と話している、という実感を持つことはできませんでした。何か、世の中の時間は動いているのに、自分一人だけがそこから取り残されている。自分の時間だけは止まったまま。自分を振り向けるべき一点が定まっていない以上、どうにも人生の一歩を踏み出すことができない。そんな感じで、どうしようもなく淀んだ時間の中で溺れているようでした。

「死ねば、この苦しみから解放される」――そんな解決策が、いつも切り札のような存在として、すぐ手の届くところに用意してありました。「こんなことを考えるのは、もうやめてしまおう」そう考えたことも、当然あります。けれど、それは〝許されない〟ことなのでした。やはり太宰治の『ヴィヨンの妻』（新潮社）に、主人公のこんなセリフがあります。

「僕はね、キザのようですけど、死にたくて、仕様がないんです。生まれた時から、死ぬ事ばかり考えていたんだ。（中略）それでいて、なかなか死ねない。へんな、こわい神様みたいなものが、ぼくの死ぬのを引きとめるのです」

私の場合も、同じでした。この〝へんな、こわい神様みたいなもの〟が、死ぬことを許してくれなかったのです。さらにそればかりでなく、一時でも、例の〝問い〟を問うのをやめるのを許してくれなかったのです。

〝人類変革の使命〟に押しつぶされ

先にお話したように、私は、どう生きるべきか、どう生きればよいかわからず、悩み苦しむ毎日を送っていました。しかし、私は、ただ私一人の生き方の問題として、思い悩んでいたのではありません。私の悩み苦しみの背後には、人間という存在そのものへの不信感・嫌悪感、そして、人間そのものを変えなくては、という使命感がありました。

人間というのは、自分で自分を律し、自分の手で自分自身を〝あるべき姿〟へと根本からつくりかえることのできる唯一の存在であるはずだ。存在の在り方、そのベクトル、欲求や生命エネルギーの向かう方向そのものをみずからの意思で決め、方向づけ、自己改造できる唯一の存在であるはずで、それが、〝精神〟を持つ存在である人間がこの世界に存在することの意味であり、使命であるはずだ。

にもかかわらず、現実の人間はただ時代時代の条件に左右されながら、ほどほどの善良さを持ちながらも、基本的には、みずからの生来の傾向や欲求に従って生きているだけ。それでは、必然的にエゴイズムに陥らざるをえない。このことがわかっていながら、ただ手をこまねいているだけの人間たち。これでは、この世に存在している意味がないではないか。もう、自分のことが信じられず、他人のことも信じられない。いや、信じる信じないの前に、この醜い自分や他人、さらには人間の存在そのものが嫌で仕方がない。人間をその生来の自己中心性にとどまらせる〝なまなましい生命〟〝いのちそのもの〟への嫌悪の念に取り憑かれていた、と言っていいでしょう。

このままでは、人間が生きていることに意味などない。いやそれ以前に、人間という醜い生き物がこの世に存在していることが許せない。自分を、他人を、そしてできれば人類そのものを滅ぼしてしまいたい。人類は、いったん終わって、まったく新たにやり直すべきだ。そのきっかけをつくる〝使命〟が、この私には与えられている。そしてそのためには、まず私自身が、その全存在をそこに振り向けるべき一点を掴まなくてはならない。人間であれば、すべての人間が、その一点に向けて全存在を方向づけるべき一点――すなわち、人間がこの世に生まれ、生きていくことの万人共通の意味と目的とをこの手に掴まなくてはならない。

私の問題は同時に人類全体の問題でもあり、したがって自分には人類の意識変革の旗手となる使命が与えられている――そう感じていた私は、その都度の思索の結果を『二十一世紀旗手』と題されたノートに綴っていきました。

しかし、当然ながら〝答え〟など手に入るものではありません。人類変革の使命と現実の惨めな自分とに引き裂かれ、次第に窮地に追い込まれていきました。〝答え〟が手に入るまで生きることは許されない、と感じていた私は、まさに〝生きた時間〟が停止したまま。自分と世界との間にはいつも分厚い壁のような隔たりがあり、ある時は自分は人類を変革するために〝見えない世界〟からこの世に一人送り込まれてきたスパイであるかのよう感じましたし、またある時はこの世の中全体を騙している、罪深い存在であるかのようにも感じました。このような悩みは誰にも話せるはずがなく、またキルケゴールも言うように、たとえ話したとしても、話した結果、自分を抹殺せざるをえなくなる危険も感じて、ますます自閉した私は、自分はこの世界で完全に孤立していると感じていました。

こうして私は結局、一〇年近くの間、この〝哲学神経症〟とでも言うべき病に苛まれ続けました。〝生きる意味〟を求める病に憑かれた私の十代半ばから二十代前半は、まさに暗黒の青春。生き地獄のようなものでした。

私が救われた瞬間

〝その瞬間〟は、ある時突然、不意に訪れました。それは、大学三年のある秋の日の午後。いつものように「何のために生きていくのか」「どう生きていけばよいのか」という問いに憑かれ、前々日から一睡もできず、心身共に憔悴《しょうすい》し尽くしていた私は、ある瞬間、なぜかふと魔が差して、もう七年間も抱え続け、苦しみ続けてきたその問いを、突然放り出してしまったのです。「もう、どうにでもなれ」と。

するとどうでしょう。ついに朽ち果て倒れたはずの私がそこに見たのは、なぜか倒れることも崩れ落ちることもなく、立つことができていた自分の姿だったのです。

私は、それまで、自分がどう生きればいいのか、その答えがわからなければ、生きていくことはできないと思っていました。だからこそ私は、どれほど追い詰められ、どれほど苦しくても、その問いを問い続けてきたのです。

しかし、今、こうして、ついに力尽きて、問いを放り出した後でも、何ら倒れることなく、私は立つことができている。しかも驚くべきことに、その立ち方というのが、通常〝自分が立つ〟という場合の立ち方ではない。〝私が立つ〟という立ち方ではない。すべてを投げ出した私の全身からは、既にいっさいの力が抜け落ちている。にもかかわらず、こうして私が立っていられるのは、決して私ではない〝何かほかの力〟〝何かほかの働き〟によって私は立っていられるということだ。

この驚くべき真実に、私はこの時、目覚めたのです。

そう思って、みずからに改めて注意をふり向けると、実際、私の底には、何か大きな力が働いているようです。一般に〝私〟と呼ばれている私を突き抜けた、私の底の底。私自身をその底へとどこまでも突き抜けていった〝私の底〟に、私自身よりも大きな（そして決して私自身ではない）何かの働きが与えられているのです。

その働きは、あえて名前を付ければ〝いのちの働き〟とでも呼ぶよりほかないような何か。つまり一言で言えば〝私の底のいのちの働き〟。

私はそれまで、自分がどう生きるべきかと悩むのに忙しくて、それに気づかずにきたけれど、この働きは、実は、ずっと前から常に既に与えられており、私を生かし、私をあらしめ、私を成り立たしめてきた、ということ。つまりこの〝何か〟の働きこそ、私の真実の主体であり、この何かはそれ自体で働いていて、その結果、その働きによって、私も立っていられるのだということ。つまり、この〝いのちの働き〟こそ、私の真実の主体であり、むしろ〝私〟は、このいのちの働きの一つの形にすぎない、ということ。

みずからの存在の根底において、常に既に成り立っているこの真実に、私はこの時目覚めたのです。と同時に即座に、私の思い悩みは消え去っていきました。

答えが与えられて、悩みが解決したのではありません。思い悩む必要がなくなって、悩みそれ自体が消え去っていったのです。

「私たちは人生の意味について思い悩む必要はない。なぜなら、私たちが人生の意味はと問う前に、人生のほうから私たちに問いを発してきているからだ」――前に紹介したフランクルのこのメッセージがストンと腑に落ちたのはこの直後でした。

私のこの体験をお話すると、何人かの方から「私も、似たような体験があります」とお聞きしました。やはりその方も、ご自分の病気や、家族の看病の大変さ、お金のこと、家庭の不和などの問題に苦しんだことがおありです。「私が何とかしなくては」とすべてを背負い込み、自分を責め、責めて、責めて、責め続けて、そして、何度も自殺を決意しかけたことがある。けれどそんな時ふと、やはり魔が差したかのように、〝もういいや。こうなったらもう、どうにでもなってしまえ〟と、自分をぽーんと、投げ出してしまえた。

するとしかし、なぜかそこで、何かに生かされている自分に気づく。自分が生きているのではない。何か大きな大河の流れのような、あるいは宇宙の働きそのものであるような〝いのちの働き〟それ自体が生きているのであって、〝私〟などはその働きに生かされているほんのちっぽけな一つの形にすぎないことに気づく。そしてそれに気づくと、〝私の悩み〟なんてものはあまりにちっぽけで、途端にもうどうでもいいことのように思えてくる。それでまた〝とりあえず、生きてみようか〟という気持ちになってくる。

私がしたのと同じような、そんな体験を、案外多くの方がお持ちのようなのです。

絶体絶命のところまで自分を追い込まれた方がそのまま駄目になるか、何とか〝生きてみようか〟と思えるか。その分かれ目は、こうして、〝自分の悩み〟への執着・こだわりを〝手放す〟ことができるかどうか。そこにかかっているのかもしれません。

真実の前でたたずむ

私の根底に、私を越えた〝いのちの働き〟が与えられており、それこそが私を成り立たしめている真実の主体である、ということ——先の体験を通して得たこの発見は、私にとってまったく新鮮な驚きでした。それは、日常の主体である自我には思いも寄らなかったことだったからです。安定した日常においては、自分を思い計る自我（エゴ）の働きによって私たちの存在自体が覆い隠されています。私は自我であり、自我こそ自分自身である、と思い込んでいるのです。しかし、〝ほんとうの生き方〟〝人生のほんとうの意味・目的〟をどこまでも求めぬいた七年間の苦行のような体験において、自我は消耗し尽くし、削り取られ、一方実存の根底の〝いのちの働き〟は活性化していたのでしょう。疲れ果てた私が、つい魔がさして、あの問いから目を放した瞬間に、と同時に自分の底の〝いのちの働き〟に意識が向き、それに目覚めることができたのも自然な成り行きだったのです。

しかし、私はまだ、みずからのうちなるこの未知の働きと出会って、途方に暮れたままでした。自分の理解の枠を越え出たこの体験をどう捉え了解すればいいのかわからず、ただ佇むしかなかったのです。修士論文ではフランクルの観点からこの体験を解釈しましたが、じゅうぶん捉えきれませんでした。ようやくある程度の自己了解が可能となり、私がこの体験への執着から解放されたのは、体験それ自体からさらに七年を費やしてキルケゴール、滝沢克己、久松真一、八木誠一らの宗教的実存論を踏まえて博士論文としてまとめた後でした（博士論文『人間形成における〈エゴイズム〉とその克服過程に関する研究』〔風間書房〕ではこの体験のプロセスを現象学的に分析し五段階にまとめました。それをもとに書いた『カウンセラーが語る自分を変える〈哲学〉』〔教育開発研究所〕や『〈むなしさ〉の心理学』第7章〔講談社現代新書〕では、①実感②懐疑③離脱④探究⑤限界⑥覚醒⑦自覚⑧反復の八段階にまとめ、さらに『トランスパーソナル心理学入門』第5章〔講談社現代新書〕では、それを三段階からなる自己探究の段階論として見直しました）。

それを通して明らかになったことは、これは、私一人が発見したものではなく、多くの宗教家らがそれに目覚めた人間存在の普遍的真実であったのだ、ということでした。真理を追い求める行程はいずれどうしようもない行き詰まりにぶちあたります。この苦悩の極限において、自己の安定を図る自我が朽ち果て、うちなる〝いのちの働き〟に目覚める。そしてそれこそ真実の主体である、と知る。こうした目覚めの体験、覚醒体験がさまざまな宗教の根源にあることを知ったのです。

たとえば使徒パウロ。パウロはかつての「律法主義者としての私」（自我）の死を経た後、自らの根底における〝いのちの働き〟に目覚めて生まれ変わりました。そしてそれを〝キリスト〟と呼ぶのです。「私は律法主義的努力を通ってついに律法に対して死んだ。神に対して生きるためである。私はキリストと共に十字架につけられた。もはや生きているのは私ではない。私の中でキリストが生きているのだ」（ガラテア二・十九〜二十）

あるいは、禅の臨済宗の「一無位の真人」の話。切れば赤い血の出る肉体の中に、仏とも衆生ともつかない一人の真実の人間（無位の真人）がいる。そしてそれはいつも私たちの面門、つまり目や鼻といった感覚器官を通していきいきと働いている。その「真人」をまだ自覚していない者、心眼を開いて見ていない者は、見よ見よ、という話。この無位の真人もやはり形なき〝いのちの働き〟にほかならないのでしょう。

〝絶対主体道〟の立場から〝覚の宗教〟を唱えた久松真一は、この一切の形なき自己の働きを〝無想の自己〟と呼び、滝沢克己はそれを神と人との「第一義の接触」と呼びます。また、これらを批判的に継承した八木誠一の宗教的実存論は、自我とその根底の働きの区別及び両者の関係についてきわめて的確かつ精緻に理論化しえています。

久松真一

滝沢克己

八木誠一

いのちが、私している

〝ほんとうの生き方〟を問い抜いていく険しい道の極限において、ついにその問いそのものが破裂した時、私たちが出会うもの。私はそれを一切の形なき〝いのちの働き〟と呼んできましたが、それは〝空〟と言うこともできるでしょう。ウイルバーにならって〝究極の一者〟〝存在〟〝スピリット〟などと言ってもかまいません。要するに、あらゆる〝形〟から抜け出し、一切の〝形〟をとらず、したがって捉えることのできない、その、究極の〝何か〟。〝宇宙に偏在する生命エネルギー〟〝いのちの働きそのもの〟とでも言うほかない、その〝何か〟。言葉にした途端、スルリとそこから脱け出てしまうその〝何か〟。そして、死の瞬間に私たちがそこに戻っていくのであろう、その〝何か〟。

私たちがあえて〝ほんとうの自分〟とは何かと問うならば、この〝何か〟こそそれである、というほかないでしょう。この形なき〝働き〟そのものが実は私の正体なのだと。

そして、この地点から見ればもはや、私が生きている、とは言えません。私が生きている、〝私がいのちを持っている〟のではない。むしろ逆に、〝いのちが、私している〟。〝いのちの働き〟がまずあって、それがあちらでは〝花〟という形、こちらでは〝草木〟という形、あそこでは〝鳥〟という形をとっている。その同じ〝いのちの働き〟が、今・ここでは〝私〟という形をとっている。この空も、あの海も、今、私の眼前にあるあの山も、むこうから聞こえてくる鳥の鳴き声も、野原でひっそりと咲いている花も、そしてもちろんこの私も、すべてはもともと一つである〝いのちの働き〟の異なった形なのです。

つまり、〝いのちの働き〟が、ある時は〝私という形"をとり、またある時は〝花という形〟をとる。私の肉体は死によって消えてしまうけれど、私を私たらしめている〝いのちの働き〟はもともとあり、またいつまでもある。不生不滅の〝いのち〟が、ある時は〝私する〟し、ある時は〝花する〟。またある時は〝鳥する〟。次々と変転万化し、異なる形をとっていく。〝いのち〟という言葉にこだわる必要もない。いのちが、私している。存在が、私している。魂が、私している。空が、私している。どう言ってもかまわない。

いずれにせよそれは、アインデンティティの一八〇度の転回。私とは誰か、ほんとうの自分とは何者かという問いの答えがひっくり返されてしまう体験で、これこそトランスパーソナルな自己変容です。〝ほんとうの生き方〟を極限まで問い求めぬき、ついにその問いそのものが破裂する瞬間に到来する究極の意識変容体験です。この時私たちは、それまで自分がたずね求めてきた問いの答えが、どこか遠くにではなく、実は私自身の足下にあるということに気づきます。しかもそれは、初めて与えられたものではなく、私たちがこの問いを問い始めるずっと以前から、つねに既にそこにあったということに気づくのです。

ウイルバーは言います。

「『形』の世界は、つねにそして既に『完全なる空』である（色即是空）。『完全なる空』、それは、つねにそして既に現前するすべての条件の『条件』であり、しかも、つねにそして既に究極のオメガであるが、それは万物の目標ではなく、万物の真如、そのあるがままの姿なのである。万物は、ただ、これなのだ。したがって探究は、つねに、そして既に終わっている」（『進化の構造・1』前掲書）。

自分自身を含めて、この世界の一切は、実は〝完全なる空〟が形をとった仮の姿でしかなかったのだということ。このことに、人はその自己探究の極限において気づきます。私たち自身のほんとうの姿は〝空〟がとった一つの形であったということに気づくのです。しかもその時、人は、自分がずっと探し求めてきたその〝答え〟が、つまり〝空〟が、実は最初から、つねにそして既に私自身の足下にあったのだということ、しかも〝空〟は、鳥として、花として、そしてほかならぬこの私自身として、その姿をこの世界に現していたのだということ、したがって実は、私はそれを、最初から探し求める必要などなかったのだということ、このことにはじめて、気づくのです。

ウイルバーは、人がこの究極の真実＝〝完全なる空〟に目覚める時、それまで必死で昇ってきた上昇の道、意識の階梯などが、実はすべて幻想であり、ジョークにすぎなかったということに気づくはずだ、と何やら意味深いことを言っています。

第17章　つらい出来事こそ、気づきと学びのチャンス
――プロセスワークの基本的な考え

この章では、アーノルド・ミンデルが創始したプロセス指向心理学（Process-Oriented Psychology：別名「プロセスワーク」）の基本的な考えを紹介します。

この心理学では、すべてはもともとは〝一つ〟であり、つながっているのだから、私自身の身に起きることはおろか、大嫌いな〝あの人〟に起こることも、向こうにそびえたつ山の斜面で起きることも、たまたま見上げた空の雲の動きも、この私と無関係ではない。この世界、この人生で起きるすべてのことには意味があり、私にメッセージを送り届けてきてくれている。すべては〝気づきと学びのチャンス〟であると考え、それに気づいていくための具体的な方法を多様に備えているのです。それは、いわば〝人生の呼び声に目覚めて生きるための実践的なアート（技芸）〟なのです。

悩みや問題こそ〝気づきと学びのチャンス〟

プロセスワークの基本的な考えを一言で言えば、〝人生のプロセス（流れ）が、すべて大切なことを運んできてくれている〟というものです。そして、こうした考えに立ち、さまざまな悩みや問

題に対して次のような姿勢をとるのです。

重い病や慢性の症状。肩凝りや頭痛。耳鳴り。なぜか気になるからだの痛み。タバコやアルコール、パチンコといった〝やめたいけれど、なぜかやめられない病〟。職場や学校での人間関係の不和やもつれ、別離。子どもの非行、不登校、家庭内暴力。夫婦の不和。離婚……。一見、単に否定的にしか見えないこれらの出来事。私たちをさんざん手こずらせ、できることならさっさと片づけるにこしたことはないように思える、こうした種々の〝問題〟や〝悩みのタネ〟。

しかし、これらはどれも実は、人生のプロセスが必要だから運んできてくれた〝意味のある出来事〟であり、その時々に私たちが気づく必要のある人生の大切なメッセージを運んできてくれる〝人生の先生〟でもある。だから、それが何を語っているか。何を私たちに教えてくれているのか。そのメッセージに、しっかりと耳を傾けよう。そしてそれが語りかけてくることを、しっかりと受け止めて生きていこう。そう考えるのです。つまり、さまざまな問題や悩みのタネ、人間関係のトラブルや病いなどを〝自分が今気づく必要のある大切なこと〟を教えてくれる〝人生の師〟として〝敬う〟という態度をとるのです。

何だって、人間関係のトラブルや病気、からだの症状、家庭の問題などを〝敬う〟だって!?　あんな忌まわしいものを人生の師として〝敬う〟だって!?　そんなこと、できるわけないじゃないか。そう思われた方も多いかもしれません。特に今、慢性の病や家庭の問題などで苦しんでおられる方ならそう思うのも、当然だと思います。

しかし実は、そんな方にこそ、この態度を身につけてほしいのです。

からだの病や息子の不登校の問題でとことん悩んだ、苦しんだ……。そんな方の多くは、そうした問題はそんなに簡単に〝解決〟できるものではない、ということがわかっています。どれほど〝闘って、やっつけてしまおう〟としてもそんなに簡単に〝やっつけて〟しまえるものではないということが、身に沁みてわかるのです。

そんな方にこそ、このような生きる姿勢を身につけてほしいのです。すなわち、自分の人生で起きてくるさまざまな問題や悩みのタネ、トラブルなどを、単に解決すべき〝問題〟や〝困ったこと〟とみなすのでなく、〝これだけ解決しようとしてもできないということは、この問題は、私に何か、大切なことを教えようとしてくれている。そのために起きたにちがいない〟〝私が気づく必要のある人生の大切なメッセージを、この問題は運んできてくれているにちがいない〟と考えて、その問題や悩みから何かを〝学ぼう〟〝気づこう〟とする姿勢を学んでほしいのです。

〝問題〟や〝悩みのタネ〟の立場に立つ

ここで、プロセスワークに特有の〝人生の気づきと学びの秘儀〟を紹介しましょう。それは、私たちを悩ませたり困らせたりしている〝問題〟や〝悩みのタネ〟、慢性の病、肩凝りや偏頭痛などの症状、からだの痛み、自分を苦しめている人や妙に気に入らない人、アルコール中毒ならアルコール、うつならうつにそれぞれの〝気持ち〟があると考え、それの〝立場に立ってみる〟そしてそれそのものに〝なってみる〟という方法です。

たとえば、パチンコ中毒の人なら、パチンコの玉に〝なってみる〟。そしてその〝パチンコの玉の気持ち〟を味わう。あるいは、胃ガンで苦しんでいる人なら、胃ガンの腫瘍に〝なってみる〟。そしてその〝胃ガンの気持ち〟を味わう。あるいは、いっしょにいるだけで妙にむかついてくるあなたの天敵のような人がいれば、その人に〝なってみる〟。そしてその気持ちを味わうのです。

何、胃ガンになれ、だって⁉　胃ガンの気持ちになれ、だって⁉　そう訝《いぶか》しがる方もおられるかもしれません。しかし、私たちのアイデンティティが〝形なき空〟へとシフトするならば、この私は、私でありながら、あなたでもあり、鳥でもあり、草木でもある。そして、まったく同じように、ゴキブリでもあり、毛虫でもあり、憎き胃ガンでもあり、あのイヤな人でもあるのです。

そして、私がそれであることを最も認めがたいもの、最も同一視し難いものほど、それに〝なってみる〟ことを通して、学べること、気づくことのできるものも大きいはずです。なぜなら、胃ガンで苦しんでいる人にとって、実は〝胃ガン〟こそ、〝その人の心の奥密かに潜んでいて本人は気づいていない。でも実は、最も気づく必要のある、その人自身の心の一部〟であることが多いからです。したがってそれが、私たちが人生で気づく必要のある大切なメッセージを得るための、最大の近道であることが少なくないのです。

いかがでしょう。少しは納得していただけたでしょうか。

さらに、その続きがあります。その〝憎きもの〟〝イヤなもの〟の立場に立ち、それになってみて、その気持ちを味わうことができたならば、今度はその立場から、今の自分を見てみるのです。パチンコの玉に〝なって〟〝パチンコの玉の立場〟から今の自分を見る。胃ガンの腫瘍に〝なって〟

〝胃ガンの立場〟から今の自分を見る。ムカツク人に〝なって〟〝ムカツク人の立場〟から今の自分を見る。その立場に立つと、今の自分に最も欠けているもの、気づき学ぶ必要があるものが見えてくるはずです。そして、今の自分に対してメッセージを投げかけていくのです。

妙にムカツクあの人が、私自身でもあるだなんて！　あの憎き胃ガン、私を今、死に追いやろうとしているあの胃ガンが、私自身でもあるなんて！　そんなの、絶対、認めたくない！　と思われる方も多いでしょう。それが当たり前の反応です。すんなり納得できるはずがありません。しかし、私の経験では、このような姿勢で、自分の抱えている〝問題〟や〝悩みのタネ〟そのものに〝なって〟みる、そしてその〝言い分〟を聴く、という姿勢でそれにかかわると、とても大切な気づきや人生のメッセージを手にすることができ、何かが大きく変化し始めることが多いようです。

プロセスワークの創始者、アーノルド・ミンデル

プロセスワークとは、一言で言うと〝あたかも大河のような、この人生の流れ（＝プロセス）が、今、自分に、何を運んできてくれているのか。それに気づき、目覚めていくための、人生の総合的なアート（技芸）〟。可能な限りの〝気づき（自覚＝アウエアネス）〟をもって、人生を生きていくための技術のことです。

プロセスワークには、既に起きてしまった人生のさまざまな問題への対処法を見出せるばかりでなく、意識性を高めることで、これから起こりうる問題への心構えを磨いたり（予防人生学）、慢性

の症状の治癒やガンになるのを防いだり、といった代替医療や予防医学の側面もあります。不治の病や死のプロセスとのつきあい方を学んだり、昏睡状態になり、一般には意識がないと判断されている人との対話の方法（コーマワーク）も開発されています（ミンデル著　藤見幸雄・伊藤雄二郎訳『昏睡状態の人と対話する』ＮＨＫ出版　参照）。

創始者は、現在米国ポートランド在住の心理療法家、アーノルド・ミンデル。ミンデルは、一九四〇年一月一日ニューヨーク州シュネクタディ生まれ。幼少期から夢日記を付け、中学高校時代にフロイトやユングの著作に親しむなど、内的世界に対して早熟な少年だった彼は、ＭＩＴ（マサチューセッツ工科大学）で言語学と工学を学び、大学院に進んでからは理論物理学を専攻していましたが、研究のためスイスのチューリッヒに留学していた最中にユング心理学と劇的な出会いを果たします。

毎日のように通っていたカフェで、ミンデルはたまたまある紳士と知り合いになります。そして、ある晩、なぜかその紳士が自分の夢を分析している、という不思議な夢を見るのですが、次にその紳士に会った時に夢の内容を伝えると、その紳士は、何と、ユングの甥ごであり、当時ユング研究所の所長を務めていたフランツ・リクリンだったことがわかったのです！　まさに運命の出会い、としか言いようがありませんが、これがきっかけとなってミンデルは本格的にユング心理学を学び始めます。また、物理学を続けるか心理学に転向するか迷っていた折り、夢に現れたユングに「物理学と心理学の橋渡しはいかなるものか」と問われ、それが彼に心理学への転向を決断させたと言います。

ミンデルは（後に河合隼雄先生などが学ばれて日本でも有名になった）ユング研究所の訓練生となっ

て、リクリンと『永遠の少年』で有名なフォン・フランツ、そしてバーバラ・ハンナから教育分析を受け、一九六九年にユング派分析家の資格を取得。心理学者として本格的なスタートを切ります。博士論文のテーマは〝共時性〟で、指導教官はやはりリクリン。ユングの母親の家系には霊媒的な能力の持ち主が少なくなかったようですが、リクリンも同様であったらしく、彼の指導のもとミンデルはテレパシー体験などに焦点を当てた研究で学位を取得したようです。ミンデルは、カルロス・カスタネダの著作に記されているシャーマニズムなどからもためらうことなく多くを学んでいますが、こうしたすべてに開かれた姿勢はこの時培われたものかもしれません。

アーノルド・ミンデル（左）と著者（1997年当時）

このように、ミンデルの心理学者転向のエピソードそのものが、後に形成される〝人生の流れに自覚的に従う〟という彼のアプローチを物語っています。（藤見、二〇〇一）（青木、二〇〇二）

ミンデルは最初、ユング派らしくもっぱら〝夢〟分析に取り組んでいたようですが、みずから慢性的な疾患を抱えていたこともあり、身体への取り組みに関心を寄せるようになりました。ユング心理学では、夢に目的論的にアプローチし、夢を特定の枠組みにそって「この夢は、～を意味しています」などと解釈せずに、夢そのものがみずからを語ることができるよう、そのイメージをていねいに見ていきます。これと同じように、からだの痛みや症状を、あたかも夢のように扱い、痛みや症状がみずから自発的に語り出すことができるよう援助していったのです。

十年間に及ぶ何百という末期ガンの患者を対象としたこうした実践の積み重ねから生まれたのが〝ドリームボディ〟という概念。これは、身体症状は夢の反映であり、また逆も真なりで夢は身体症状の反映である、という夢と身体症状の共時的つながりを意味しています。つまりドリームボディとは、この実体としての身体ではない〝見えない身体〟。それ自体で自律的に展開していく〝サトルボディ（微細身）〟。そこから現れるわずかな動作や痛みや症状をプロセスワークでは〝身体が見る夢〟としてサポートしていくのです。　またミンデルは、〝心の問題と社会の問題、この世界の問題とは分かちがたくつながりあっている〟と考えて、黒人と白人の葛藤をはじめとする人種問題、環境保護派と開発推進派の葛藤の問題、ホームレスやエイズ患者の扱いの問題、アジア人の第二次世界対戦にまつわる心の傷や葛藤などをテーマにした、数十人から数百人による深層グループアプローチ（〝ワールド・ワーク〟と呼ばれています）をおこなうようになりました。今でもミンデルは、北アイルランド・ベルファストでのカトリックとプロテスタントの紛争など、〝争いごと〟〝紛争〟があるとわかれば、自ら積極的にその地に足を運んで行きます。

いずれにせよ、〝身体〟や〝グループ〟という、従来のユング心理学ではややもすれば敬遠されがちだった領域に足を踏み入れたミンデルは、研究所内のさまざまな葛藤もあって一九八五年にユング研究所をやめ、プロセス指向心理学研究会を開始。一九九一年に仲間と共に米国オレゴン州ポートランドに移り、プロセスワークセンターを設立。世界中から集まる学生たちにプロセスワークを教えると共に、みずから世界中を行脚しながらワークショップをおこなっています。日本にも毎年のように来日しています。

ユング研究所から離れたミンデルはますます大胆にユング心理学の枠組みを越えて、理論物理学、タオイズムや禅をはじめとする東洋思想、シャーマニズムの諸概念などを援用しながらみずからの考えを語るようになります。

特に、ＭＩＴで専攻していた理論物理学が最近の彼の理論構築に大きな影響を与えています。おそらく大学院生の時に学んだのでしょう。直線的な時系列において因果関係を見ていくニュートン物理学でなく、常に流動的に生成・消滅する可能態を見ていく量子力学、とりわけ〝場の量子論〟や〝波動関数〟といった考え方が彼の心理学に大きな影響を与えており、心の最も深い層を説明するのにミンデルは〝量子波動関数〟の概念を用いて説明します。〝量子波〟＝〝目に見えない次元の働き〟〝物質化以前の働き〟が私たちの心や身体に影響を与えており、それをとても〝微細な（センシェントな）感覚〟として私たちは感じることもできる。そしてそれを感じ取れれば、たとえばガンにかかりそうな兆候を感じることもでき、予防医学として用いることもできる。したがって、これから十年から十五年位の間に心理学と物理学は非常に近いものになってくるはずだと言うのです。

プロセスワーク＝気づきと学びのための総合的アート

以上のような経緯を経て生まれたのが、〝人生における気づきを高める、総合的なアート（技芸）〟であるプロセスワーク。一言で言えばそれは、人生における〝気づき（アウエアネス）〟を得るための、ありとあらゆる手がかりに開かれた、総合的なアプローチ。聴覚（音や言葉）、視覚（夢やイメージ）、身体感覚、動作、身体症状、人間関係、世界とのかかわり、一見偶然起こった出来事など、ありとあらゆる媒体に開かれ、あらゆる角度からそこで起きていることを捉えていきます。そして、気づきを高めるのに使えるものなら何でも使っていきます。

したがって、外から見れば、じっと静かに瞑想しているように思えることもあれば、何か楽しくダンスを踊っているように見えることもあります。心理療法の専門家が見れば、夢をていねいに扱うユング心理学に、からだの症状を扱うところはボディワークに、体験のプロセスをそのまま大切にしたり、曖昧で微細な身体感覚を重要視する点ではロジャーズ派のカウンセリングやフォーカシングに近く、からだを実際に動かす点ではゲシュタルト療法や心理劇に近い印象を受けるでしょう。

聴覚、視覚、身体感覚、動作、身体症状、人間関係といったものは、プロセスワークにとって、そこから必要な気づきを得ていくための、さまざまな〝チャンネル（通路）〟です。人により、得意なチャンネルと不得手なチャンネルとは異なり、一般には、不得手なチャンネルに症状が現れやすいと考えられます。たとえば、視覚チャンネルの弱い人は、空想や悪夢、白日夢を体験しやすいでしょうし、聴覚チャンネルの弱い人であれば、幻聴や周りの音が気になって仕方ないといったことが起こりやすいと考えられます。動作チャンネルの弱い人は、筋肉調整の障害が出てきたり、つい攻撃的になったりしやすいかもしれません。

プロセスワークの原理はいたってシンプルです。こうしたさまざまなチャンネルにおいて現れてくる何げないしぐさ（動作）、症状、言葉、イメージ、身体感覚などに、静かに、しかししっかりと意識を向けていく、ということだけ。そこで貫かれているのは、「今、起こっていることには意味がある」という考えです。今、ここで起こっていることに意識を向けていくと、プロセスはそれ自体で変化し展開していく、という考えなのです。

病は〝人生の贈り物〟

ガンや胃潰瘍などの重い病。肩コリや偏頭痛といった慢性症状……病気やからだの症状は、人間関係の問題と並ぶ、人生最大の〝悩みのタネ〟にちがいありません。

しかし、プロセスワークでは、これとちょうど逆さの態度を取ります。ふつうはただ〝やっつけて、撲滅したい敵〟とみなされている病や症状を、私たちの〝身体が見る夢〟であり、したがって無意識の反映とみなして、それを大切に味わい、そのメッセージを聴いていこうとするのです。すなわち、病や症状を、私たちに、そうにでもならなくては気づけずにいた大切な何かに気づかせてくれる大切な〝贈り物〟であり、敬うべき〝人生の先生〟と考えて、その教えに耳を傾けていこうとするのです。〝病気の側〟に立ち、〝病気の気持ち〟になって、その〝言い分〟に耳を傾けていこうとするのです。

腹痛のプロセスに従って

では、プロセスワークの実際では、どのように症状に取り組むのでしょうか。
スクールカウンセラーである私にとって、思春期の子どもたちの身体症状はきわめて身近に感じることのできるものです。特に、中学生や高校生の不登校のケースに取り組んでいると、腹痛や頭痛、めまいなどの身体症状を伴っていることがしばしばあります。

私の友人のカウンセラー、藤見幸雄さんがおこなったケースの一部を紹介しましょう。

ある女子中学生は、毎朝、登校時刻になると急に腹痛が始まるのだと言います。そして、そう語る時の彼女の様子をよく観察していると、右手の人指し指を、自分の腹部や母親、そしてセラピストを順につつくように向けていっていたのでした。

たずねると、彼女自身は自分がそんな動作をしていることに気づいていません。ミンデルによると、人が、自分の身体症状について語り始めて二〇秒くらいの間に自分でも気づかずにくり返している動作には、何か大切な意味が隠されているといいます。

腹痛についてたずねると〝きりの先で腹部をつつかれているような痛み〟だと言います。そこでカウンセラーは、その〝きりの先でつつかれている〟イメージを思い浮かべながら、先程からくり返していた人指し指の動作に意識を向けてくりかえしてみるように促しました。すると彼女は、目を輝かせながら、こう言ったのです。「わかった！　私、もう少し、お母さんや先生をつつけばいいんだわ！」。彼女はこの後間もなく腹痛が治まり、性格も積極的になって、登校できるようになっていいったといいます。また、彼女はこの当時、女王蜂に腹部を刺される夢を見ていたというのです。

このケースでは、①登校時に起きていた腹痛、②その腹痛を思い出した時の〝きりの先でつつかれている〟イメージ、③腹痛を説明している時に気づかずにやっていた、右手の人指し指で人をつつくような動作、そして④女王蜂の夢、という四つの現象が、彼女に同じメッセージ（もっとお母さんや先生をつつけばいいんだ！）を語りかけていたことがわかります。そして、そのメッセージに気づき、それを自覚的に生き始めた時、彼女の腹痛は消え、学校に戻ることができたのです。

この例に端的に示されているように、〝症状で苦しめられている自分〟同様に〝その症状を作りだしている何か〟も自分の一部なのです。先の例では、女子中学生は最初、〝女王蜂に刺されている腹部〟や〝きりでつつかれている腹部〟に同一化していました。自分は無力で、なされるがままでいるしかない。腹痛の被害者だと思い込んでいたのです。

しかし実は〝刺す女王蜂〟や〝つつくきり〟も彼女の重要な一部であり、しかしまだ生きられていない一部だったのです。その〝生きられていない一部〟が自分でも気づかずにやっていた動作（人指し指でつつく）として現れ、カウンセラーの促しによってその動作に注意を向け、自覚的にそれをくり返していると「もう少し、お母さんや先生をつつけばいいんだわ！」という気づきをもたらしたのです。〝つつかれているお腹〟だけでなく、〝つついているきり〟も自分の重要な一部であることに気づいたのです。

このように、身体症状に取り組む際、その〝症状の犠牲者〟の立場に執着せず、そこから離れて、〝症状のつくり手〟の側に立ってみることがとても大切です。そこから何か、重要な生きるヒントが得られることが多いのです。（このケースをおこなった藤見幸雄さんが書かれた『痛みと身体の心理学』（新潮社）には、身体症状への取り組みの事例やヒントが豊富に示されています）。

〝喉の痛み〟のメッセージ

もう一つ、具体例をあげましょう。ミンデルのセミナーに来たある女性は、最初、極度の疲労と発熱でしばらく横になっていました。彼女は、ひどい〝喉の痛み〟に慢性的に苦しめられており、それを何とかしようと思って、ミンデルのもとを訪ねたのです。

彼女は、しばらくこの〝喉の痛み〟を感じていました。ていねいに、ていねいに、その感覚を感じていると、〝氷のように鋭く、冷たい、金属片〟であるというイメージが浮かんできました。そこで彼女は、この〝氷のように鋭く、冷たい、金属片〟そのものに〝なって〟みました。この〝金属片の世界〟〝金属片の気持ち〟をていねいに味わい体験したのです。そしてそこから、ふだんの自分に言葉を投げかけてみました。

出てきた言葉は、「あなたは、あまりにもお人好しで、やさしすぎる。まわりの目を気にしてビクビクしていないで、もっとハッキリ自分の意見を言いなさい！」

彼女の〝喉の痛み〟は、〝もっと自己主張するように〟というメッセージを彼女に贈るために、からだの症状として現れてきていたのです。逆に言えば、彼女には本来、自己主張的な面があるにもかかわらず、その面をじゅうぶんに生きてこなかったがために〝喉の痛み〟が慢性の症状として現れ、彼女に〝気づき〟を促してきていたのです。

　このメッセージを受け取った彼女は、とてもたくましくなったように見えました。自分のほんとうに言いたいことを、自分の著書でストレートに書いていくことを決意したのです。すると彼女の〝喉の痛み〟は、嘘のように消えていったといいます。

　ある皮膚病の女性は、とてもおとなしく、静かな性格の持ち主です。彼女は、激しいかゆみを伴う湿疹に、長い間煩わされていました。

　この女性の夢の中には、何度も〝虎〟が出てきます。たとえば、虎がパン屋の商品すべてを食べ尽くしてしまう。そんなシーンが何度も夢の中に出てきた、というのです。

　この場合、夢の中の〝引っかく虎〟が、からだでは〝激しいかゆみ〟として現れています。どちらも〝もっと引っかけ。虎のようになって周囲をひっかき回せ〟という同じメッセージを届けてきていたのです。自分のおとなしさ、もの静かさに同一化して、おしとやかにふるまっていたこの女性は、〝自分の中の虎のような側面〟＝〝周囲をひっかき回す側面〟をじゅうぶんに生きてこなかったのでしょう。そのためそれが、夢の中の虎や、激しい皮膚のかゆみとして現れ、彼女にメッセージを贈ってきたと考えられます。

　このような、夢と身体症状との共時的関係（シンクロニシティ）は、あらゆる場合に成立している。この関係が成立していなかったケースを私は見たことがない、とミンデルは言っています。そしてその時、夢が先か身体症状が先か、どちらが原因でどちらが結果かと考えることはあまり意味がありません。従来の心身医学では、心の変調がまず原因としてあって、それが結果的に身体症状

（かゆみ）として生じたのだ、という因果関係をそこに読み取りがちです。しかし、プロセスワークではそうした因果論はとりません。そうではなく、本来あるのはただ、心でも身体でもなく、そのいずれをも含み超えた〝人生の大きな流れ＝プロセス〟だけであり、この〝プロセス〟が私たちに必要なもの、気づく必要のあるものを絶えず運んできてくれている。それがたまたま〝形〟として現れたのが〝夢の中の虎〟であり、また〝皮膚のかゆみ〟であった、と考えるのです。

したがって、その具体的な〝形〟は夢や身体症状でなくてもかまいません。たとえば、その人が見るテレビ番組に、なぜか次から次へと虎や猫が出てきて、何かをひっかくシーンが映し出されるかもしれません。あるいは、夫と口論した時、思わず夫の顔を爪を立ててひっかいてしまうかもしれません。そんなふうに〝人生の大きな流れ＝プロセス〟は、私たちが気づく必要のあることに気づくまで、手を変え品を変え、同じメッセージをいろいろな形で送り届けてきてくれるのです。

〝症状の作り手〟になってみる

以上のことからおわかりいただけるように、プロセスワークでは、からだの痛みや症状は、何らかの目的を持っている、その痛みや症状は何らかの必要性を持って生まれてきたのだから、その必要性を理解しなくてはならない、そしてそのためには、症状や痛みの側に立ち、〝症状や痛みの作り手〟になってその世界をじゅうぶんに味わい体験することが大切だと言うのです。

症状や痛みのエクササイズ

①
二人一組になって座ります。

あなたを悩ませている身体症状を一つ選んでください。たとえば肩凝り、頭痛、腹痛、といった慢性の症状を。もし今、特に症状がなければかつて苦しめられていた症状でもかまいません。長年苦しんできた大きな症状に取り組むのは、たとえば、セラピストとのセッションに取っておいて、ここでは今たまたま悩んでいる症状などを扱うことにしてみてください。

②
パートナーの人に、身体症状をゆっくり説明してください。

言葉だけでなく、できれば、音や、動作も使って、豊かに実感しながら。相手にわかってもらうことが目的ではなく、自分で自分の症状を味わうことが目的です。ゆっくり味わいながら症状について語ってください。

③
目をつぶって、意識を静め、〝ぼんやり、はっきりした〟意識状態をつくってください。リラックスしながらもリラックスしすぎない。ぼーっとしながら、ハッキリしている。たとえば釣りをして獲物がかかるのを待っているような、そんな意識状態です。

そんな意識状態で、症状の部分、痛みの部分に注意を向けてください。どんな感じがするでしょう。ゆっくり感じてみてください。

④
次に、その〝痛みを作りだしている何か〟を想定してみてください。どんなものが、その痛みを作り出しているでしょう。

あなたは今、自分は、痛みや症状によって苦しめられている、と感じているはずです。その自分から離れて、あなたにその、痛みや症状を作りだしているその〝何か〟に意識を向けてください。どんなものが、その痛みや症状を作りだしているか、イメージしてみてください。

⑤　目の前に、人体があると想像してください。とても健康な身体です。その身体にあなたが苦しめられている症状をつくるとしたらどんなふうに作りますか。あなたのからだを使って、目の前の身体にその症状をつくってみてください。たとえば、重〜い偏頭痛に苦しめられているとしたら、トンカチで、ゴンゴンたたく動作になるかもしれません。喉がつまっている苦しみを与えるために、首を締めるかもしれません。肩が重たい人は、相手を上から押しつぶす動きになるかもしれません。お腹に突き刺されるような、キリキリした痛みを感じている人は、腹部に錐を突き刺すような動作になるかもしれません。

あなたが今苦しんでいる痛みを、目の前の、想像した人体に作りだしてみてください。自分のからだを使って、その〝症状の作り手〟に〝なる〟のです。思い切り動いて表現してください。音や言葉も使うとさらにいいです。

⑥　その動きや音、言葉などの一番ピッタリくる部分だけを取り出して、それを何度も繰り返してみましょう。それをじっくり味わいましょう。

その症状の気持ち、その〝症状の世界〟をじゅうぶん味わってください。それは、どんな世界でしょう。どんな雰囲気のところですか。もし声を出したくなったら、声を出してみてください。違う動きをしたくなったら、それに任せて、その動きや音を展開していってください。動作はダンスに、音は音楽になるかもしれません。創造的に展開していってください。

⑦　じゅうぶんにやったら、一番ぴったりくる動作や音を徐々に徐々に小さくしていって、その動きや音のおおもとを探っていきましょう。まさに「これだ！」という感じがする、その何かのエッセンスを掴みましょう。

⑧　エッセンスが掴めたら、それをじゅうぶんに味わいましょう。そのエッセスを三〇秒位でノートに落書きしましょう。ほかの人にまったく理解不可能なものでかまいません。自分の体験にぴったりくり落書きをしましょう。

⑨　そのエッセンスになりきってください。そして、目の前に、日常の自分がいると想定してみてください。どんなふうに見えますか。どんな言葉をかけたくなりますか。何か言葉をかけてください。メッセージを与えてください。

⑩　今、かけた言葉をノートに記してください。そして、静かにゆっくりと、自分自身にその言葉を、語りかけてみてください。

⑪　次のことを考えてみてください。

- これまでの私はそのエッセンスをどんなふうにないがしろにしてきたか。
- そのエッセンスは、症状の部位にどのように現れていたか。
- そのエッセンスやそこから与えられたメッセージをこれからの人生でどのように大切にしていくことができるか。どんなふうにそれを生きていくことができるか。

私もこのエクササイズを体験してみました。疲れからか、背中に何か〝固い板〟のようなものが感じられた私は、それを身体症状に選びました。そして床にうつぶせになった自分の身体があると想像して、その肩から背中のあたりに覆い被さり、自分の背中にある〝固い板〟のような〝突っ張り〟そのものになってみたのです。そこから生まれる動作をしばらくゆっくりくり返しながら、その〝背中の突っ張りの世界〟をじっくり体験し味わってみました。しばらく動作を続けていると、何か自分が〝蜘蛛〟のような動きをしていることに気がつきました。そしてさらにその動きを続けていると「俺はあきらめない。手に入れるぞ。欲しいものは、欲しいんだ！」と叫んでいるのに気がつきました。

どうやら最近の私は、周囲に合わせすぎ、自分の欲をすぐ諦めてしまう傾向があったようです。いい意味でどん欲になること。欲しいものは欲しい、と言い続けること。そうした執念のような心の動きをもっと大切にせよ、と私の〝背中の突っ張り〟は私に教えてくれたのです。

このエクササイズのポイントは、症状や痛みに苦しめられ、犠牲者になりきっている自分から離れて、〝痛みや症状を作り出す側〟〝加害者の側〟になってみる、というところにあります。なぜなら、そこにこそ、私たちの意識が向けられていない（同一化していない）プロセスがある、と考えられるからです。

嫌な人間関係も、気づきの機会

人間関係ほど、私たちを悩ませるものはありません。カウンセリングをしていると、人生の問題の大半には何らかの人間関係が絡んでいることがわかります。人とつきあわずに生きていくことができるならどれほど楽だろう。内心、そんなことを思っている方も少なくないことでしょう。

人間関係の問題に直面した時、私たちは、自分のことをそのトラブルの〝被害者〟だと思いがちです。しかししょせん人間は、自己中心的。自分の立場からしか問題を捉えることができません。あの〝困った人〟のせいで私はこんなに悩んでいるんだと、〝被害者〟になりきって、その立場からのみ、問題を捉えてしまいがちなのです。

しかし実は、人間関係のもつれやトラブルを引き起こしているのは、私たちが〝困った人〟と思っているその相手本人というより、〝私たちが認めたくない、私たち自身の一部〟であることが多いのです。つまり、人間関係の問題は、私たちの心の〝影〟となっている〝もう一人の自分〟の仕業であることが多いのです。

こんなふうに言われると、「えっ、あの〝困った人〟が実は私自身の一部ですって。そんなの、イヤだ。信じたくない」と思われる方もいることでしょう。しかし、この人生で起きることには、すべて意味があり、必然性があるのです。あの〝困った人〟の存在も、人生の〝気づきのチャンス〟〝学びの機会〟でありうるのです。

そのためでしょうか。〝困った人〟はいくら私たちが避けても、何度でもくり返し現れてきます。たとえば夢の中にとても嫌いな女の人が現れてきたとします。あなたは〝よりによってなぜあの人の夢を見るんだろう〟と不快に思います。そう思っていると翌日、道でバッタリその人に会ったりします。また翌週、仕事で新たに出会った女性がその人にそっくりだったりするのです。

自分自身のうちなる〝加害者〟に気づくための最もストレートな方法は、〝自分が嫌っているその人と、自分自身のどこが似ているか〟に気づくことです。自分が嫌っている人と似ているところが自分自身にあると認めるのは、たいへんな苦痛です。その〝似ているところ〟は、あなた自身にとって認めるのが困難な、あなた自身の一部なのですから。しかし、だからこそその気づきは、あなたを大きく変えるきっかけになりうるのです。

〝嫌いな人〟が教えてくれること

プロセスワークのワークショップでは、こういった気づきが頻繁に生じます。

ミンデル夫妻のワークショップに参加したある女性もそうでした。彼女は歩く時、自分でも知らず知らずのうちに、何かを恐れるように歩いていたのです。ミンデルはたずねました。「あなたは一体、誰を恐れているんでしょうね?」――そうたずねられると、この女性の頭には、貴子というクリティカルな友人が浮かんできました。ミンデルはこの女性に、その〝批判的な貴子〟を演じてみるよう促しました。

最初はためらいがちだった彼女ですが、次第に〝批判的な貴子〟を演じ始めます。ミンデルが本人を演じ、彼女自身は〝貴子〟になりきって役割演技をおこなったのです。

貴子役の彼女は言います。「あなたがおこなっていることは、本当にくだらない。時間の浪費よ。そんなことはやめてさっさと結婚しなさい!」

はじめは辛辣な批判ばかり言っていた〝貴子〟ですが、本人役のミンデルと対話を続けているうちに、少しづつ、有益なアドヴァイスをするようになっていきました。

「あなたは才能を持っているわ。あなたの持っている才能や知識をもっといかしなさい。今のあなたは、まわりの人の目ばかり気にしていて、自分の人生をぜんぜん生きていない。自分のやりたいことをやればいいのよ！」

〝貴子役〟になりきってこう言った時、彼女は何か〝ほんとうの自分〟が語っているような感じがしたのです。彼女が恐れていた〝批判的な貴子〟は、実は、彼女が生きていない彼女自身の半面でした。だからこそ〝貴子役〟を演じているうち、彼女は、自分のその半面に気づき、そこから語ることができるようになったのです。

また、私のワークショップに参加したある女性は、いつの間にか、指でつつく動作をしているのに気づきました。そこでこの動作を意識的にくり返してもらうと、今度は彼女が大嫌いな、ある会社の先輩の姿が浮かんできました。そのまま動作を続けてもらっていると、彼女は突然笑いだしました。彼女はその先輩の〝押しの強いところ〟が大嫌いだったのですが、どうやら自分にも同じように〝押しの強いところ〟があることに気づいたというのです。「そうか、私ももっと自覚的に、押しが強くなればいいんだわ！」

私たちの中の〝自分自身が認めていない部分〟は、このように、自分では知らず知らずのうちにおこなっている動作のような形で現れることがあります。この女性の場合、〝指でつつく動作〟として、彼女の影の部分だった〝押しの強さ〟が姿を現し始めていたのです。そしてそれをもっと自覚的におこなうことで、自分がこれまで生きてこなかった自分の半面を、もっとじゅうぶんに生きることができるようになるのです。

　このように、〝自分が恐れている人〟や〝苦手な人〟を実際にからだを動かして演じてみると強力な気づきを得られることがあります。

　誰か、協力してくれる人がいれば、その人に〝いつもの自分役〟を演じてもらい、自分がその〝恐れている人〟や〝苦手な人〟役を演じて、会話をしてみるといいでしょう。一人でおこなう時は、鏡に映った自分の姿と対話するのも一案です。

参考文献

藤見幸雄　二〇〇一「アーノルド・ミンデル――その人生とアプローチの変遷」（藤見幸雄・諸富祥彦編著『プロセス指向心理学入門』春秋社）
青木聡　二〇〇一「プロセス指向心理学」（諸富祥彦編著『トランスパーソナル心理療法入門』日本評論社）

第18章　死の場所から生を見つめる――キューブラ・ロスに学ぶ

死ぬのが怖いですか

私は、トランスパーソナル心理学という、いわば〝この世を越えた次元〟をも包含した心理学を専門としています。そのためか、時々次のような質問を受けることがあります。

「諸富先生は、死ぬのは、怖くないんでしょう」

あなたなら、こんな時、どんなふうに答えるでしょうか。

「いいえ、怖くありません」と即座に、心の底から答えることのできる人は、どれくらい、いるでしょうか。私には、とても、言えません。今現在、四十五歳の時点での私は、死ぬのが怖い。死にたくありません。

実は、今から十年くらい前までは、私はかなり本気で「死ぬのが怖くない」人間でした。それどころか、「はやく死ねるにこしたことはない」とさえ、思っていました。

前に、私の青年期の苦しみと覚醒体験についてお話ししました。あの体験を得てから、およそ十五年くらいの間、私は、死ぬのが怖くありませんでした。「私のいのちは、私のものではない。私の所有物ではない。むしろ、もともと見えないいのちの働きが、たまたま今・ここでは、この私という形をとっているにすぎない。だから、私のすべきこと、考えるべきことは、ただ一つ。私のいのちが、今・ここにやってきて、私という形をとってこの世にあることの意味と使命とをまっとうすること。ただそれに尽きるのであって、それだけでよい。だから、死ぬのは、怖くない。いやそれどころか、死ぬことで、この世に生きているうちは解放されない課題や使命から早く解放されるのであれば、それにこしたことはない」などとさえ、感じて生きていました。

それが、十年くらい前から――三十五を過ぎた頃からでしょうか――また再び、死ぬのが怖いと感じるようになりました。理由は明白で、この十年くらいの間に、私には、自分よりも大切だと、心から思える二人の人との出会いがあったからです。一人は、私の娘で、もう一方は、お名前を出すことは控えますが、この二人との出会いは、心が震えるような喜びを私の魂にもたらしました。その方と出会うために、私はこの世に生まれてきたのだ。心から、そう思えました。この二人が、この世に存在するうちは、自分もこの世界にとどまりたい、という思いが強くなってきたのです。だから私は、これからどんなにつらいことがあっても、二人の方がこの世に存在するうちは、少なくとも自殺することはないと思います。

永遠の虚無

しかし、考えてみれば、死がこわいのは、当たり前のことです。

私は、「死んだらすべてが終わりだ」などと考えているわけではありません。また、「人間なんてしょせん、物質にすぎず、心なんてものも、脳という物質が作りだした幻にすぎない」と考えているわけでもありません。死後も、〝何か〟が残る、と考えています。

けれども、今持っている感覚器官を備え、五感を感じることのできる私は、少なくとも、死と同時に消滅することでしょう。すると、です。その瞬間、私は、二度と呼吸をすることができなくなるのです。何を見ることも、何を聞くことも、触ることも、匂うことも、味わうことも、一切、しかもずっと、できなくなるのです。何かを感じることも、何かを考えることも、すべて、二度と、できなくなるのです。永遠に。ずっとずっと。そればかりではありません。「これが私だ」とか「私は私だ」と確認する自己意識そのものを二度と持てなくなるのです。私は私である、と意識することすら、できなくなってしまうのです。

次の言葉も、そのあたりの感覚を、うまく表現しています。


「なぜ生まれ、なんのために生き、そして死ぬのか。死んでどうなるというのか。永遠の闇がつづくとでもいうのか。存在にまつわるそんな難問を考えあぐね、気が狂いそうになったおぼえもおありのはずだ。死ねば永遠の虚無。この世に二度と戻れない。永遠に消える。一万年や三兆年ですむはなしじゃない。ほんとにズーッとズーッと、この地上世界から消滅する」（古東哲明「存在という奇蹟」『本』三〇九号　講談社）

輪廻転生をあいまいなまま、肯定する

しかし、多くの日本人は、死について、このような突き詰めたものの見方はしておらず、ごくあいまいに、かつ肯定的に受容しているように思えます。日本人の多くは、輪廻転生、つまり生まれ変わりを「苦の連続」としてではなく、「大自然の大きな流れ」として理解し、死後自分がそこに帰っていくことを肯定的に捉えており、しかも、それを意識的自覚的に、というよりも、何となくぼんやりとそう理解している、というのが、ごく一般的であるように思えるのです。

特に、最近の若い学生たちと話をしていますと、彼らの多くが、「人間は、大自然の大きな流れの一部として、何らかの形で生まれ変わる」ということを、ごく当然のように考えているのがわかります。

そして、そんな感覚を持った日本人にとても好意的に受け入れられたのが、絵本『葉っぱのフレディ』（レオ・パスカーリア作、みらいなな訳）です。死生観を絵本という形で描いたこの本が、老若男女に受け入れられたこと自体、日本人の死生観が曖昧なものであることを示しています。

一枚の葉であるフレディは、仲間の葉っぱが散るのを見て、恐怖におびえます。その時、先輩格の葉っぱはフレディにこう語ります。「変化しないものは、ひとつもないんだよ。（中略）死ぬというのも、変わることの一つなのだよ」。そして、フレディがついに地面に落ちたとき、はじめて木の全体を見て、この木はいつまでも生きていくにちがいない、と確信します。たとえその木は滅びても、「いのち」は永遠である。これがこの本のテーマであり、日本人の多くが潜在的に抱いてい

る死生観とピッタリ重なります。

もう一つ、やはり死生観を描いた有名な絵本に佐野洋子作『百万回生きたねこ』があります。何度生まれ変わっても心が満たされることのなかった猫が、ある時、雌猫に恋をして、子どももつくり、幸せになる。雌猫の死に悲嘆にくれたその雄猫は、雌猫の後を追うように死にますが、それ以降、もう生まれ変わることはなくなる、というストーリーです。輪廻からの離脱を描いているという意味で、こちらのほうがはるかに仏教の基本的な考えに近いものがあると言えるでしょう。

しかし――私は両方とも好きなのですが――日本人の多くには、『葉っぱのフレディ』はそのまま肯定できても、『百万回生きたねこ』には、そういった感情を抱く人はそれほど多くないと思われます。むしろ、「せっかくしあわせになれたのに、ずっと死んだままなんて」とか、「またそのうち、生き返らせてあげればいいのに」と思われる方のほうが多いのではないでしょうか。

日本人の多くは、死んだら、ほんとうに終わりだとは考えていないのではないでしょうか。そしてそれだけに、死を自分のこととしてしっかり見つめたり、死の地点から自分の生を見つめ返す、ということも、きわめて苦手であるように思うのです。

死んだら、どうなるか

前世療法（過去生退行催眠療法）をされている方の多くは、こうした状態を〝中間生＝バルド〟をさまよっている状態と捕らえ、またこの世に帰ってくる。そしてその際、前世で人間であったたましいは、必ず次の世でもまた人間に宿る、と考えているようです。

しかし、私自身の直観に素直に照らしてみれば、残念ながら、その確率はきわめて低いように感じます。もし、この世に戻ってこれたとしても、人間になれる可能性よりは、ミジンコになる可能性、アリになる可能性、水になる可能性、土である可能性のほうがはるかに高いように思います。いや、この世でそんな、何らかの〝形〟をもらえるならばはるかにましで、永遠にこの世には帰ってこれず、何の〝形〟も与えられないまま、この〝宇宙全体を司るエネルギー〟の〝ほんのわずかな一片〟として、さまよい続けるのではないか。そんな可能性が最も高いのではないか、と正直、思ってしまうのです。

これは、〝この世＝見える世界〟の側から見れば、〝無〟に等しいでしょう。

何だ、つまり諸富も〝死んだら、すべてが終わり〟と思っているのではないか。そう言いたくなる方もおられるでしょう。しかし、そうではありません。そう感じてしまうのは、その方が〝この世＝見える世界〟に終着し、そちら側からしかものごとを見ることができないからではないでしょうか。

〝見えない世界〟の側に立てば、この、一切の形なき微細エネルギーこそ、〝すべて〟です。それは、〝いのちのおおもと〟であり〝万物のおおもと〟であるのですから。つまり、死ぬとは、私がもともと〝それ〟であった〝いのちの故郷〟に帰る、ということなのです。いや、より正確に言うと、私はもともとそれであり、そして実は、こうして生きている間も同時に〝それ〟であり続けている、こうしてものを書いている間も、私は同時にその〝何か〟であるのですから、それに〝なる〟

とか〝故郷に帰る〟という言葉を使うこと自体、すでに矛盾しています。私はもともと〝それ〟であり、今も、たえず〝それ〟である。ただ私たちが、それに気づかず、そのことに注意を向けていなかっただけのことなのです。ですから、死ぬ、とは、〝この世でのこの私〟という形を失うと同時に、私がもともと〝それ〟であり、今も、たえず〝それ〟であるような〝その何か〟、〝いのちのおおもと〟であり〝万物のおおもと〟である〝いのちの働き〟そのものへと〝純化される〟ということ。ただ、それだけのことにすぎないのだ、と言うこともできるのです。

死は、こうして、〝この世＝見える世界〟の側に立てば、それこそすべてを失う一大事ですが、〝見えない世界〟の側に立てば、〝あるいのちが、特定の形から脱して、その働きそのものへと純化される〟という、ただそれだけのことにほかならないのです。

こう書くと、かなり安心できるのですが、それでも〝この世〟の側から見ると、これは、見ることも、考えることも、感じることも、食べることも、味わうことも、匂うことも、触ることも、そして、〝これが私だ〟と自らを意識することも、二度と、永久にできなくなる、ということにほかなりません。だから私は死が怖いし、この怖さを意識しながら生きていくことがとても大切だと思うのです。

なぜなら、このような私の死生観からすると、そもそも、この世に〝形あるもの〟として存在することと自体、すでに奇跡のような出来事です。しかも、人間として、この世に生きていられるなどということは、〝奇跡中の奇跡〟にほかならないのです。

死にゆく過程の五段階

エリザベス・キューブラ・ロスという方をご存じでしょうか。死のプロセスを説いた世界的ベストセラー『死ぬ瞬間』（鈴木晶訳　読売新聞社）の著者です。ロスは、〝死にゆく人の心の物語〟を徹底して聴いてゆき、その結果、末期患者がその終末期に体験する心のプロセスを、次の五段階にまとめています。

第一段階――〝否認と孤立〟。これは、文字通り、自分が死ぬという事実を求めたくない、否定したい、という心理です。いつかは自分も死ぬ。このことを私たちは、もちろん〝知って〟います。頭では理解しているのです。しかし、いざそれが現実のことになると、それを直視するのは容易ではありません。ほかの誰かではなく、ほかならない〝この私〟が現に死につつあること。このことを受け止めることができるほど、人間は強くありません。したがって誰もが、その事実を認めまいとするのです。人によっては、私のガンを写したそのレントゲン写真は、私のものではない。ほかの誰かのものと間違えているのだ、と考えることもあります。

第二段階――〝怒り〟。自分がほんとうに死んでしまうのだ、という、認めずにすむのならば認めたくない事実を、いよいよ認めざるをえなくなった時、人は、やりようのない怒りに襲われます。〝なぜ、ほかの誰かではなく、この私なのか〟――このような、やるせない気持ちが、怒りとなって爆発するのです。見舞いに来てくれる家族に、担当の医者や看護に、この怒りはぶつけられます。

第三段階——〝取り引き〟。これは、自分の死を直視し始めた人がおこなう、最後の悪あがきです。つまり、避けることのできない〝この私の死〟を少しでも先に延ばそうと、神様に頼み込み、交渉し始めるのです。「せめて、この本を書き終えるまで、待っていてほしい」「せめて、もう一度だけ、～させてほしい」と頼みごとをするのです。

第四段階——〝抑鬱〟。これは、死への抵抗を一通りやり終た後に、いよいよ襲ってくる絶望的な感情です。症状から来るからだの痛み。手術に伴う苦痛や治療の副作用。体力の衰え。家族にかけてしまう多大な迷惑。経済的な損失。社会的な活動からの退却。こうしたさまざまな〝喪失〟への抑鬱的な感情に打ちのめされます。

第五段階——〝受容〟。この段階では、もはや人は、自分が死ぬという運命と闘おうとはしません。また逆に、恐怖に戦《おのの》いたり、絶望したりもしません。それは、〝長い旅路の最後の休息〟とでも呼ぶのが相応しい、静かで安らかな気持ちです。

以上がキューブラ・ロスの説く〝死にゆく過程の五段階〟。自分が死に瀕した状態に至ったことのない人でも、読んだだけで、なるほど、とうなずける説得力があります。

さなぎから飛び立つ蝶のように、私たちはからだを脱ぎ捨てる

では、世界で最も多くの死を看取ってきたロスは、いかなる死生観を持つに至ったのでしょう。ロスは、青年時代に、九六万人もの子どもが毒室で殺されたメーダネック収容所をたずねたことが

あります。その収容所で子どもたちが最後の夜を過ごした木造のバラックの板壁には、なぜか引っかき傷のようなママやパパへのメッセージのほかに、小さな蝶のシンボルがいたるところに刻み込まれていたといいます。当時は、その蝶が意味することをまったく理解できなかったロスですが、その後、多くの人の死を看取る中で、どんなに怒り狂っていた患者も、臨終の際には、静かなリラックスした瞬間を迎えるのを目の当たりにして、先の蝶が死の瞬間の体験をよく表したものであることに気づきます。その後、ロスは、死とその過程について説明するときに、蝶のイメージを使うようになっていきました。

ある時、がんを患い、間もなく死を迎える子どもから手紙で「死んだらどうなるの」という問いを投げかけられたロスは、こう答えたといいます。（エリザベス・キューブラ・ロス著　上野圭一訳『人生は廻る輪のように』徳間書店）

地球に生まれてきて、あたえられた宿題をぜんぶすませたら、
もう、からだをぬぎ捨ててもいいのよ。
からだは、そこから蝶が飛び立つさなぎみたいに、
たましいをつつんでいる殻なの。
ときがきたら、からだを手放してもいいわ。
そしたら、痛さからも、怖さや心配からも自由になるの。
神さまのお家に帰っていく、とてもきれいな蝶のように自由に。

実に、感動的な言葉です。このようにロスは、死を、無に帰すこと、ではなく、〝ある存在状態から別の存在状態へと移行すること〟として理解するようになります。もともと死後の世界などまったく信じていなかったロスが、このような問題関心を持ち始めるに至るには、臨死体験、つまり、いったん死にかかったにもかかわらず、この世に戻ってきた人の体験の共通性を知ったことが大きいようです。

交通事故にあい、医師から死亡を宣告されたある女性は、あの世で主人に会ってきて、そしてこの世へ生還してきたのだと語ったといいます。妻子を交通事故で失ったショックから自殺し、やはり医師から死亡を宣告されたある男性も、あの世で家族に再会し、みんな元気であることを確認した上で、この世へと戻ってきた、と語ったといいます。臨死体験の体験者には、あの世でかつて愛した人と再会し世にも素晴らしい場所にゆきついた後、しかしそこで「まだその時ではない」という声を聴いてこの世に戻ってきた、といった体験が奇妙なほど、一致しているのです。

もう一つ、臨死体験に共通しているのは、〝光の体験〟です。トンネルや門、橋、山の小道、きれいな川などを通った後にまぶしい光を目撃する、というのです。そしてその光は、エネルギーであり、無条件の愛であることを体験します。興奮がおさまると、ついに故郷に帰っていくのだという期待が高まってきます。臨死体験者たちは、その光について〝宇宙のエネルギーの究極の本源〟〝神〟〝キリスト〟〝ブッダ〟などとさまざまな言葉で表現していますが、その光が圧倒的な愛に包まれている、という点については一致しています。そしてそのために、誰ひとり、肉体に帰りたいと望まなかったというのです。

こうしたことを知ったロスは、もとは、死後の世界など信じていなかったにもかかわらず、「従来の意味での死は、存在しない」と確信するようになります。「死はこの形態のいのちからの、痛みも悩みもない別の存在形態への移行にすぎない」と明言するようになったのです。そして、多くの臨死体験者が同様にその体験を肯定的に語ることから、こう言うのです。死には、苦痛も、恐れも、不安も、悲しみも存在しない。あるのはただ、さなぎから蝶へと変容していく時の、あたたかさと静けさだけなのだ、と。（キューブラ・ロスの逸話については、田口ランディ『パピヨン』（角川学芸出版）が興味深いエピソード満載で、参考になります。）

第19章　自分を生きる　運命を生きる——J・ヒルマンに学ぶ

孤独にとどまり続けると、見えてくるもの

前に、自分らしく生きていくためには「深い孤独の体験」が不可欠だと言いました。

孤独であることの不安やさみしさに耐え、じっとそこにとどまっていると、次第に見えてくることと、気づくことがあります。

一つは、あなたが耳を傾けるべき真の相手、ほんとうの対話の相手は、ほかの誰でもない、あなた自身のこころの声である、ということ。それまで自分がどれほど、自分自身のこころの声に耳を貸してこなかったか。そのことに改めて気づき、驚くはずです。

二つめは、自分と同じように孤独であることに価値を見出し、自分自身のこころの声にしたがって生きているそんな仲間との深いつながり。孤独を享受している者同士のつながりは、不安のために維持されている表面的な関係とは比較にならないほど深いものです。

そして三つめは、あなたが単に自分のこころの声に従って生きているというだけでなく、あなたを超えたところから届けられている〝何らかの声〟に従って生きてもいるのだということ。あなたを超えた〝見えない世界〟から、あなたに届けられてくる〝人生の呼び声〟に、あなたの人生は導

かれ始めている、ということに気づき始めるはずなのです。

あなたが、あなた自身のこころの声に、深く深く耳を傾けていく時、そのことと、あなたに小さな声で語りかけてくる〝運命のささやき声〟に耳を傾けていくこととは、別のことではありません。〝自分〟を深く掘り下げて生きていくならば、どこかで「あぁ私は、こう生きることになっていたんだ」という〝運命〟の実感につながっていくはずです。

自分を生きること、運命を生きること

〝運命〟などという言葉を使うと、自分を放棄して運任せで生きる、そんな生き方を連想される方もいるでしょう。「どうせ俺は～だから」と自分の置かれた境遇を嘆いて生きる宿命論者や「人生はすべて決まっている」という決定論者を思い出す方もいるはずです。占いばかりに頼る依存的な人物を思い浮かべる方も少なくないでしょう。

ここで私が、〝運命を生きる〟という言葉で表現しようとしているのは、もちろん、そんなことではありません。そうではなく、この人生、この世界のさまざまな出来事を通して、私を越えた向こうから届けてられてくるメッセージを深く味わいながら生きる、ということ。自分のこころの声に深く耳を傾けることと、自分を超えた世界からの誘いに従って生きていくこととが一つであると感じられる、そんな生き方のことなのです。

ここで、ケン・ウイルバーが提示した①プレパーソナル（個の確立以前）②パーソナル（個の確

立）③トランスパーソナル（個の確立後、それを超える）という三つの概念の区別を再び援用したいと思います。

①のプレパーソナルとは、自分を持たない個人が、他者や集団などに依存して、それに任せて生きていくこと。自分で考えることの苦手な日本人が陥りがちな状態です。

この状態を脱して、人間関係のしがらみを断ち切り、ひとりになることを決意した人間が、そこではじめて確立するのが②のパーソナルな状態。自分をしっかり持ち、自分で自分の人生を生きている、という実感が持てる生き方です。

しかし、そのようにして、自分らしく生きること、自分のこころの声に耳を傾けながら生きていくのを学んだ人が、さらにそれを突き詰め徹底していく時、そこではじめて実現されるのが、③のトランスパーソナルな生き方。自分を深く生きる、自分自身の心の声に従って生きていくことが、直ちに同時に、自分を超えた〝世界からの誘い〟に従って生きていくこととイコールであるような生き方のことです。

もっと平たい表現を使うとこうなります。自分に自信がない人が運任せで生きる。運命に流され、不幸を運命のせいにし、運命を呪いながら生きる。そんな生き方は〝宿命論的な生き方〟です。一方、私がここで〝運命を生きる〟と言っているのは、個を確立した個人が、自分の心の声、運命の呼び声に従って生きること。見えない世界からの呼び声（コーリング）、つまり、〝自分の人生に与えられた使命（召命）〟を生きることが自分らしく生きることと一致する、そんな生き方のことなのです。

孤独であることを決意した人が、自分の奥から発せられてくる小さな小さな声（なおかそけき声）に深く、深く耳を傾けていく。すると、ある時その声は、私を超えた向こうから発せられてくる〝運命の呼び声〟と重なってきます。そしてその声は、ある時ふと、私たち一人一人の人生に与えられたほんとうの意味と使命とを告げ知らせてくれるのです。

ジェームズ・ヒルマン〝運命の感覚〟の復権――トラウマ理論への警鐘――

私の専門であるカウンセリングや臨床心理学の世界で、〝運命〟という観点に立って人生を捉え返してみることの大きな意義を指摘したのは、ユング派の元型的心理学の創始者ジェームズ・ヒルマンです。ヒルマンは〝魂〟とか〝運命の感覚〟といったものの見方を復権させるべきだと説きます。その観点から、心理学そのものの根本的な見直し（リビジョニング）を行うと共に、現代人が抱く様々な通念を覆《くつがえ》そうとするのです。数年前全米ベストセラー第一位となった『魂のコード』（鏡リュウジ訳　河出書房新社）で次のように言います。

「人生は、理論では説明しきれない。何かが、遅かれ早かれ私たちをある一つの道へと呼び込んでゆく。その〝何か〟は、子ども時代に突然やってくることもある。ふってわいたような衝動、あらがいがたい魅惑、思いがけない曲折――。そんな一瞬がまるで啓示のように、あなたにこう訴えかける。これこそ私がやらなければならないこと、これこそ、私が手にしなければならないもの、これこそ、私が私であるために必要なものだ、と」

人生の中で私たちは幾度か、〝なぜかわからないけれど、無性に心魅かれる何か〟に出会います。理由では説明できないけれど、なぜか妙に気になる〝何か〟。それさえ手に入れば、ほかのすべてを失ってもかまわない。私たちをそんな思いに駆り立てて、人生の流れを大きく変えてしまうその〝何か〟。毎日の穏やかな人生の中に突如として現れる〝うずまき〟のようなその〝何か〟に――。人がそんな〝何か〟に出会った時、あの人は〝～に狂った〟とか〝～に憑かれた〟などと言われます。そんな心の動きを説明するには、この世界の〝向こう〟から〝何か〟がこの世に降りてきてその人の心を捕らえたのだ、その人を虜にしてしまったのだ、と考えるほうがしっくりくるからです。情熱的な恋愛などはまさにそうで、だから私たちは、人に恋する時、その相手の女性に惚れている、というより、その女性を通してこの世に姿を現した〝何か〟に憑かれている、と考えるべきなのです。人生や職業も同じこと。人生に突如として現れる〝うずまき〟のような〝何か〟に人は誘われていく、とヒルマンは言います。

そうした考えに立ちヒルマンは、現代人の生の感覚を狂わせているものとして、トラウマ理論をとりあげ徹底的に批判します。私たちの人生は、子ども時代の痛ましい体験が付けた心の傷によって決定づけられる、とするトラウマ理論。しかしヒルマンによれば、私たちの人生を支配しているのは、子ども時代の心の傷それ自体ではなく、むしろ、子ども時代をそのような観点から理解するようしむけているトラウマ〝理論〟それ自体なのです。

トラウマ理論に慣れ親しんだ人は、子ども時代を、両親との関係で人生がねじ曲げられていく時代として連想するようになります。しかし実際には、そのような〝ものの見方〟が私たちの人生にダメージを与えるのであり、それに比べれば、現実の子ども時代が与えるダメージなどとるに足らない、とヒルマンは言うのです。〝過去のあの時、子ども時代のあの時に、こんなひどい目にあったから、その後私はこんなふうにしか生きられなくなってしまった〟とトラウマ的な見方で〝私の人生物語〟を編む癖が付いてしまうと、人生そのものが、安っぽい心理学的な物語に矮小化されてしまうのです。

トラウマ理論だけではありません。唯物論。相対主義。ＤＮＡ理論。環境決定論……。こうした〝ものの見方〟〝人生の理論〟そのものが、私たちの生きる意欲を奪い、出口を塞いで窒息させてしまうのです。遺伝にせよ環境にせよ、自分の力ではどうにも変えられないわけで、こうした決定論的な人生の見方、還元主義的な人生の見方は、やはりそれ自体、私たちの生きる意欲を奪うものと言わなくてはなりません。

これらに代えてヒルマンが提示するのが、私たちを越えた〝何か〟が向こうからやってきて、私たちの魂を掴み、そして否応なくある〝道〟へと誘っていく、というものの見方です。それは、〝運命の感覚〟に満ちた〝私の物語〟の語り方。過去の両親との関係に由来する心の傷（トラウマ）によってではなく、運命の守護霊（ダイモーン）の誘いによって、私たちは自分固有の人生を歩み始める、というものの見方です。小さなドングリがカシの木になるように、それぞれの魂は決まった開花の仕方を、すなわち〝運命〟を生まれた時から刻み込まれている、という刺激的な見解を提示したのです。

私自身は、ヒルマンからインスピレーションを得て、次のような人生の〝物語〟を持つに至っています。すべての人には、その人だけの〝隠れた使命（ミッション）〟が与えられている。人は、自分だけに与えられた〝ほんとうの人生〟＝その〝見えないシナリオ〟を生き現実化してその使命を果たすために、この世に生まれてきている。その〝見えないシナリオ〟は、この世界でその人に発見され、実現されるのを〝待っている〟。

この任務を果たし終えた時、私たちはすべてのいのちの故郷である〝見えない世界〟へ帰っていくのでしょう。〝見えない世界〟からこの世に送られてきて、そこで託された使命を果たし終えたなら、再び〝見えない世界〟へと帰っていく。私たちはそんな存在なのでしょう。しかし、死はすべての終わりではありません。発見され上演されることのなかった〝見えないシナリオ〟は、未完のまま放置され、その時（機会）は永遠に失われますが、一方、発見され実現された〝人生のシナリオ〟は永遠に刻まれ続けるのです。

ヒルマンとのインタビュー

一流の心理学者ならではの品格と風格を漂わせつつ、高齢でありながらなお悪しき通念に挑み続けるヒルマン。日本心理臨床学会第十九回大会（二〇〇〇年　九月一三～一六日　於：京都文教大学）の講演者として招待されましたが、その折り幸運にもマンツーマンでインタビューする機会に恵まれました。そのごく一部を紹介しましょう。

――博士は『魂のコード』で、トラウマ（心的外傷）理論を批判されました。人を苦しめているのは、過去の忌まわしい出来事自体というより、実は〝私たちの人生は、子ども時代の痛ましい体験が付けた心の傷によって決定づけられる〟とするトラウマ理論そのものである、という刺激的な見解を提示されましたね。

ヒルマン博士「そうです。そして実際、多くの天才たちの生い立ちを調べるとその幼少期は実に悲惨である場合が多いのです。彼らが子ども時代に示した様々な問題や病気はその後の運命の物語の兆候として理解すべきだと私には思われます。単に大人に対する反抗のように見える子どもの癇癪や意地っ張りといった特徴も、子どもたちが自分が本来そこからやって来た世界を守ろうとする試みなのかもしれません。

たとえば、ヴァイオリニスト、ユーディ・メニューイン。彼はまだ三歳の時「次の誕生日にはヴァイオリンを買って」とねだりました。まだ子どもだからと両親の友人の一人がおもちゃのヴァイオリンをプレゼントしたところ、メニューインはその場で泣きだし、おもちゃのヴァイオリンを床に投げつけてしまったのです。この行動を子どもじみた万能感とか、親子関係の歪みと捉えることもできるでしょう。しかし私はむしろ、彼の魂に刻みこまれた〝運命〟への呼び声が、四歳のメニューインに子ども扱いを拒否させ怒り狂わせたのだ、と考えています。

ジェイムズ・ヒルマンと著者ら。左から著者、鏡リュウジ（『魂のコード』の訳者）、ヒルマン、富士見ユキオ（2000年にヒルマンが来日した際の写真）（敬称略）

あなたの人生のさまざまな出来事をこのような観点から捉え直してみては、いかがでしょう。たとえば、夫婦関係を〝適齢期だったから何となくいっしょになった〟と見るのでなく、〝これだけいっしょに過ごしたのだから、やはり二人の間には何か、目に見えない力が働いていたのだ。その力に呼ばれて二人は出会い、結びついたのだ〟と捉えてみてはどうでしょう。親子関係を〝選んだわけでもないのにこの家に生まれた〟と考えるのでなく、〝私の魂が、生まれる前から私のDNAを選び、私の両親を選んだのだ〟と考えてみてはいかがでしょう。〝たまたま適性があったからこの仕事についたのだ〟とか〝たまたま適齢期に条件が合ったからこの人と結婚したのだ〟と〝割り切って〟考えるのでなく、そこに見えない〝運命〟の力、〝ご縁〟の力の存在を仮定してみてはいかがでしょう。

人生を割り切って考えるのでなく、〝たまたま偶然〟の背後にある〝割り切れない力〟の側から人生を捉え直してみましょう。すると、さまざまな出会いが、何かとても大切な

〝授かりもの〟のように思え、慈しみの気持ちが湧いてくるはずです。

スピリチュアル・レボリューション――〝見えないものを見るこころの目〟――

ヒルマンから私たちが学ぶべきもの。それは、〝見えない世界〟の側に立ち、その観点から眺めてみることで、人生や世界がこれまでとはまったく異なる色合いを帯びてくる、ということ。この世（見える世界）の側に立ち、そこからこぼれ落ちる何かとして〝見えない世界〟を捉えるのでなく、あくまで〝見えない世界〟の側に立ち、そこを中心としてそこから人生や世界を捉え返してみることが大切なのです。

〝生きる意味〟の問題も、こうした視点に立ってはじめて納得できる答えを得られる問題でしょうる。人生や世界の意味を、この見える世界の中だけで考えると、「すべては結局モノにすぎない」「いつかはすべて滅ぶ」「死んだら灰になるだけ」となり、人生も世界も端的に無意味、というほかありません。この世のすべては滅びゆくはかない存在であり、その意味では、世界はたしかに虚無なのです。

けれど、この〝見える世界〟の背後に〝見えない世界〟を見て取りつつ、そこを中心として（立脚点として）そこから〝見える世界〟を捉え返すならば、人生や世界はまったく異なる色合いを帯びてきます。たとえば、この世界の万物はそのままで直ちに〝究極の一者＝空〟の顕現（ウイルバー）であると見たならばどうでしょう。あるいは、大いなる〝いのちの働き〟があちらでは鳥という形、こちらでは花という形、そしてここでは私という形をとっている（いのちが私している）と考えてみてはどうでしょう。私たちの人生の行程をその人に〝固有の魂の現れ〟であり、〝運命の感覚〟に誘われている（ヒルマン）と見たならばどうでしょう。あるいは、私たちすべては、自分だけに与えられた〝見えないシナリオ〟を現実化するためにこの世に生まれてきたのだ、そしてそこで託された使命を果たし終えたなら、また万物の故郷である〝見えない世界〟へ帰っていくのだと想像するとどうでしょう。世界は異なる様相を帯びてこないでしょうか。

世界の人々の多くが今、慢性的なうつに悩まされ人生を無意味だと感じているのは、日常的現実の背景にある〝見えない次元〟の働き（＝ドリーミング）を忘れる習慣が身についてしまっているからだ、とミンデルは考えます。

「おそらく、あなたが世界のどこに住んでいようと、周囲の人々の多くは自分の人生には何かが欠けていると感じているだろうし、それどころか人生とは本来特別な何かが欠けているものなのだと思い込んでいる人さえいるだろう。（中略）人生など特別なものではなく、終わりまでひたすら生きるだけのものだ、と感じてしまうのである。（中略）問題がどのような形で現れようと、多くの抑うつや生気のなさの根本にあるのはドリーミングの無視である。ドリーミングがなければ、人生の半分を生きているにすぎず、世界の半分を見ているだけである。この地球規模で蔓延する流行病に対する簡単な解決策は、ドリーミングとのつながりを回復することだろう」（藤見幸雄・青木聡訳『二十四時間の明晰夢――夢見と覚醒の心理学――』春秋社）

ここでミンデルが〝ドリーミング〟と呼ぶのは、夜見る夢のことではありません。それは、そこから夢やイメージや意味や言葉が生まれてくる、すべての体験の源。意味以前・夢以前でありながら、そこから意味や夢が生成してくるとても微細で曖昧な感覚や直観の流れのこと。日常の出来事のまわりに微かに感じ取れる〝雰囲気〟のようなものと言うこともできます。この〝微細な雰囲気＝意味以前の曖昧な意味感覚の流れ〟とつながることで私たちは、この世界を意味あるものとして受け取り直すことができるのです。

私はここで、サン＝テグジュペリ作『星の王子さま』の有名なセリフを思い出します。「心で見なくちゃ、ものごとはよく見えないってことさ。大切なことは、目に見えないんだ」

人生の意味とは何か、と観念的に問い詰めても答えが出るものではありません。この人生、この世界を意味あるものと受け取るために必要なもの。それは〝見えないものを見るこころの目〟を鍛えることなのです。

見えないものを見る、ということ。今、世界中で、近代合理主義において切り捨てられてきたこうした心の働きの再評価が同時的に進行しつつあります。特定の宗教にはまったく関心のない多くの人々が、スピリチュアルな道や自分の魂を養うことに関心を持ち、目覚めつつあるというのです。デーヴィッド・エルキンスはそれを〝スピリチュアル・レボリューション〟と呼び、九十年代アメリカにおけるこの動向の立役者としてヒルマンをあげています（『スピリチュアル・レボリューション』大野純一訳　コスモス・ライブラリー）。

〝見えない世界〟の復権が今、世界の至る所で始まりつつあるのです。

自己変容と世界変容への同時的働きかけ

スピリチュアル・レボリューション。それは、人々が〝見えない世界〟からの呼びかけに目覚め、その道を歩んでいく時に起こってくる、自然発生的な世界変容のことです。

私たちが生きるこの時代に必要な社会変革、世界の変革は、ある特定のイデオロギーを唱えたり、それに声高に反対することによってなしとげられるものとは思えません。むしろ、私たち一人一人に深い〝納得の感覚〟をもたらす新たなモデルなり世界像なりが提示された時、自然発生的に人類規模の意識変容が生じていく。世界は変容していくのです。

その時、旧いものの見方は否定され打ち砕かれるのではありません。そうではなく、その旧さによって、溶けてなくなる、いつの間にか消えてなくなってしまうのです。

いずれにせよ、それは、イデオロギーによる社会革命ではなく、自己変容、意識変容の集合的発生による世界の変容。まず自分が変わらなくては、世界は変わらないのです。

インド生まれの哲人クリシュナムルティも言います。「あなたが世界なのだ」。世界を変えたいのなら、まず自分自身が変わらなくてはならない、と。

とはいえ、個々人が自己変容に励めば、あとは自然調和的にうまくいく、というものでもありません。自己変容と世界変容。両者の関係と断絶。その構造を見極めた上で、同時進行的に働きかけていく必要があります。

それを自覚的におこなおうとしているのが、トランスパーソナル心理学。私たち一人一人の心を傷つけ生きづらくしている何かと、この社会に歪みをもたらし地球を破壊へと追い込んでいる何かとは、実は、コインの裏表のような関係にあると考え、自己変容と世界変容、精神世界の変革と社会変革の運動とに同時進行的に働きかけていこうとするのです。

この時、「私はどう生きるべきか」という自己探究の問題と「この世界はどこに向かうべきか」という社会変革の問題、そして「私たちが傷つけた地球の生命をどう癒すか」というエコロジーの問題とは一つに溶け合います。トランスパーソナル心理学ではこうした考えから、私たちの内と外、「精神世界の変革」と「社会変革の運動」、「私の癒し」と「世界の癒し」そして「地球の癒し」とに同時進行的に働きかけるのです。

それは、人類規模のスケールを視野に入れた意識の〝目覚めの心理学〟。一人一人の〝目覚め〟（覚醒）＝深い生き方の変容は自然発生的かつ同時発生的に拡がっていき、いずれは何百万、何千万という大規模の集合的意識変容につながっていく。そしてついには〝人類の意識変容＝世界の変容〟をもたらす、と考えるのです。

第Ⅴ部　エッセイ集：生きていくためのヒント

第20章　生きていくための九つのヒント

1　何をやってもだめな時、それでも生きていく心の工夫

「あぁ、もうだめだ」……。いろいろなことがうまくいかず、また、どうあがいても改善せずにどんどん窮地に追い込まれていく。こころもからだも疲れきってしまって、そんなふうにつぶやきたくなる日もあるかもしれません。

「いっそ、死んでしまえたらラクになれるのに」。長い人生のなかでそう思ったことが一度もない人など、むしろ少ないのではないでしょうか。

カウンセリングを受けたり、精神・神経科のクリニックに通っているけれど、どうしても投げやりな気持ちになってしまう。そんな方もおられることでしょう。

そんな方のために、何をやってもだめな時、どうあがいても無駄で「もう、だめだ」と思ってしまうときに有効な、とっておきのコツをお教えしましょう。

それは、「脱同一化」と呼ばれるこころの姿勢を保つことです。具体的に説明すると、自分のこころのうちがわから、死にたいとか、つらいとか、もうだめだとか、あいつを殺してやりたいとか、一生憎んでやるとか……そんな否定的な気持ちがどれほど出てきたとしても、ただそれを

「あぁ、こんな気持ち、ここにあるなぁ」「こういった気持ち、出てきているなぁ」と認め、眺めていく、という方法です。

何が出てきても認める。ただそのままに認める。解釈したり、いじくったり、考えたりせずに、たとえば死にたい気持ちがわいてきたら、「あぁ、死にたい気持ちが、ここにあるなぁ」と、なにかものごとを観察するかのような姿勢で、ただその気持ちの存在を認め、確認し、眺めていく。それとは異なる気持ち、たとえば、どうしようもなくさみしい気持ちがわいてきても、また「あぁ、さみしい気持ち、ここにあるなぁ」と認めていく。ただひたすら、こうした作業を続けていく。これだけの方法です。

なぁんだ、そんなこと、と思われる方が多いかもしれません。しかしこれが、やってみると意外に難しく、しかもものすごく効果的な方法なのです。

これとは逆の姿勢が、「考える」という姿勢です。カウンセリングをしているとよくわかりますが、人生でどうしようもない悩みを抱えて苦しんでおられる方の大半が「考えすぎている方」です。考えれば考えるほど、心ががんじがらめになっていき、抜け道もわからなくなってくる。考えれば何とかなるはずだと考えれば考えるほど、どうしようもなくなっていく。こころのエネルギーも枯渇していき、生きる気力を奪われていく。そんな方がじつに多いのに驚かされます。

ポジティブ・シンキングも逆効果です。数年前『小さいことにクヨクヨするな！』（リチャード・カールソン　小沢瑞穂訳　サンマーク出版）というポジティブ・シンキングの代表のような本がありました。なかなか質のいい本で、読まれた方の八割は、こころがホッとする、とおっしゃいました。けれども、カウンセリングにこられるような方の少なからずは、余計に落ち込む、といいます。「クヨクヨするなと言われても……」と、ついていけない気持ちになるからです。（実際、たしかこのようなタイトルの便乗本が当時も出て、それなりに売れていたように思います……）

ふつうの心理状態の時であればともかく、死にたいほどつらいときに、ポジティブになれと言われても、よけいに落ち込んでしまうのが関の山です。

さきほど紹介した「脱同一化」の方法では、自分の落ち込んだ気持ちにこれとは逆の姿勢をとります。どんなつらい気持ちがわいてきても、それを否定しようとか、解決しようなどとはしません。そうしようとすればするほど、落ち込んでしまうからです。

最大のポイントの一つは、「考えるのをやめる」こと。そしてもう一つは、何が出てきても、「ただ観察するような姿勢で認める」ことです。死にたくなったら、「あぁ、死にたい気持ちが出てきたなぁ」と観察するような姿勢で眺める。もうだめだ、と思ったら、「もうだめだ、という気持ちがあるなぁ」と観察するような姿勢で眺める。ただただひたすらこれを繰り返していると、このような落ち込む気持ちと、それを眺めている自分とは別であること（脱同一化）、そして眺めている自分こそ自分であり、落ち込んだ気持ちはどれほど強烈であれ、それは自分のごく一部にすぎないことがジワーッと自覚されてきます。もうこうなれば、こっちのもの。この「小さな悟り」「自覚する目」が生まれてくると、たとえ借金が三十億あっても、死なずにすむはずです。

2　因果論について

なぜ人は古来から宗教や哲学、心理学などを必要とするのでしょうか。人間は、生きていくうえでその指針となる原理のようなものを欠いたままでは生きていくことができないからでしょう。その中で、多くの大衆を支えてきた「原理」の一つに、「因果的なものの考え方」があります。多くの宗教や文化の中に取り入れられてきたものの考え方です。「前に〜したから（〜があったから）こうなったのだ」と、原因と結果を結びつける因果論的な考え方は、私たちの生活実感に結びつきながら、また、宗教、哲学といったさまざまな形をとりながら、多くの人の心のよりどころとなってきたのです。

しかし、因果的なものの見方は、それとうまくつきあえば私たちの生き方を豊かにしてくれますが、下手をすると、私たちの心をがんじがらめに束縛してしまうところもないとは言えません。

①「自業自得」――もっともポピュラーな因果論です。私たちは、自分にとって都合のいい結果は自分の手柄だと考えますが、自分に都合の悪い結果は、すぐに誰かのせいにしてしまいがちです。たとえば、がんばって受験に合格すれば、それは自分が努力して勉強した結果であるが、受験に落ちてしまうと、両親が協力してくれなかったからだ、とか、貧乏で塾に行かせてもらえなかったからだ、といったようにです。たまに愚痴をこぼすくらいならかまわないでしょうが、しかし、いつまでも人のせいにばかりしていては人間としての成長は望めません。「結局、すべては、自分がやってきたことの結果。自分が撒いた種」――そう自分に言い聞かせようとするのです。

②「因果応報」――勉強やスポーツの結果ならば、自分のこととして引き受けやすいかもしれません。結局、自分がもっと頑張ればよかったのだ、と。けれども、人生には、不可解な問題が次から次へと生まれてきます。たとえば、いくつもの会社を転々としながらまじめに頑張っているけれど、どの会社でも上司にめぐまれず、セクハラ、パワハラを受けてやめざるをえなくなってしまった。そんな時、因果論では、それはその人自身が人生のどこかで他人を裏切ったり、利用したりした報いがやってきたのだから甘んじて引き受けるべきだと考えます。「因果応報」という考え方です。

また、因果論の中にも、たとえば①何かを盗んだり、人を殺したり、といった行為を実際におこなったり、そこまでいかなくても「お前なんか、ぶっ殺してやる」と、おぞましいことを実際に言葉にしたりした時に、その言葉や行為に対して報いが生じる、という考え方と、たとえば②「殺してやりたい」と心の中で思っただけでそれを言葉にも表情にも出していなくても、それが心の種になって残るので、それに対する報いが生じる、という考え方とがあります。「欲しいと思ったら盗んだのも同じ。殺してやりたいと思ったら殺したも同じ」というわけです。

たしかにこの考えは、こころ清らかに生きていこう、という励ましになるでしょう。また、すぐに人を恨んだり、妬んだりする自分を戒めるきっかけにもなるでしょう。

しかし、こころの中で人を憎んだり死んでくれればいいのにと思ったりしただけで、それに対する報いが生じる。どの会社でもセクハラ、パワハラにあってしまったり、交際していた男性から突然裏切られたりするのもそのためで、自業自得、自分の責任として引き受けよ、と考えるのは、あまりに厳しすぎるようにも思います。

③前世・現世・来世の因果――人生は不可解なもので、出世や儲けのことしか考えていない欲深い人間の人生が順調に運んでいく一方で、逆に、どう見てもこころ清らかに生きている、清貧という言葉はこの方のためにあるのではないか、というような方が次々と苦難に見舞われたりします。本人も、特に人を恨んだり妬んだりした覚えもないのに、なぜこんなに苦難につきまとわれるのか、腑に落ちないでいます。

こんな時、因果論では、「前世」という考え方を持ち出します。人間には、悠久永遠のたましいが存在する。前世の結果が現世の原因となり、現世の結果が来世の原因となる、という仕方で、その人が前世でどう生きたのかが引き継がれていく。たとえば本人は誠実に生きているのに次々と人から裏切られるのは、その人が前世で人に裏切られたとき、それを許せず復讐してしまったためである。そこで果たせなかった課題、つまり「自分を裏切った人間をそれでも許せるか」という課題が現世に持ち込まれ、それを果たせるかどうかが本人には問われている。その課題を果たせたとき、たましいは一歩成長し、それが来世に引き継がれていく、という考え方です。

この人生は、たしかに不条理に満ちています。「なぜこの苦しみが私に」「私が何かしたのか」と天に向かって叫びたくなることがあります。そうしたとき、因果論は、それもまた（現世においてか前世においてかは別にして）自分自身が引き寄せた結果なのだ。原因は自分自身にあるのだから、自分が引き受けるべきことだ、と、不条理を引き受け納得する理由を与えてくれます。不条理な苦しみに意味づけを与えてくれるのです。

これはこれで大きな価値のある考え方です。私の見るところ、こうした因果論的な考え方に納得しやすいのは、まじめで、自分を反省することの多いタイプの方です。もちろん、まじめで自分をしばしば省みるのは、それ自体、悪いことではありません。こうしたさまざまな因果論的な考え方を身に付けることで「もっと精進しよう」「たましいの向上に向けて精一杯、努めよう」という気持ちになれるのであれば、それはそれですばらしいことです。

問題は、さまざまなタイプの因果論的な考えが他者に対して、説得や説教、説諭といったかたちで用いられる場合です。たとえば、ある人が信頼されていた方に次々と裏切られて途方にくれていたとしましょう。何年か前に、牧師さんが信者の女性を何人もレイプしていた事件が報道されたことがありました。牧師に裏切られた人は、いったい誰を信じていいというのでしょうか。途方にくれ、「もう誰も信じたくない」と人間不信に陥ってもしかたがないように思います。このようにして、絶望的な状況にある人が、それでもわずかな希望を寄せて、どなたかに相談をしたとしましょう。

因果的な考えは、このような場合に用いられやすいのです。たとえば「あなたがそのような形で、人間不信に陥ったのは、因果応報。あなたがどこかで人を裏切ったからその報いを受けているのです」とか、「それはおそらく前世の因縁でしょう。前世であなたは実は聖職者の立場にあり、そして人を裏切ったのです。こんどはあなたが裏切られる立場になって、愛をもって赦すことができるかどうかが試されているのです」といったようにです。そしてこれが、権威を持った人物によって使われると、案外と効果があるのです。

このような相談に来られる方は、もちろん概してまじめな方であり、しかも、相手の牧師を恨んでいる自分にも嫌気がさしています。このような状態から何とかして抜け出したい。そんな気持ちでいるときに、そのような不条理な事態にあなたが直面しているのは、それは実は、あなたの責任なのだ、あなたが気づいているかどうかは別にして、あなた自身が撒いた種なのだ、と説得されると、妙にそう思えてみたりするものです。

他人と過去は変えられない、とよく言われますが、まじめで前向きな考えをする人であればあるほど、他人を恨んで自分も人生も否定するような気持ちでいるくらいならば、いっそのこと「すべては私の撒いた種」「あの人の近くにいたのも私の責任」とすべての原因を自分に引き寄せ、引き受けてしまおう、と潔く考えがちなのです。

本人がそれで納得するならば、そして前向きに生きることができるならばそれでいいのではないか、と思われる人がいるかもしれません。しかしこのことの問題のひとつは、「すべては私の撒いた種」と考え、自分を責めることで、他者との関係や社会的問題に目をつむることにつながりがちなことです。

因果論的な物語はしばしば、大衆のコントロールに好都合なものとして利用されてきました。「自分が不幸なのは、結局、自分が悪いのだ」と考えさせることで、貧困や差別などの社会的な問題に目をつむらせることが容易になるからでしょう。多くの土着宗教で「因果的な物語」が流布したのも、さまざまな時代に固有の悩み苦しみの社会的原因から目を逸らさせるのに好都合であったからかもしれません。

もう一つの、きわめて現代的で具体的な問題のひとつは、最近、少なからずの占い師やスピリチュアル・カウンセラーと自称する霊能者たちが、こうした「因果の物語」を駆使して説得にかかっている、ということです。この世を越えた見えない世界に「因果」というきわめてこの世的な基準をそのまま応用させている点が原理的には最大の問題です。

また、実際的には、「あなたには、○○の前世の因縁があるので、いまこうしないと罰が当たりますよ」とか「このままではあなたは地獄に落ちます」などと断言されてしまうことがありうるのが問題になります。相談者がまじめで反省好きな方であり、その言葉が権威ある方によって発せられたのであれば、このような脅しに近い言葉もそのまま「ありがたいお話だ」「私が悪いんです」と受け入れてしまうこともあるでしょう。最終的に、「この壺を買えば災難は避けられます」などと言われれば、典型的な霊感商法の手口になってしまいます。

「すべて私が悪いんです」「私が撒いた種なんです」と過剰に反省しがちな、まじめな方であればあるほど、因果的な物語にはまってしまいやすいところがあります。そうした方ほど、巷にあふれているスピリチュアルな情報や商品と一定の距離をとって上手にかかわる能力（私はこれを「スピリチュアル・リテラシー」と呼んでいます）が求められるのだと思います。

3　スピリチュアル・リテラシー

スピリチュアル・リテラシーというのは、私の造語です。昨今、まじめで内省的な人々をターゲットにして、巷にはさまざまなスピリチュアルな情報や商品があふれています。怪しげな霊感商法から、占いやスピリチュアル・カウンセラーと名乗る霊能者まで。こういったスピリチュアルな商品や情報そのものは、生きる指針が不確かな現代社会において存在理由がないわけではないでしょう。しかし、こうしたスピリチュアルな情報や商品に翻弄されることなく、それと一定の距離をとって上手にかかわる能力が、現代人が人間として向上心をもって生きていくためには必要です。私は、この能力のことをスピリチュアル・リテラシーと呼びたいのです。

人気テレビ番組によって火をつけられたスピリチュアル・ブームですが、その当の本人たちはともかく、ブームに便乗するかたちで、少なからずの悪質な、ないしは、低俗な占い師やスピリチュアル・カウンセラーと自称する霊能者たちが、たとえば「前世の因縁」などといった物語を駆使してまじめな人間を責めて追い込んでいます。「あなたには、これこれの前世の因縁があるので、こうしないと罰が当たりますよ」とか「このままではあなたは地獄に落ちます」などといったようにです。

もちろん、だますほうの問題が大きいのですが、私は、だまされるほうにも問題はあると思います。ただまじめで、自己反省することに終始するのではなく、スピリチュアルな問題をどう考えるか、スピリチュアルな情報や商品とどうかかわるか、もっと多くの人が学んでいく必要があると思うのです。

そこで私がこの問題を考える上での重要な概念として提示したいのが、「たましいの自己探索」「たましいの自己成長」という概念です。なんだ、スピリチュアルブームを批判しているのに、また「たましい」か、それではどこが違うんだ、と思われる方がいるかもしれません。そんな方にまず考えていただきたいのは、スピリチュアルな問題は決して科学的合理主義の立場からの批判では解決しない、ということです。科学的合理主義からみれば「スピリチュアル」も「たましいの自己成長」も似たようなもの。どちらも観察不可能で実証不可能です。一言で言えば「あやしい」と断罪されておしまいかもしれません。

けれども、賢明な方であれば理解していただけると思いますが、有史以来、さまざまな宗教や神秘主義的な伝統が一貫してスピリチュアリティやたましいの問題を探求し続けてきたのです。しかも、この近代合理主義の浸透した現代にあっても、やはり人間は「スピリチュアリティ」や「たましい」の問題に関心を抱き続けます。こうした歴史的な事実そのものが、人間存在がほんとうの幸福を享受し続けることができるためには、「スピリチュアリティ」とか「たましい」といった言葉でしか言い表せない、いわば「見えない次元」とかかわっていくことが不可欠であることをよく物語っているのではないか、と私には思えます。それは、どんなに近代科学が発達しても解決することができない実存的な問題、たとえば、「どうして私は生まれてこなくてはならなかったの？」とか、「生きることの意味がわからない」といった切実な問題にどこか深いところで答えていくためには、「スピリチュアルな観点」がどうしても必要になってくると思うからです。

すると、人間にとってほんとうに必要なスピリチュアリティのあり方とはどんなものだろう、という議論が必要になってきます。その一つは、「反論可能性」や「対話可能性」に開かれている、ということだと思います。スピリチュアルな領域は目に見えません。それをいいことに「とにかく、私の言うことを信じなさい」「あなたのためを思って言っているのよ」などと迫っていくことが少なくありません。それに対して「私はそう思わない」「あなたにはそれがいいかもしれないけど、私には、もっとふさわしいやり方があると思うの」と言うことができる、開かれたあり方をしていることが、スピリチュアルな領域が健全に育まれていくためには必要なことだと思うのです。

もう一つ、私が、この領域が健全なものに育っていくために必要だと考えているのが、本人の依存を助長するのではなく、自立を促進するものだ、ということです。スピリチュアルな領域に関心を抱く人の多くが、人生の途上でさまよい、悩み、迷っている方です。そうした方が自分を支えてくれるスピリチュアルな人物にすがりたくなるのもわからないではありません。問題は人間の弱さにつけこんで、依存性を助長し、そこから抜け出られないように囲い込んでしまう人たちがいることです。つまりは、スピリチュアルな実践をしている人たちの倫理綱要のようなものが、不文律にでも必要なのです。

そこでキーワードになるのが、カウンセリングの分野でしばしば使われている「自己成長」という概念だろうと私は思います。スピリチュアルな領域は、同時に実存的な領域でもあります。つまり、本人が自分の人生をかけて、こころの底から納得し、こころの深いところで「自己決定」し、「自己選択」したものしか、ほんとうの意味でその人の人生に役立つものにはなりえないのだと思います。

とはいえ、人間は迷う生き物です。私がかつて在外研究員として赴任していた米国のトランスパーソナル心理学研究所には、こうしたスピリチュアルな問題でさまよう人々の自己決定、自己選択、自己成長を支える「スピリチュアル・ディレクター」なる資格が存在し、その養成に取り組んでいました。その基本的なスタンスは、洗脳や説得では決してなく、ましてや脅しではなく、たましいの深いところでの自己選択の支援です。

「たましいの自己成長のサポート」。日本でも、そうした役割の必要性が急に高まっているように思います。

4　人間は「未来から呼びかけられている存在」である

私は、霊能者や占い師がテレビに出演して、さまざまなメッセージを発することを悪いとは思いません。問題は、こちら側がそれとどうつきあうか、です。私が提示した概念を使うならば、スピリチュアル・リテラシーの問題なのだと思うのです。

では、どのようなことが私たちには可能なのでしょうか。スピリチュアルな領域とのかかわりを、ナルシシスティックなたわむれにしないために、何が必要なのでしょうか。私は、その鍵の一つは、「時間」をどのように捉えるかにあると考えています。

「前世の物語」はロマンティックで魅惑的です。「私は、中世ヨーロッパで、神に仕える仕事をしていたけれど、ある男性としてはいけない恋に落ちてしまった。そのため今度の人生では、男性からさまざまな危険な誘惑をかけられることで、私は試されていると思うんです……」といったように、です。

けれどもこの私的な物語は多くの場合、自分を変えることを妨げる効果を持ちがちです。彼女のもとを訪れる男性はすべて、彼女にとって「危険な誘惑をしてきて自分を試す存在」とみなされてしまうのです。

こうした「因果の物語」の前提にあるのは、「過去→現在→未来」（前世→現世→来世）という直線的で一方向的な時間の捉え方です。もちろん、こうした考えも、「この人生を精一杯誠実に生きるならば、私のたましいは向上する。そして、この人生よりも一歩先に進んだ課題を来世に持ち越すことになる」と考え、それを自分の生きる支えにすることができるならば、あながち悪いものではありません。それればかりか、多くの宗教でも、こうした時間概念を前提に「因果応報」を説き、それゆえに（来世のためにも）この人生を穢れなく、清く正しく生きるべきだ、と説いたのでしょう。

しかし、このように考えるならば、私という人間は、過去から（前世から）持ち越した課題に取り組むために生きていることになります。その意味でたいへん拘束された、本質的な自由のない存在となってしまいます。

私は、自分がイキイキと生き、また成長していると感じるとき、自分が過去から与えられた課題に取り組んでいるようには感じません。むしろ、そのような生きられた時間を現象学的に観察するならば、そして、目的論的な見地から捉えるならば、私は、人間とは、「絶えず未来から呼びかけられ、それに応えることを求められている存在」であると感じています。未来といっても、数百年先とか、そういった遠い遠い未来のことである必要はありません。

たとえばこの原稿を書いているとき、私は、十年先、二十年先の日本を考えて、このままではいけない、何か発するべきメッセージはないものか、という問いに駆られて原稿を書いています。十数年先の未来からの呼びかけを感じ、それを受け止め、それに応えるような感覚で、私は、ものを書いたり、話したりしています。そのようなとき、自分はたしかになすべきことをしている、というたしかな感覚を持つことができるのです。

そしてそんなとき、自分のこれまで（過去）を振り返ってみると、自分の過去のすべてはこのときのためにあったのだ、と思えてきます。未来からの呼びかけに応える私のなかで（そこでのみはじめて）私の過去は、意味を持つのです。あえて図式化すると、この生きた時間の流れは、「未来→現在→過去」となり、そしてその過去は、私が未来からの呼びかけに応えるなかで生きたものとなるのです（過去→現在→未来、と逆流するのです）。そして、仏教において、ほんの数十秒の過去ももはやこの人生ではない、という意味で、前世であり、同様に、ほんの数十秒先もいまだこの人生ではない、という意味で来世である、と考えることを踏まえるならば、私たち人間は「来世から（お前は今、どう生きるのか、と）絶えず呼びかけられている存在」であると捉えることもできるのです。

私たち人間のもとには、生きている限り絶えず、「未来からの呼びかけ」が届けられてきています。あなたには、どんな「未来からの呼びかけ」が届いていますか？

5　呼びかけ、挑発してくる時間

私たち現代人が、毎日の生活の中で、無気力にならず、内面的に充実した人生を生きていくことは、案外、難しいものです。というのも、惰性で生きていると、毎日の生活が「ただ同じことの繰り返し」にしか思えなくなってくるからです。

そうならないためには、何が必要でしょうか。

たとえば、次のようないくつかの条件が浮かび上がります。

①自分を生かしてくれる（生かすことのできる）組織や集団に所属していること

②他者と、深いこころのつながりを感じることができること

③自分の内面深くに触れながら、ゆったりとすごす一人の時間を持っていること

④さまざまな偶然の出会いや出来事をエンジョイできること

日々を充実した気持ちで過ごすことができ、さらにそのことが心の成長にもつながっていくとき、私たちは、こうした条件を満たしていることが少なくないのではないでしょうか。すなわち、成長と充実の人生を過ごすために必要な、人生の本質的な構成要素には、「集団や組織」「他者」「自分自身の内面」「偶然の出会いや出来事」の四つがあり、これらといかにかかわっていくことができるかが問われてくるのだと思うのです。

ここでは、これに加えてもう一つ、充実と成長のために不可欠な要素として、「時間体験」ということについて考えてみたいと思います。というのも、「時間」の流れをどのように体験している

かによって、その人がいまどのように生きているかがおおよそ理解できるように思われるからです。

うつ病の方とカウンセリングをしていますと、多くの方が、時間の流れが淀み始めると感じているようです。生き生きとした外界との接触が感じられなくなり、世界には時間が流れているのに、自分だけ置いてけぼりを食っている。ただどんよりと、同じところにとどまっているようにしか感じられなくなってしまうのです。

春になると、近所の公園に桜が咲きます。健康な方は、「あ、桜だ」「春が来たなぁ」と喜びを感じることができます。世界との接触を生き生きと感じることができ、そこに時間の流れを体験することができるからです。

ところが、うつの状態が長引くと、「あ、桜だ」と頭では理解でき、今は四月なのだと考えることはできても、リアルな接触感とそこから出てくる自然な喜びを体験することはできません。あくまでも、春の到来を象徴する一つの記号として桜を理解することはできても、生の感情の躍動を体験することはできないのです。客観的な時間の経過は理解できても、生きた時間の流れを体験することはできないわけです。

もう一つ、充実した人生を生きる人の時間との関わり方は、未来志向的である、ということです。これは、単に目標を持って生きるとか、計画を立てて生きる、ということではありません。たしかに目標を持つこと、計画を立てて生きることは重要ですが、あまりにこうした志向性が強すぎると、かえって生きる意欲を損ってしまいかねません。

重要なのは、「未来には、私を待っている何かがある」と思えることです。

こんな話があります。ユダヤ人を捕虜にしたナチスによる大量虐殺。その中心地であったアウシュビッツ強制収容所で、あるとき「クリスマスになれば私たちは解放されるらしい」という情報が流れてきた。捕虜たちからは喜びが湧き上がり、クリスマスが来るのをこころから待っていた。けれど、クリスマスが来ても解放されないことがわかると、とたんに生きる意欲を奪われ、自ら死に至る者が続出した、というのです。

この話は、ビクトール・フランクルというユダヤ人の神経科医が体験したものです。自らも捕虜であったフランクルは、ではどのようにして生き残ることができたのでしょうか。彼は、いつしか解放された後になすべきこと、ここでの体験をもとにウィーンのホールで講演会をおこなおう」「ここを出たら妹に会おう」「ここを出たら、ここで体験した人間存在の秘密を多くの人に伝えていこう」……。こんなふうに、未来の自分の姿を思い浮かべることで、彼は過酷な収容所生活にあっても生きる意欲を失わずにすんだというのです。

いかがでしょうか。みなさんは、「未来において自分を待っている何か」を思い浮かべることはできますか。自分の未来には、自分の手によって実現されるのを待っている何かがある。そんなふうに確信できるとき、私たちは生きる意欲に満たされるのです。

私自身もそうです。何もやる気が起こらず、毎日をただ消費するように生きているとき、時間はただ経過していくだけのように思えます。そこにはただ、「今・今・今」という点だけがあり、それが緩やかにつながって時間の流れになっているのです。

一方、生きる意欲に満たされている時には、時間は、私の前にあり、そこから私に呼びかけを発してきているように感じられます。未来の時間のそれぞれの点において、私によって実現されるべき可能性が潜んでいて、その可能性から絶えず呼びかけが発してきているように感じられるのです。

時間が呼びかけ、私が応える。この相互作用の進展において私も変わるし、未来も変化していく。実現されるべき何かが満たされたことによって、未来そのものが変化していく。人生がダイナミックに展開していくとき、私たちはこのような「時間からの呼びかけ」「時間からの挑発」を体験し、それに応えようとしているのではないでしょうか。

6　幸福の8割は偶然！

小学生から大学生まで、キャリア教育が重要視されるようになってきています。

私自身も十年以上前から、「小学校高学年になったらキャリア教育は必要です」「自分はどう生きていくのか。自分が主人公の人生というストーリーをどう構築していくのか」——そんな実存的な問いを子どもたちに抱かせることが必要だ、と主張してきました。それはとりもなおさず、大学四年生になっても「自分がどうなりたいかわからない」「自分がどう生きたいかなんて、考えたこともない」という学生たちの言葉をいやというほど聞いてきたからです。

勉強を教えるだけが教育ではない。生き方を教えるのが教育であるという正論に立って考えるならば、子どもたちや学生たちが、「自分はどう生きるか」「自分の人生をどうつくっていくか」という実存的な問いを抱えながら主体的に生きていくことができるように支援していくことほど、教育において重要なことは何ひとつないはずです。そういう意味では、キャリア教育こそ、まさに人間教育の中核に据えるべきものである、という主張に私はかなり共感できます。だからこそ、私自身も『「七つの力」を育てるキャリア教育――小学校から中学・高校まで――』（図書文化）という本を出版しましたし、大学で学生たちのキャリ支援にかかわる活動に積極的にかかわっています。

けれども、いろいろな学校におけるキャリア教育の取り組みを見ていると、「これは行き過ぎだな」と感じる実践に出会うことも少なくありません。たとえば関東地方の小学校におけるキャリアにかかわる授業で、小学校六年生の子どもたちに将来の人生設計を立てさせる実践を見ていたときのこと。子どもたちに人生を考えさせる問いの中に「いくつになったら、自分の家を持ちたいですか。どのような間取りの家を、いくらくらいの頭金とローンを組んで建てたいですか」という問いがありました。それに答えてある子どもが「六千万円の家を頭金一千万円で建てたい。できれば両親の家の近くで。三十五年ローンを組んで」などと、プリントに書いていたのです。

私は、唖然としました。小学校六年生に家作りとローンの計画を考えさせるキャリア教育が、あまり健全なものとは思えなかったからです。もちろん、そんな大人びた子どもがいてもかまわないとは思います。しかし、学級の全員が取り組むワークシートの問いの一つにそれが書かれているとなると、やはり抵抗を感じざるをえませんでした。

そんな先々のことまで計画、計画、計画……で計算づくで生きていっても、妙に頭でっかちで、こじんまりとした人生しか生きることのできない子どもを育てることになりはしまいか、と危惧したからです。三〇年も、四〇年も先のことが見えてしまっている。あとはそれを実現させるだけ。そんな人生に生きる喜びはあるでしょうか。未来を見据える、というと聞こえはいいですが、人生はそれほど計算どおりに進んでいくものではないのではないか、むしろ予定外のハプニングにこそ喜びはあるのではないか。そんな疑念が打ち消しがたいものとして私の中に残りました。

私がそこで思い出したのが、J・C・クランボルツというアメリカのカウンセリング心理学者が説いた「プランド・ハップンスタンス・セオリー」です。直訳すると、「計画された偶然性理論」。偶然を計画するなんて、そんな虫のいいこと、できるのだろうかと不思議に思われる方もいると思いますが、もちろん、計画はできません。計画できないからこそ、偶然は偶然なのです。

けれども、とクランボルツ博士は言います。私たちの人生を幸福に導いてくれる偶然の出会いや出来事が、その人の人生においてより頻繁に生じるようになるために本人がとることのできる態度や行動は存在する、と。

その背景には、クランボルツ博士のこんな研究成果があります。彼は、ビジネス界、学者の世界、スポーツの世界など、さまざまな領域における「真の成功者」にこれまでの人生をていねいに振り返っていってもらったのです。そして、自分の人生が幸福と成功に導かれていった、その分岐点となる出来事を徹底的に洗い出してもらい、それが「自分が意図的計画的に前もって目標設定し、努力してその目標を達成したことによるもの」なのか、それとも、「たまたま偶然に出会った人や出来事にこころを開き、それを人生に取り入れていった結果なのか」分類していってもらったのです。すると、多くの成功し幸福な人生を実現した人の、ポイント、ポイントになった出来事のうち、じつに八割が偶然の出会いや出来事のほうに分類された、というのです。つまり、ほんとうの成功と幸福の両方を手に入れた人物が、成功と幸福に導かれていったそのプロセスで起きた重要な出来事の八割は偶然、という結果になったのです。

それではコツコツした努力が報いられないではないかと思われる方がいるかもしれません。そうではないのです。真の成功と幸福を手にした人の多くは、当然ながら自分の努力を惜しまなかった人です。努力は最低限の要件として必要です。しかしその上で、さまざまな出会いや出来事に対して「これはもしかすると、私を幸福に誘ってくれるものかもしれない」といった開かれた姿勢でかかわっていくことが、本当の成功と幸福をもたらしてくれるのです。（くわしくは、拙著『偶然をチャンスに変える生き方――最新キャリア心理学に学ぶ幸運の引き寄せ方――』ダイアモンド社、参照のこと）

日々の生活の中で出会うさまざまな人やもの。その一つ一つに対して「もしかすると、この人は私の人生で重要な役割を演じてくれる人かもしれない」「この出来事から人生が展開していくかもしれない」といった開かれた姿勢を持ち続けていきたい、と私は思っています。幸運に対してそのような、開かれた姿勢を持ち続けている人にだけ、ほんとうの幸運は訪れるのではないでしょうか。

7　授業「人生で一番大切なもの」

先日、勤務する大学で「人生で一番大切なもの」というテーマで授業をおこないました。といっても、「人生とはこういうもので、だから○○が一番大切なのだ」といった持論を展開したのではありません。こうした説教くさい話は、学生たちからあまり歓迎されません。

学生一人一人がみずからのキャリア形成について考えていくために、十名ほどの教員が持ち回りで担当する授業の一コマとして、「自分にとって人生で一番大切なもの」は何であるかを考え、それを六人一組のグループになって語り合う、という内容の授業をおこなったのです。

私の授業では、教員が一方的に語り続けて学生にノートを取らせる、という方法はほとんど使いません。それは、私自身が学生のとき、こうした一方向的な授業をたくさん聞いてきたけれども今ではまったく覚えていないこと、けれどもその一方で、教員の話を題材にして学生同士で語り合ったことは、自分が話したこともほかの学生が話したこともなぜかよく憶えているし、またそれが自分の人生をつくっていく上でいい刺激になってきたようにも思うからです。授業の冒頭で、私はこう言いました。

「自分のキャリアの問題を考え、これからどう生きていくかを吟味していくうえで最も重要なのは、これからの人生で自分はどんな価値を大切にして生きていくか、それを自分でハッキリと自覚して生きていくことです。自分が大切にしたいのは、仕事で成功することなのか、社会的な地位や名声の獲得なのか、成功しなくてもいいから自分のペースで自分らしく生きていくことなのか、お金をたくさん稼ぐことか、家族や友人とのふれあいか、はたまたオタクになってもかまわないから大好きな趣味を大切にするのか……つまり、自分が何を大切にしどんな価値を実現して生きていきたいのかに、ハッキリと気づいて生きていくことです。そうしないと生き方の軸がぶれてしまい、周囲に振り回されて、自分らしい人生を生きていくことができなくなってしまうからです。何年も、何十年も経って、どうして私はこんな人生を生きてきたのだろうと後悔しても取り返しがつきません。

若い頃は、どうしても目先の利益や刺激に振り回されてしまいがちです。私もそうでした。たとえば、一番論文執筆に没頭すべきときに、ちょっと時給のいいアルバイトがあるとついそちらに時間を使ってしまったり……。あとで考えてみると、これは、人生全体でトータルに考えると、大きな損失にしかなりません。こうしたことを避けるためには、自分がどんな価値を大切にし、何を中心軸に据えて生きていきたいのか、とりあえずでかまわないので、定めておくことが重要なのです」

こうお話した上で、最初に出した課題は「自分は三十五歳のときにどうなっていたいか」を文章に書いてみる、という課題です。「三十五歳までが人生の土台を築くとき。この時期までに、仕事や家庭づくりの基本的な方向を定めておくことが幸福な人生のコツです」

ノートに書いた上で、学生たちは六人一組で語り合います。「三十五歳までに結婚して子どもを一人はつくっておきたい」という公務員志望の法学部の男子学生。「まだ三十五歳は修行中。納得のいく作品が作れるまであきらめない」という作家志望の文学部の学生。「三十歳までに一億円貯めて会社を立ち上げたい」と語る経営学部の学生や、「年収一千万円は確保したい」というサラリーマン志望の政治経済学部の学生もいました。女子学生の中には、「三十歳までバリバリ仕事をして、三十代前半で結婚。三十五歳までには二人、子どもを産んでおきたい」とか、「双子多摩川にマンションを買って、ローンは何年で……」と堅実に具体的なプランを語る学生もいました。少し異色なのは、「できる限り多くの国を旅して、そこで出会った人といっしょにすごしていきたい」と語る演劇学専攻の男子学生や、「お金はあまりいらないので、できるだけ働きたくない。責任が重いのはいやだし、異性にもあまり関心はないので結婚もしたくない」と語る、最初から無職志望の男子学生。

学生たちの感想を読むと、「三十五歳のときの自分なんて考えたこともなかった」「みんな積極的に生きようとしていて、びっくりした。私は何も考えていない受身の人生だ」「なんか焦ってきた。このままじゃ、私の人生、出遅れちゃう……」と、それぞれ言うことは違っても、じつにいろいろな形で刺激を受けた様子が伝わってきました。

重要なのは、ここからです。「みなさん、自分が語った内容を思い出してみましょう。そこにどんな価値が含まれているか考えて、それを書いてみましょう」

手がかりとして、「社会的成功」「経済的報酬」「夢を追求した自分らしい人生（自己実現）」「まったり無理なく（スローライフ）」「家族との触れ合い」「燃え尽きるような恋」「趣味中心の生活」の七つの価値を手がかりに話し合ってもらいました。

大学生だから「夢」や「自己実現」を選ぶ者が多いだろうと思っていたのですが、「まずはお金」と現実的に語る学生が予想以上に多いのに驚かされました。この不況が影響したのかもしれません。ニュースを見ると、企業の求人も激減しているとのこと。アメリカ発の金融不安の影響が、学生たちの気持ちも不安にしています。

「社会的成功」への意欲はかなり低く、「まったり無理なく」「趣味中心」を選ぶ学生が少なからずいました。「生活できるだけのお金が確保できれば、週に三日くらいしか働きたくない」……これが、多くの若者の本音のようです。

8　みんな、悩んでいいんだよ——全校公開カウンセリング開催！

先日、ある公立中学校で、ちょっと面白いイベントをおこないました。体育館に全校生徒を集めての、全校公開カウンセリングをおこなったのです。

この、突拍子もないイベントは突然変異的に生まれたものでした。かつての教え子で、中学校の教師をしている方から全校生徒対象の講演をおこなってほしい、という依頼がありました。私はお断りし、おおよそ次のようなことを伝えました。

これまでも中学校生徒対象の講演はなんどかおこなったことがあるが、あまり有意義だったとは思えない。講演会が意味があるのは、私の実感では高校生以上である。中学生に講演会をおこなっても、興味をもって聞けるのはほんの一握り。また、多くの生徒に興味を持ってもらおうと下手な冗談ばかり言っても意味が無い。だいいち、あの体育館に全校生徒をひたすら座らせて九十分も話を聞かせるのは、あまり趣味のいいこととはいえない。教員対象や保護者対象の講演ならいくらでも引き受けるが、中学校生徒対象の講演は引き受けないほうがいいように思う、と。

しかし先方は、かつてから粘り越しの強さでは有名だった方です。なかなかあきらめてくれません。「お願いしますよ！」「お断りします」——こんな押し問答が十五分くらい続いたでしょうか、私は根負けして言ってしまったのです。「わかりました。お引き受けします。でも、生徒にとって意味のあるイベントにするために、なにか考えましょう」

こんなやりとりのあと、二人でふと思いつきで考えたのが、全校生徒対象の公開カウンセリングの実施です。中年男性の話を生徒に聞かせても意味がない。生徒が関心を持っているのは、同年代の仲間に違いない。ほかの生徒がどんな悩みを持っているか、それを共有することができるようなものになれば、とても意味があるだろう。そう思ったのです。

けれども私には、懸念がありました。中学生は、思春期まっただ中。ほかの生徒からどう見られているか、気にするはずだ。そんな生徒たちが、全校生徒何百名もの前で、自分の悩みを語ったりするのだろうか。いや、しないにちがいない。すると結局、その穴埋めに、あれだけ強く断った講演をするはめになるのだろうか、と。

当日がやってきました。体育館に生徒六〇〇人くらいが集まっています。その前方にポツンと、椅子二つだけがおいてあり、ひとつの椅子には私が座り、もう一つの椅子には生徒たちが交代で座る。生徒が次々と投げかけてくる人生の悩みに、私が一人およそ三分で答えていくのです。

またあの懸念が沸いてきました。果たして、全校生徒の前で私に、個人的な悩み事の相談などする生徒がいるのだろうか？……

しかし、おそらくは教員の熱心な誘いかけに応えてのことでしょう。な、な、なんと、実に三〇名近くの生徒が次から次へと相談に出てきたのです。相談内容もなかなかのもので、なかには「亀田問題で悩んでいます」などというふざけたものもありましたが、その多くは思春期を生きていくうえで大切な、本質的なものばかりでした。

「友だちからいつも、仲間はずれにされて困っています」

「パソコンでへんなサイトに紛れ込みそうな自分が怖いです」

「勉強しなきゃと思っているときに、親から勉強しなさいと言われるから、やる気が出ません。いったい、どうすればいいんでしょうか」

「男子に告白したけど返事がありません。どう考えればいいですか」

「毎日、同じことばかりで、自分の存在に意味があるとは思えません」

いかがでしょう。私は、多くの生徒の前で自分の気持ちをオープンに語る生徒たちの姿にほんとうに驚きました。私は、相談してくれた生徒が傷つかないように、また、決して場の雰囲気が暗くなりすぎないようにジョークを交えながらそれぞれの生徒の悩みに三分くらいで次々と答えていきました。多くの生徒に参考になるような話も交えたつもりですが、おかげで、終了後、いつもの講演の三倍は疲れが押し寄せました。

この突拍子もないイベントに、けれども意味があると思ったのは、生徒たちが作り出すその場の暖かい雰囲気に接してのことでした。イベント終了後に全生徒に感想を書いてもらったのですが、どれも好意的なものが多かったのです。やってよかったと一番思えたのは、不登校傾向があり、教室に入ることができず、当日もみんなの列から離れて後方で話を聞いてくれたある生徒が感想に、「ぼくはこんなに悩んでいるのは自分だけだと思っていたけれど、悩んでいるのはぼくだけじゃない。みんな悩んでいるんだと知って安心しました」と書いてくれていたのを知った時です。たしかにあのイベントには、そんな安心できる雰囲気があったように思います。

思春期の子どもは、悩んでいるのがふつうです。みんな、みんな悩んでいるのです。けれどもそれをなかなか口に出すことはできず、その結果、どの子どもも「こんなことで悩んでいるのは僕だけだ」などと思うようになっていきます。そして、その孤立感がますます自分を追い詰め、つらくなっていくのです。

今回ひょんなことから経験させてもらった全校公開カウンセリングであったけれど、このイベントには、生徒が抱えがちなこの孤立感を和らげて「みんな悩んでいるんだ」「悩んでいても、いいんだ」と受け入れていく雰囲気があったように思います。

9　「わかってもらう」ということ

私たちは、人生のさまざまな問題に直面しているとき、すなわち、「もうだめかもしれない」と思ったり、「いったいどうすればいいのか、わからない」と困惑しているとき、誰かに話を聞いてほしくなります。その相手は、友人であったり、恋人であったり、家族であったり、同僚であったりするでしょう。昔の恋人であったりすることもあるかもしれません。

けれども、ほんとうに悩み苦しむ人の傍らにいて、こころを込めてその方の話をお聴きする、受けとめる、ということは、そう簡単なことではありません。悩んでいる人は、その悩みがほんとうにつらく苦しいものだからこそ、自分の悩み苦しみをきちんとわかってもらいたい、正確に理解して受けとめてほしい、と思っています。そのため、なんだかわかってもらえていない感じを抱いたり、自分の気持ちにそぐわないことを言われたりすると、「どうせ、あなたにはわかってもらえないから」という気持ちになってしまいがちです。悩んでいる人は、自分の気持ちを聴いてくれる相手がどんな姿勢で聴いてくれるか、何を言ってくれるのか、ものすごく敏感に感じるのです。

では、そういうとき、どんな姿勢で聴くことが重要なのでしょうか。

ここでは、三つほど、ポイントをあげておきたいと思います。

まず、一つは、「余計なことを言わない」ということです。相手の話を聴くときに重要なのは、「何を言うか」ということ以上に、「何を言わないか」ということなのです。

学校の先生方が、いじめられて悩んでいる生徒の話を聴いている場面でよくあることなのですが、生徒はつらい気持ちをただわかってほしくて話しているのに、五分もすれば「励ましモード」に入ってしまうことがよくあります。「そんなの、気にしなければいいじゃない」「あなたが、もっと強くなりなさい！」

もちろん教師としては、生徒のためを思って言っているのですが、生徒の側からすると、「わかってくれない！」という気持ちばかり強くなってしまいます。親子の会話でもよくあるのではないでしょうか。

二つめのポイントは、「解決しようとするな。わかろうとせよ」です。悩みを話してくれた相手に対して、何とか役に立とうと、「それは、こうすればいいんじゃない」「それは、こういうことだよ」と、すぐにアドバイスをする人がいます。もちろん善意でそうしているのですが、言われたほうは、かえってつらくなることが少なくありません。

たとえば、夫婦の会話を例に考えてみましょう。

妻「最近、私、なんか気がめいっちゃって。何をしても面白くないっていうか。ぜんぜん気持ちが晴れないの……」

夫「それは、鬱っていうんだよ。放っておくとたいへんな病気になって、死にたくなることもあるみたいだから、はやめに病院に行くといいよ」

ご主人のアドバイスは決して間違ったことを言っているわけではありません。鬱に早めに対応することは、たしかにとても重要です。

けれども、奥様としては決してそんなことを言ってほしかったのではありません。まずは、気持ちをわかってほしかっただけなのです。それなのに、先走ってアドバイスをされると、それがどれほど正しい内容のアドバイスであっても、「気持ちのずれ」だけが残ってしまうものです。

三つめのポイントは、「不思善悪」、すなわち善悪の価値評価をしない、ということです。これはとても難しいものです。

たとえば、ある女性が妻子ある男性を好きになってしまったとしましょう。その悩みをあなたに打ち明けたのです。もちろん、不倫は賞賛されるべき行為ではありません。けれども、本人としても、単なる興味本位ではなく、ほんとうに相手の男性を好きになってしまい、その気持ちがどうしようもなくて、あなたに相談してきたのです。こんな時、あなたはどのように対応するでしょうか。

「それはよくないことだよ」と切って捨てるのは、簡単なことでしょう。けれども本人もそれが道徳的に問題のあることであることはじゅうぶんわかっているのです。でも自分でもどうしようもない気持ちがこみあげてくる……。こんなとき「善悪」に捕らわれていては、相手の話を聴くことができなくなってしまいます。大切なのは、「自分でも、悪いことだってわかっているのですね。でも、相手の男性への気持ちを抑えることができない。その気持ちをどうすればいいか、自分でもわからなくて、それで困っておられるのですね」と、気持ちをじゅうぶんに受け止めてあげることです。

ご家族の問題でも、同様です。「してはいけないこと」だということはよくわかっている。それなのに、つい「してしまう」ことが人生にはつきものです。だから悩んで、相談してくれたのです。にもかかわらず、「それはいけないことだ！」と一刀両断にされたのでは、本人は、ますます追いつめられてしまいます。「してはいけない、とわかっていても、してしまう」。その気持ちをじゅうぶんにわかってあげることです。

私たちは日々、さまざまな問題を抱えて生きています。仕事のこと、勉強のこと、恋愛や結婚のこと、病気のこと、お金のこと……。悩みがまったくない人など、ほとんどこの世に存在しないと言ってもいいでしょう。なかには、さまざまな悩みや問題に、いまにも押しつぶされそうになっている人も少なくありません。

そしてそんなとき、私たちは心のどこかでつぶやくものです。「だれか一人でいい、この苦しみを、そのままわかってほしい……」と。

人は、なぜこれほどまでに、「誰かにわかってもらう」ことを欲するのでしょうか。もちろん、悩みや苦しみを自分一人で抱えているのは苦しくてたまらない、ということもあるでしょう。しかし、わかってもらえたところで、何かが大きく変わるわけではありません。何かが解決するわけではないでしょう。なのに、人はなぜ「誰かにわかってもらう」ことを求めるのでしょうか。

私は、ほかの人に「わかってもらえる」ことで、はじめて人は、自分の気持ちに素直に向かい合うことができるようになるからだ、と思います。つまり、人は、誰かに「わかってもらえる」ことで、はじめて自分自身になれる。自分自身のこころの声に耳を傾けて、自分らしい生き方に向けて一歩を踏み出すことができるのです。

初出・謝辞

＊本書第Ⅰ部から第Ⅳ部は、ＮＨＫラジオ第二放送で二〇〇二年四月七日から九月二十九日まで放送された番組「こころをよむ」のテキスト『生きがい発見の心理学　「自分」を生きる　「運命」を生きる（上・下）』及びそれを再構成した『生きがい発見の心理学』（新潮社　二〇〇四年四月）をもとに、加筆・削除・修正を加えて書き改め、新たに写真を資料として加えた増補・新装改訂版です。

＊今回新たに加えた第Ⅴ部の「1　何をやってもだめな時、それでも生きていく心の工夫」は、『文藝春秋　SPECIAL　新人生読本』（第三号二〇〇八　WINTER）から、そのほかのエッセイは『向上』（修養団）に二〇〇三年四月から六年以上にわたって掲載している連載から選出し、本書の趣旨に即したかたちに修正を加えたものです。

＊なお、ウィルバーの写真（二一九頁）の掲載許可にあたっては、鈴木規夫氏（インテグラル・ジャパン代表・日本トランスパーソナル学会副会長）に仲介の労をとっていただきました。

また、久松真一の写真（二四一頁）の掲載については、久松真一記念館の久松定昭様から直接許可をいただき、その際に長良川画廊の岡田晋様に仲介の労をとっていただきました。滝沢克己の写真（二四一頁）の掲載については、実弟の滝沢徹氏から直接許可をいただきました。八木誠一の写真（二四一頁）の掲載については、同氏から直接許可をいただき、その際に桐蔭生涯学習センター事務長の折原元様に仲介の労をとっていただきました（撮影されたのも折原様です）。

ご協力いただいた皆様にこの場を借りて謝意を表させていただきます。

「気づきと学びの心理学研究会〈アウエアネス〉」のご案内

●本書で紹介したさまざまな心理学の方法は、次の研究会で学ぶことができます。

どなたでも参加可能です。私のホームページ http://morotomi.net/ で内容を御確認のうえ、可能な限りメールでお申し込みください。

気づきと学びの心理学研究会〈アウエアネス〉事務局

〒101-0062

東京都千代田区神田駿河台1－1 明治大学14号館諸富研究室

「気づきと学びの心理学研究会」

問い合わせ申し込み先 E-mail：awareness@morotomi.net

FAX：03-6893-6701

■著者——諸富祥彦（もろとみ・よしひこ）

1963年福岡県生まれ。筑波大学、同大学院博士課程修了。英国イーストアングリア大学、米国トランスパーソナル心理学研究所客員研究員、千葉大学助教授を経て、現在、明治大学文学部教授。教育学博士。臨床心理士。日本トランスパーソナル学会会長。日本カウンセリング学会理事。http://morotomi.net/

単著：『カール・ロジャーズ入門——自分が“自分”になるということ』『フランクル心理学入門——どんな時も人生には意味がある』『『夜と霧』ビクトール・フランクルの言葉』(コスモス・ライブラリー)、『ビクトール・フランクル 絶望の果てに光がある』(ワニ文庫)、『あなたのその苦しみには意味がある』(日経プレミアム新書)、『孤独であるためのレッスン』(NHKブックス)、『人生を半分あきらめて生きる』(幻冬舎新書)、『スピリチュアル・カウンセリング入門（上）(下)』『はじめてのカウンセリング入門（上）(下)』(誠信書房)、『生きづらい時代の幸福論』(角川ｏｎｅテーマ２１)、『９つのライフレッスン』『「とりあえず、５年」の生き方』(実務教育出版)、『生きていくことの意味——トランスパーソナル心理学９つのヒント』（ＰＨＰ新書)、『〈むなしさ〉の心理学——なぜ満たされないのか』『トランスパーソナル心理学入門』『人生に意味はあるか』(講談社現代新書)、『どんな時も人生には意味がある——フランクル心理学のメッセージ』『ほんとうの恋の育て方』(ＰＨＰ文庫)、『「本当の大人」になるための心理学——心理療法家が説く心の成熟』(集英社)
編著：『フォーカシングの原点と臨床的展開』(岩崎学術出版)
共編著：『ジェンドリン哲学入門』(コスモス・ライブラリー)

自己成長の心理学——人間性／トランスパーソナル心理学入門

2009年4月16日　第1刷発行
2021年9月25日　第5刷発行

発行所　㈲コスモス・ライブラリー
発行者　大野純一
〒113-0033　東京都文京区本郷3-23-5　ハイシティ本郷204
電話：03-3813-8726　Fax：03-5684-8705
郵便振替：00110-1-112214
装幀　瀬川　潔
発売所　㈱星雲社
〒112-0005　東京都文京区水道1-3-30
電話：03-3868-3275　Fax：03-3868-6588
印刷／製本　シナノ印刷㈱
ISBN978-4-434-13159-2 C0011
定価はカバー等に表示してあります。

「コスモス・ライブラリー」刊行物

《心理学・カウンセリング関連書》

明治大学教授　カウンセラー　諸富祥彦著

『カール・ロジャーズ入門――自分が〝自分〟になるということ』

「カウンセリングの神様」カール・ロジャーズ。自分が〝自分〟になるとは、私が「これが私だ」と実感できる〝私〟になるとは、どのようなことか。「抑圧家族」で育てられたアダルト・チルドレン、ロジャーズの人生そのものが、自分が自分自身になるというカウンセリングの本質的テーマをめぐって展開されていた。「人間・ロジャーズ」に焦点を当て、その生涯と思想形成の歩みを解明すると共に、そこから生み出された理論と実践のエッセンスを分かりやすく説いた格好の入門書。〈2520円〉

明治大学教授　カウンセラー　諸富祥彦著

『フランクル心理学入門――どんな時も人生には意味がある』

『夜と霧』『それでも人生にイエスと言う』の著者として世界的に有名なフランクルの心理学のエッセンスを、初めて体系的に、かつわかりやすく説いた画期的入門書。「心のむなしさ」にどう対処し、「生きる意味」をどのように発見したらいいか、「中年期」の危機をどう乗り越え、「老い」に対する態度をどう変えたらいいかといった、一般の方々の自己発見や癒しのためのセルフ・ヘルプに供するだけでなく、学校現場や企業で、また専門家にも役立つよう、人物・自己発見篇の他に原理・臨床・資料篇を加えた。〈2520円〉

デイヴ・メァーンズ著／岡村達也＋林幸子＋上嶋洋一＋山科聖加留訳／諸富祥彦監訳・解説

『パーソンセンタード・カウンセリングの実際――ロジャーズのアプローチの新たな展開』

カール・ロジャーズが創始したパーソンセンタード・カウンセリング。欧米におけるその最新の発展の成果と磨き抜かれた臨床実践の実際をわかりやすくまとめたもの。〈主な内容〉治療条件を拡げる／カウンセラーの成長／治療同盟／治療過程／パーソンセンタード精神病理学／イギリスにおけるロジャーズ派カウンセリングに学ぶ（諸富）〈1785円〉

ブライアン・ソーン著／岡村達也＋林幸子＋上嶋洋一＋三國牧子訳／諸富祥彦監訳

『カール・ロジャーズ』

「カウンセリングの神様」カール・ロジャーズの生涯と理論、そのカウンセリングの実際まで、この一冊ですべてがわかる入門書。同時に、ロジャーズのカウンセリングにおけるスピリチュアルな側面にはじめて正面から光を当て、ロジャーズ・ルネッサンスを巻き起こす問題の書でもある。畠瀬稔氏のインタビューも掲載。カウンセリングを学ぶすべての人に捧げる必読の書！

〈1890円〉

アン・ワイザー・コーネル著／大澤美枝子・日笠摩子共訳／諸富祥彦解説

『やさしいフォーカシング――自分でできるこころの処方』

フォーカシングは、からだの智恵に触れ、生活に前向きな変化を生み出すための、やさしくてしかも力強い技法。本書は、そのフォーカシングによる自己探索と自己発見の生きた技法を学ぶために、読者が自分で練習できるよう工夫された、待望の書。

〈1890円〉

ゲアリー・リース著／田所真生子訳／明治大学教授　諸富祥彦監訳・解説

『自己変容から世界変容へ――プロセスワークによる地域変革の試み』

草の根から世界変容へ……。内的成長が社会変革に結びつく。社会変容のファシリテーターになるために。本書は、ガチンコ勝負が得意なプロセスワーカー、ゲアリー・リースによる地域臨床のリアルファイトの記録である。

『紛争の心理学』の著者アーノルド・ミンデルが創始したプロセス指向心理学をベースに、暴力、ドラッグ、無気……地域が抱えるさまざまな問題に取り組んだ成果がわかりやすく示されている。

〈2310円〉

エイミー・ミンデル著／佐藤和子訳／諸富祥彦監訳・解説

『メタスキル――心理療法の鍵を握るセラピストの姿勢』

〝メタスキル〟とは、すべてのカウンセリング／心理療法の根底にあり、あらゆる学派を超えて、セラピーの成否の鍵を握る〝何か〟である。

今、注目されつつあるプロセス指向心理学の創始者アーノルド・ミンデルのパートナーである著者が、豊富な事例によりプロセス指向心理学の実際を史上初めて公にし、〝メタスキル〟の視点から検討する。

〈2100円〉

アーノルド・ミンデル著／青木聡訳／藤見幸雄監訳・解説

『シャーマンズボディ――心身の健康・人間関係・コミュニティを変容させる新しいシャーマニズム』

ユング・カスタネダからミンデルへ！　プロセス指向心理学の創始者アーノルド・ミンデルは、アフリカ、日本、インドでのシャーマニズム体験から学んだ〝シャーマンズボディ〟（または〝ドリーミングボディ〟）の意義と重要性に様々な角度から迫り、われわれがそれと結びつくことが健康や精神的な成長、良い関係や深い共同体感覚をもたらすと言う。そこで、一般の人々がシャーマンズボディに結びつくための実際的な方法と、夢や身体の問題に対処するための具体的な方法としてのインナーワークを、「エクササイズ」として提示。さらにこうしたワークや新しいシャーマニズムが現在の世界にどのような影響を持つかを、国際紛争解決のための「ワールドワーク」などに言及しつつ、わかりやすく解説している。プロセス指向心理学の創始者による待望の名著の完訳！

〈2205円〉

パトリック・ライス著／畠瀬稔＋東口千津子訳

『鋼鉄のシャッター――北アイルランド紛争とエンカウンター・グループ』

ロジャーズの先駆的エンカウンター・グループの記録。北アイルランド紛争は、英国が十二世紀にアイルランド島を支配して以来続いていた。貧しいカトリックと裕福なプロテスタント。何世紀にも渡った憎しみ合い。紛争は泥沼化していた。一九七二年、ロジャーズらは、北アイルランドの首都ベルファーストから来たプロテスタント四名、カトリック四名、英国陸軍退役大佐一名と、三日間二十四時間のエンカウンター・グループをもった。本書はその記録であり、社会的・国際的紛争解決への示唆を与えてくれるであろう。

〈1680円〉

デイビッド・ブレイジャー著／大澤美枝子＋木田満里代訳／恩田彰監修

『禅セラピー――仏教から心理療法への道』

イギリス人の仏教徒でロジャーズ派のセラピストである著者は、仏教と心理療法という二つの異なる領域に架橋し、セラピーの新たな可能性を切り開いた。本書はその成果をまとめたもので、邦訳刊行が待望されていた注目の書。

〈2310円〉

アン・ワイザー・コーネル／バーバラ・マクギャバン著／大澤美枝子・上村英生訳

『フォーカシング・ニューマニュアル――フォーカシングを学ぶ人とコンパニオンのために』

フォーカシングとは、自分にやさしく連れ添って生きるための方法。本書は、そのトレーナーとして今、日本で最も人気のあるアン・ワイザー・コーネルが同僚のバーバラ・マクギャバンと共著で、二〇〇二年に開催された第14回フォーカシング国際会議」に合わせて書き下ろしたものの全訳で、フォーカシング体験に不可欠の知識を集大成し、「生涯にわたる気づきの技法」としてフォーカシングを学んでいる人々のプロセス全体をサポートすることを意図したものである。

〈2520円〉

東京女子大学文理学部助教授　近田輝行著

『フォーカシングで身につけるカウンセリングの基本――クライエント中心療法を本当に役立てるために』

フォーカシングの体験はカウンセラーの基本的態度を身につけるための近道。クライエント中心療法の理解に不可欠の「体験過程」に焦点を当て、ロジャーズ、ジェンドリンからインタラクティブ・フォーカシングまでやさしく解説。

〈主な内容〉カウンセリングをめぐって／ロジャーズからジェンドリンへ／体験過程をめぐって／フォーカシングの実際／フォーカシングのバリエーション／カウンセリングにおけるフォーカシングの活用

〈1680円〉

ニール・フリードマン著／日笠摩子訳

『フォーカシングとともに』（全3巻）

① 体験過程との出会い

フォーカシングを生きるセラピスト、ニール・フリードマンが、フォーカシングとの出会い、『フォーカシング』（ジェンドリン著）、体験的心理療法、体験的フォーカシングについて、さらにフォーカシングとそうでないもの、フォーカシング・ラウンドを進める上での工夫、フェルトシフトの類型、フォーカシングの効用について、一人称でわかりやすく語る。

〈1680円〉

② フォーカシングと心理療法

本巻で、フリードマンはフォーカシング指向体験療法に入り、フォーカシングと傾聴を基本としつつ、自己開示・ゲシュタルト・ハコミ・表現的方法からおしゃべりまで、大胆にして繊細に組み合わせる。

〈1890円〉

③ 心理療法・瞑想・奇跡

フォーカシングと瞑想との関係、フォーカシングによってもたらされた奇跡の紹介に加えて、ジェンドリン流心理療法に関する最新論文などを収録。「生き方としてのフォーカシング」の奥深さと魅力があますところなく語られる。

〈1575円〉

ケビン・マケベニュ著／土井晶子著・訳

『ホールボディ・フォーカシング――アレクサンダー・テクニークとフォーカシングの出会い』

アレクサンダー・テクニーク（姿勢法のひとつ）とフォーカシングの融合であり、私たちのからだをより良く知るための方法であるホールボディ・フォーカシング。本書は、その理論から実践までを網羅した日本で初めての解説書。フォーカシングに興味のある方だけでなく、ボディワークの経験者にもおすすめの本。

〈1470円〉

アン・ワイザー・コーネル著／バーバラ・マクギャバン寄稿／大澤美枝子訳

『すべてあるがままに——フォーカシング・ライフを生きる』

三十五年にわたりフォーカシングの研究・実践・普及に尽力してきたアン・ワイザー・コーネルが、最初から最後まで本書で伝えようとしていることは、究極の受容、究極のやさしさ、すべてにイエスと言うこと。本書では、セラピストやカウンセラー、その他援助職の方だけでなく、広く一般の方が、自分の問題に自分で取り組めるように、この究極の哲学を、ただ理論や態度として学ぶだけでなく、例を示しながら具体的にわかりやすく説明し、技法として実際に練習できるように工夫されている——それはまたアンの得意とするところでもある。

《本書の内容》■すべてあるがままに■こころの宝さがし■フォーカシング・パートナーシップ■促進的言語の機能■フォーカシング教師のために

〈2520円〉

スクールカウンセラー　土江正司著

『こころの天気を感じてごらん——子どもと親と先生に贈るフォーカシングと「甘え」の本』

「感じ」の科学としてのフォーカシングに沿った、簡単で新しい、心の探検への誘い

今の心身の感じを天気に例えてみる。それを色えんぴつでさっと絵に描いてみる。学校の教室で行うわずか十五分の「心の天気描画法」によって、子どもたちは心と向き合う楽しさを発見できただろう。フォーカシング理論に基づいた作品の鑑賞法、コメント法により親や教師は子どもの気持ちが掴め、より良い関係を築けるようになるだろう。（著者）

第一部「心の天気」◎心を天気で表現することの意味◎フォーカシングについて◎心の天気を描画してみよう◎小学校での実践◎研究と応用——心の天気から俳句作りにチャレンジ

第二部「甘え論」◎心の天気はどのように晴れるのでしょうか◎自我の働きと成長◎依存的甘え◎社会的甘え、異性間の甘え◎絶対的甘えと宗教◎甘え論のまとめと補足

第三部「円座禅」◎円座禅——フォーカシングと洞察話法のトレーニングのために——

（漫画多数掲載！）

〈1890円〉

帝京平成大学専任講師　向後善之著

『わかるカウンセリング——自己心理学をベースとした統合的カウンセリング』

アメリカのトランスパーソナル心理学の拠点の一つCIISで学んだ最新心理学・臨床心理学に基づき、コフートの自己心理学、精神分析、トランスパーソナル心理学などについて、レベルは落とさず、しかも極限までわかりやすく説いた入門書。カウンセリング初心者の方、最新臨床心理学を学びたい方に。

〈1890円〉

山本次郎著

『カウンセリングの実技がわかる本 ◎ 上巻』

演習入門篇、進め方応用篇、フルコース案内篇から成る本書は、初心者カウンセラーの多くが求めていた実用書。カウンセラーの三つの基本的条件、ロールプレイ（初回面接の演習）の基礎、ミニ・カウンセリングの基礎知識など、実用的なヒントを満載。〈2625円〉

『カウンセリングの実技がわかる本 ◎ 下巻』

エゴグラムや、フォーカシングや、過去・現在・未来などの「助言篇」と、後期ロジャーズ派の「助言なし解決編」を、わかりやすく説明。従来のカウンセリングの学習にありがちな「木を見て森を見ず」的傾向に陥らないため、「木」の部分にあたる上巻に対して、下巻は「森」の部分としてまとめてあり、上下二巻を併せ読むことによってカウンセリングの全体を理解することができる。〈2625円〉

ヒューマン・ギルド代表　岩井俊憲著

『アドラー心理学によるカウンセリング・マインドの育て方——人はだれに心をひらくのか』

現在静かなブームとなっているアドラー心理学をベースに、カウンセリングの専門家でない人も、すでに学んでいる人も現場で実際に生かせるよう、図版を用いてわかりやすく「簡易カウンセリング」のノウハウを紹介。本書はとりわけ、バブル崩壊後、生産性向上の名の下に失われていた「ビジネスマンの尊厳」を回復することを新しい世紀に向けての企業社会の新たな目標に掲げ、そのためにカウンセリングの理論や技法を適用することをめざしている。〈1680円〉

ジェーン・ネルセン他著／会沢信彦訳／諸富祥彦解説

『クラス会議で子どもが変わる——アドラー心理学でポジティブ学級づくり』

アドラー心理学の理論と方法に基づいた〝育てるカウンセリング〟の発想に立つ学級経営の実際を具体的に紹介。子どもたちを尊敬し、信頼し、勇気づけ、学級崩壊を防ぐための具体的なアイディアやノウハウが満載！。〈1890円〉

カール・ロジャーズ＋H・ジェローム・フライバーグ著／畠瀬稔＋村田進訳

『学習する自由・第3版』

ロジャーズの教育論・実践の発展的継承。昨年『ロジャーズが語る自己実現の道』が、また、今年に入って『ロジャーズを読む・改訂版』『ロジャーズ再考——カウンセリングの原点を探る』さらに『カール・ロジャーズ　静かなる革命』が相次いで刊行され、再評価の気運が高まっているカール・ロジャーズ。本書は、そのロジャーズの『創造への教育』および『新・創造への教育』のエッセンスを継承しつつ、アメリカにおけるその後の教育状況の変化を踏まえて、新たにヒューストン大学教育学教授ジェローム・フライバーグによって大幅に増補・改訂され、今日の教育状況の改善に資するようアップデートされて、*Freedom to Learn : Third Edition* として一九九四年に出版された待望の書の全訳。〈3570円〉

『自己牢獄を超えて——仏教心理学入門』

キャロライン・ブレイジャー著／藤田一照訳

「自己」は防衛のための「砦」に他ならない。それが「牢獄」となってわれわれの人生をさまざまに制限している。仏教の基本教義である五蘊や縁起を「自己＝牢獄」の生成プロセスとして詳細にとらえなおし、そこから脱していかに世界や他者に向かって開かれた生き方へと転換していくかを示す。理論篇と実践篇から成る、待望の仏教心理学の体系的教科書。〈2625円〉

[英和対訳]『ロジャーズのカウンセリング（個人セラピー）の実際』

カール・ロジャーズ著／畠瀬稔監修／加藤久子・東口千津子共訳

進行中のセラピー（第17回目）の全実録。ロジャーズのカウンセリング面接ビデオ『Miss Mun』（撮影時期一九五三年—五五年頃）は、実際のセラピーの場面そのものをクライアントの諒解の下に収録したものとして貴重である。このたび、その日本語版が作成されたのに合わせて、録音の内容を英和対訳でテキストとしてまとめた。

ロジャーズの心理療法の核心が最もよく表現されているこのミス・マンとの面接は、多くのサイコセラピストやカウンセラーにとってきわめて有益な、パーソンセンタード・カウンセリング実習の最上のテキストである。〈630円〉

[英和対訳]『これが私の真実なんだ——麻薬に関わった人たちのエンカウンター・グループ』

カール・ロジャーズ著／畠瀬稔監修／加藤久子・東口千津子共訳

一九七〇年に原版が制作された ***Because That's My Way*** は麻薬に関わった人たちのエンカウンター・グループの記録映画で、名誉あるピーボディー賞を受賞した。この賞は、放送、記録フイルム、教育番組のすぐれた作品に授与される格式の高い賞で、放送界のピューリツアー賞といわれている。

一九六〇年代後半、アメリカではベトナム戦争反戦運動が高まり、ヒッピーや反体制派が広がる中で、若者たちによる麻薬の濫用が深刻な社会問題になっていた。そうした状況の中でピッツバーグの教育TV局の依頼に応じて、麻薬関係者のエンカウンター・グループが企画され、開催された。

ロジャーズが見事なファシリテーター役を果たしているこの映画を見ると、アルコール中毒者、犯罪者、少年院、刑務所、紛争事態、学級経営、生徒指導、組織運営のあり方などにもエンカウンター・グループ的なアプローチを広げてゆくことが十分に可能だと強く感じられる。その日本版が制作されたのに合わせて、スクリプトを英和対訳テキストとしてまとめたもの。〈1050円〉

『パーソンセンタード・アプローチの最前線――PCA諸派のめざすもの』

ピート・サンダース編著／トニー・メリーほか著／近田輝行ほか監訳／末武康弘ほか訳

パーソンセンタード・セラピーを本当に学びたい人のための最新テキストPCA諸派の発展と新たな展開、その共通点と違いを明らかにする。

■CCT・PCAの歴史：出来事・年代・考え方■古典的クライエントセンタード・セラピー■フォーカシング指向心理療法■体験的パーソンセンタード・セラピー■心理療法への実存的アプローチ■誠実な統合に向けて■補足：パーソンセンタード・アプローチ・カウンセリングとセラピーにおける位置づけ〈2310円〉

『病いとこころ――からだの症状と対話する』

アルバート・クラインヒーダー著／青木聡訳

すべての病気には、こころの動きが伴っている。

ユング派の心理療法家である著者は、さまざまな病気に苦しんだ経験や心理療法の事例から、症状の背景にある元型的な物語を見抜き、そのイメージの中に深く入っていくことを提唱する。自己の全体性を目指す能動的想像（アクティブ・イマジネーション）の実際。〈1260円〉

『ヨブ記』

ユング派心理療法家　トマス・ムーア序文／心理占星術研究家　鏡リュウジ解説／臨床心理士　青木聡序文翻訳

「神よ、私が何をしたというのですか?」　生きる不条理に聖書はどのような答えを出したか。

『失われた心　生かされる心 *Care of the Soul*』『ソウルメイト *Soul Mates*』により全米で爆発的な「魂ブーム」を巻き起こしたユング派心理療法家トマス・ムーアが、『ヨブ記』の謎に迫り、それを人生における苦悩の役割について考えさせるものと捉え、みずからの体験に照らし合わせながらその現代的意義を読み解く。また、イギリスの心理学的占星術を日本に紹介し、従来の「占い」のイメージを一新した気鋭の心理占星術研究家鏡リュウジが、ユングの『ヨブへの答え』などに触れながら、聖書中のこの不思議な物語を現代人にとって決定的な意味を持つものとして提示する。〈1470円〉

デイビッド・キセイン＋シドニー・ブロック著／青木　聡＋新井信子訳

『家族指向グリーフセラピー——がん患者の家族をサポートする緩和ケア』

家族指向グリーフセラピーは、末期患者の生活の質（Quality of Life）を高めるために家族機能の改善を試みるアプローチであると同時に、患者が亡くなった後も継続的に遺族をサポートしていく画期的な緩和ケア／悲嘆ケア・サービスである。本書では、世界的に評価の高い家族指向グリーフセラピーの実際が詳しく紹介されている。〈２４１５円〉

福島大学総合教育研究センター助教授 青木真理編著／隈病院顧問医師 加藤清ほか共著

『風土臨床：沖縄との関わりから見えてきたもの——心理臨床の新しい地平をめざして』

沖縄の「カミンチュウ」から学んだ知恵を心理臨床に活かす試み。沖縄を訪れ、そこでカミンチュウ（神事に関わる人）と出会った心理臨床家たちがその出会いを通じて学んだことを「風土臨床」という形でまとめ、それを沖縄の人々と世界にお返しすると同時に、心理臨床という畑をより豊かにすることが意図されている。■心理臨床家の沖縄研究■沖縄研究と風土臨床■風土臨床の展開■沖縄神学と風土臨床〈２１００円〉

《精神世界関連書》

ケン・ウィルバー著／青木聡訳

『〈ワン・テイスト〉——ケン・ウィルバーの日記・上下』

「永遠の哲学」とは何か？　統合的哲学の構築をめざすケン・ウィルバーの思想が〝一口サイズ〟で詰まった一九九七年の日記。ウィルバーのプライベートな生活と内面世界、彼を取り巻く人間関係を垣間見ることができる。〈上下各２２０５円〉

レックス・ヒクソン著／高瀬千尋訳／高瀬千図監訳

『カミング・ホーム——文化横断的〈悟り〉論』

グローバルな視点から普遍的な現象としての〈悟り〉の本質に迫った画期的な論考！　ケン・ウィルバーをして「世界の偉大な神秘主義的伝統についてこれまでに書かれたもののうちで最良の入門書」と激賞せしめた本書は、ハイデッガーとクリシュナムルティに関する論考を皮切りに、ラーマクリシュナ、ラマナ・マハリシ、プロティノス、聖パウロ、ハシディズム、現代のスーフィーの賢者ムハイヤッディーン、さらには十牛図、易経まで、〈悟り〉をめぐる文化横断的な旅。〈２１００円〉

デーヴィッド・N・エルキンス著／大野純一訳／諸富祥彦解説

『スピリチュアル・レボリューション――ポストモダンの八聖道』

現在多くのアメリカ人の内面で進行中と言われる〝霊性の革命（スピリチュアル・レボリューション）〟の実態に迫り、魂を養い、〝聖なるもの〟に至るための八つの道（女性性：アニマ／芸術：ミューズ／身体：エロス・性・官能性／心理学：カウンセリング・サイコセラピィ／神話：物語・儀式・シンボル／自然：天・地／関係性：友情・家族・コミュニティ／魂の闇夜：実存的危機の道）を提示し、実際にそれらの道を辿ることを志す人々をガイドする。

〈２５２０円〉

大野純一著編訳

『クリシュナムルティの教育・人生論――心理的アウトサイダーとしての新しい人間の可能性』

Ｊ・クリシュナムルティは、数ある宗教的覚者のなかでも教育に特別な関心を寄せ、実際にアメリカとイギリスに一校ずつ、インドに約五校の学校建設を実現し、晩年にかけて毎年それらの学校を回って生徒や教師たちと対話し、多くの実り豊かな成果を残した。

本書はそのクリシュナムルティの教育観ひいては人生観をこれまで未紹介の資料からわかりやすくまとめ、来るべきミレニアムに向けての新しい生き方を模索している。それを要約すれば、戦争・暴力・流血によって彩られた自己中心的、自集団・自文化・自国家中心的な二十世紀的心理構造から抜け出し、世界中心的・コスモポリタン的・平和的な新しい人間としての〝心理的アウトサイダー〟に変容することが急務だということである。

世界中心的スタンスへの進化の必要性はトランスパーソナル心理学の理論的旗手ケン・ウイルバーも盛んに強調しているが、クリシュナムルティは半世紀余り前からそれを訴え続けていた。新しいミレニアムには、従来の生き方を一歩も二歩も踏み出した様々なアウトサイダーが活躍するものと予想され、本書はその流れを先取りするものとなっている。

〈１６８０円〉

神尾学編著／岩間浩・今井重孝・金田卓也著

『未来を開く教育者たち――シュタイナー・クリシュナムルティ・モンテッソーリ…』

教育の危機が叫ばれる今日、新しい教育に向けて一筋の光明を与えるものとして、専門家のみならず一般の方々の注目をも集めはじめているシュタイナー・クリシュナムルティ・モンテッソーリといった教育者たちの共通項を探っていくと、教育の世界では今まで表だって言及されることのなかった「神智学」という言葉にいきつく。この神智学は、一九世紀後半ロシア人のブラヴァツキー夫人によって創始されたものであるが、それをキーワードに手繰っていくと、上記の各教育の特徴、ユネスコの設立にまで神智学が深く関与していた等の重要な歴史的事実、また今後進んでいくべき方向性が明確になっていく。

〈１６８０円〉

J・クリシュナムルティ著／大野純一訳

『しなやかに生きるために——若い女性への手紙』

人生の様々な問題や困難にもめげず、しなやかに、たくましく生き抜くにはどうしたらいいのか？　本書に収録された温かい思いやりにあふれた一連の手紙の中で、クリシュナムルティはこの難題に取り組んでいる。

われわれを真の自由へと誘う偉大なる牧人クリシュナムルティが、彼の許を訪れたとき心身ともに傷ついていた若いインド人女性宛に書いた、慈愛に満ちた書簡集。

〈840円〉

J・クリシュナムルティ著／大野純一編訳

『〈新装版〉私は何も信じない——クリシュナムルティ対談集』

クリシュナムルティはその九十年の生涯の間に数多くの人々と対談した。本書はその一部を厳選し、インド人学者ヴェンカテサーナンダや、アメリカの宗教学者でケン・ウイルバーの先輩格にあたるジェイコブ・ニードルマンとのグル、求道、ヨーガ、教師の役割、心理的依存といったテーマをめぐる討論等々を紹介。

〈2100円〉

大野純一編訳

『白い炎——クリシュナムルティ初期トーク集』

あたかも古代緑地から来るかのような風がさわやかに吹き渡り、深い平和があたりを領している〝本然の生〟。クリシュナムルティによれば、現代人の不幸の根本原因はそのような生から切り離されてしまったことにある。それゆえ、彼は本然の生の実現を妨げているさまざまな要因をあばき、われわれ一人ひとりの中にある潜在能力を呼び覚まし、日常生活をそのような生を実現するための喜ばしい〝発見の場〟として用いるよう促す。

〈2100円〉

クリシュナムルティ著／大野龍一訳

『自由と反逆——クリシュナムルティ・トーク集』

生に安全はない。安全への希求を放棄したとき、生の豊饒が姿を現わす！

〝生の革命家〟クリシュナムルティの誕生を告げる一九二八年キャンプファイヤー・トークの全文と、成熟期一九四七年マドラス講話に示された、揺るぎない「日常への指針」。模倣に基づいた中古品の人生ではなく、個性的な独自の人生を歩むためのガイド。

〈1680円〉

大野純一著編訳
『クリシュナムルティの世界』
クリシュナムルティの〝人と思想〟の全容をこの一冊に収録。〈世界教師〉としての彼の数奇な生涯をたどり、その〈教え〉に様々な角度から迫ることによって、二十一世紀に向けてのメッセージを読み取る。〈2730円〉

大野純一著編訳
『片隅からの自由――クリシュナムルティに学ぶ』
限りなく異常の度を加えつつある現代世界の中で正気を保つためには、もはや「正常（ノーマル）」であるだけでは不十分であり、「超正常」な生き方を実現することが急務となっている。そのため、典型的な超正常者としてのクリシュナムルティの歩みを、まず初期から第二次大戦後にかけての代表的トークによってたどる。次に、一九七〇年前後のトークに傾聴することによって、彼の教えの核心に迫る。そして最後に、「学び」の可能性を様々な角度から模索することによって、超正常な生き方の実現に不可欠の気づき・観察・洞察・理解・注意・知覚力を磨くための手がかりをつかみ、新たな学びの精神を培うことをめざす。〈2310円〉

ハリー・ベンジャミン著／大野純一訳
『グルジェフとクリシュナムルティ――エソテリック心理学入門』
グルジェフの教えのエッセンスを彼の高弟モーリス・ニコルの注釈書に基づいて紹介し、クリシュナムルティの教えとの共通点ないし関連性に言及する。あのデルフォイの神託〝*Gnothi Seauton*〟（「汝自身を知れ」）の最も深い意味が明かされ、〈コスモス〉との深い関わりのなかで試みられるダイナミックな「自己発見の冒険」へと読者を誘う。〈2100円〉

アリエル・サナト著／大野純一＋大野龍一共訳
『クリシュナムルティとは誰だったのか――その内面のミステリー』
クリシュナムルティには〝プロセス〟と呼ばれる不可解な身体的苦痛を伴う体験があった。それは一体何を意味するのか？　また、彼は通常思われているように本当に神智学的な思想を否定していたのか？　著者は膨大な資料を駆使しながら、これらの問題に深く探りを入れる。そして、「永遠の哲学」という広い視野から彼の人物・思想を捉え直し、「新時代の告知者」としての明確な位置づけを与えようとする。クリシュナムルティ研究に新次元を開く画期的な著作。〈2415円〉

J・クリシュナムルティ著／大野龍一訳

『人生をどう生きますか？』

クリシュナムルティの多くの著書から短いパラグラフの形で抜粋され、読み易く理解し易いようにトピック別に編集された、一巻本選集。クリシュナムルティにまだあまりなじみのない読者や、全体的な視野から彼の教えを見直したいと願う読者には最適の一冊。◆セクション1・あなたのセルフとあなたの人生◆セクション2・自己理解：自由への鍵◆セクション3・教育、仕事、マネー◆セクション4・関係

〈2100円〉

J・クリシュナムルティ著／大野龍一訳

『生と出会う――社会から退却せずに、あなたの道を見つけるための教え』

危機の時代を生きる現代人のための、自由人クリシュナムルティの力強い助言と励まし。「中心のない」気づき、観察とは何か？本書でクリシュナムルティはそれこそが瞑想であるゆえんを詳述し、そのとき生じる「根底的革命」が自己催眠や自己欺瞞の産物ではない真の安心感、愛と生の豊かさの感受、絶対的な自由の感覚を生み出すと語る。それなくしては恐怖・葛藤からの離脱、病んだ人間関係の修復、混乱した社会の中での明快で柔軟な行動、秩序の創出もありえない。

死の前年までの三〇年間の著述・講話から、メアリー・ルティエンスが選出・編集した、〝偉大なアウトサイダー〟クリシュナムルティの教えが凝縮された一冊。

〈2100円〉

J・クリシュナムルティ〔著〕／大野龍一〔訳〕

『既知からの自由』

四〇年近く読み継がれてきた名著の新訳。格好のクリシュナムルティ入門書。

〈1680円〉

J・クリシュナムルティ著／大野純一訳・解説

『クリシュナムルティの教育原論――心の砂漠化を防ぐために』

従来の教育のあり方を根底から問い直した革命的教育論。

〈1680円〉

メアリー・ルティエンス著／大野純一訳

『クリシュナムルティの生と死』

「何が真理ではないか」を指摘し続けたクリシュナムルティは二十世紀の典型的偶像破壊者の一人であり、特定のいかなる哲学、宗教あるいは心理学派との同一化も断固として否定した。が、変容を促す彼の洞察と観察は多くの人々に深甚なる影響を及ぼした。

本書の目的はこのきわめて注目すべき人間の性質を解明し、彼の成長の過程をたどり、そして彼の長い生涯を展望することである。そのため著者はクリシュナムルティの成長にとって不可欠の事柄だけを選び、それらをいわば長大な年譜としてまとめ上げた。

本書は稀有の覚者クリシュナムルティの生涯に関するルティエンスの研究成果の集大成である。

〈2310円〉

J・クリシュナムルティ［著］／柳川晃緒［訳］

『変化への挑戦：クリシュナムルティの生涯と教え』《英和対訳◎DVDブック》

クリシュナムルティの生涯と教えに関する本邦初のDVDブック

これまでクリシュナムルティの著作の邦訳書は多数刊行されてきたが、彼の生涯や講演についてのビデオ録画がわが国で一般向けに公開されたことはなかった。

このたび、クリシュナムルティ・アメリカ財団の依頼に応じて、初めて英和対訳のDVDブックを刊行する運びとなった。

暴力へと条件づけられた人類の意識の変容を促すべく、イギリス、スイス、インド、アメリカをまわり、講演・討論を行ない、個人的面談に応じ続けた〈世界教師〉クリシュナムルティ。その九〇年にわたる生涯のあらましを貴重な映像によって辿り、聴衆一人ひとりに語りかけてくる彼の表情と肉声に接することができる。

〈2815円〉

稲瀬吉雄著

『新しい精神世界を求めて――ドペシュワルカールの「クリシュナムルティ論」を読む』

本書は、現役高校教師が足掛け三〇年に及ぶクリシュナムルティ研究を基に、インドにおけるクリシュナムルティ研究の第一人者であるA・D・ドペシュワルカール教授の英知と洞察に満ちた「クリシュナムルティ論」を徹底的に読み解いた論考である。

全編を通して、導き手であるドペシュワルカール教授によって明らかにされていくクリシュナムルティの精神世界が、著者の読書体験に基づいた「問いのネットワーク」へと引き寄せられる他の精神世界と共振・共鳴しつつ、われわれの精神を自縄自縛状態から抜け出させ、気づきと瞑想を核とする新たな創造的空間、歓喜に満ちた自由の領域へと導くであろう。

クリシュナムルティの教えの核心に迫るための〔問い―答え〕の連鎖へと参入することにより、読者は知らず知らずのうちに自らの精神世界への気づきへといざなわれていくであろう。そしてその先には、他者と架橋し、この傷ついた地球上に真の平和を現出させるための導きの糸が見えてくるにちがいない。人類の未来を〈気づき〉のダイナミズムに託した〈世界教師〉クリシュナムルティの教えの核心に迫る。

〈2415円〉

ドン・ミゲル・ルイス著／松永太郎訳
『四つの約束』

一九九八年に「異界へと旅立った」カルロス・カスタネダの流れをくむルイスは、古代メキシコの〝トルテック〟の智恵に基づいて、われわれを覚醒させ、人生をすみやかに変え、真の自由と幸福をもたらすことができる力強い教えを「四つの約束」としてまとめた。人生を暗くし、不必要な苦しみを生む元になっている様々な自縛的信念を明るみに出し、われわれを広々とした明るい世界へと誘う。

〈1260円〉


ドン・ミゲル・ルイス著／高瀬千尋訳／高瀬千図監訳
『愛の選択』

古代メキシコの〝トルテック〟の智恵を「四つの約束」としてまとめたルイスは、本書ではさらに「真実と許しと愛」によって心の傷を癒し、愛に基づいた関係をもたらすための「関係性のアート」を比類なき明晰さと熱情をこめて説き、「幸福になりたい」という基本的な願いに対する誠実で真摯な、実践可能な完璧な答えを与える。

〈1470円〉

ドン・ミゲル・ルイス著／大野龍一訳
『四つの約束――コンパニオン・ブック』

本質的にしてすぐ役に立つ生き方実践マニュアル。『四つの約束』のさらに詳しい解説、著者とのQ&A、読者の「実践報告」を収める。深い思想と現実的な要請をマッチさせた幸福論。

〈1575円〉

ドン・ミゲル・ルイス著／大野龍一訳
『祈り――創造主との交わり』

本来「愛の器」である人の心を、憎悪や悲嘆の器に変えてしまうものは何か？　それは「虚偽」のメッセージであると説く著者は、あらゆる虚偽を捨て去って、「創造主との愛の交わり」の中で再生する方法を教える。あなたの「夢」が美しいものに変貌するとき、世界の悪夢もまた、終わりを告げるだろう。古代メキシコのトルテックの教えに基づく、シンプルで力強い愛の祈りの教本。

〈1260円〉

ドン・ミゲル・ルイス著／大野龍一訳

『パラダイス・リゲイン——トルテックの知恵の書』

現代世界の混乱、対立、紛争、悲惨の真因は何か？　私たちはなぜ自ら不幸と苦しみを人生に持ち込んでしまうのか？　それは、無意識に行なう自己虐待にある。あなたの頭の中の「知識の声」に注意を向けよ！　それは虚偽であり、正義や道徳を偽装した堕天使の偽りのメッセージである。これまで語られることのなかった自伝的エピソードも豊かにまじえ、真の自由を取り戻し、失われたパラダイス奪還の方法を説く、著者渾身のメッセージ。

〈1575円〉

ポール・ブラントン著／大野純一訳

「真の自己責任と自己実現の教えとしての新カルマ論」

全米の多くの囚人たちが感動したという本書は、「カルマ」という言葉にまとわりついている、主に前世での悪行と結びついた懲罰的なイメージをぬぐい去り、そのエッセンスを真の自己責任と自己成長／実現の教えとして組み直し、個々人の思考・感情・行為と社会・世界全体の運命との密接な結びつきをわかりやすく説く。

〈1575円〉

レックス・ヒクソン著／高瀬千尋訳／高瀬千図監訳

『カミング・ホーム——文化横断的〈悟り〉論』

グローバルな視点から普遍的な現象としての〈悟り〉の本質に迫った画期的な論考！　ケン・ウィルバーをして「世界の偉大な神秘主義的伝統についてこれまでに書かれたもののうちで最良の入門書」と激賞せしめた本書は、ハイデッガーとクリシュナムルティに関する論考を皮切りに、ラーマクリシュナ、ラマナ・マハリシ、プロティノス、聖パウロ、ハシディズム、現代のスーフィーの賢者ムハイヤッディーン、さらには十牛図、易経まで、〈悟り〉をめぐる文化横断的な旅。

〈2100円〉

ルイーズ・ダイヤモンド著／ニール・ドナルド・ウォルシュ緒言／高瀬千尋訳

『平和への勇気——家庭から始まる平和建設への道』

世界各地の紛争現場での「平和建設家」としての豊富な体験を通じて、著者は真の平和建設が家庭、学校、企業といった日常的生活の場での平和な関係構築への努力と不可分であることを、具体的事例を挙げて詳述する。

〈2310円〉

上海 気功老師　盛 鶴延著

『気功革命・治癒力編――気功・按摩・薬膳・陰陽バランスを使って病気を治す・パワーを溜める』

ヨガブームに続き、気功ブーム再来!! 中国四千年の秘伝の養生法が、今、この一冊で明かされる!!

好評の『気功革命――癒す力を呼び覚ます』の続編である本書には、自分で病気を治すための知恵が集大成されている。医療ミス・医療不信が続く現代、健康への不安を抱えた現代人必読の書。【内容】①原理編②実践編③方法編

〈1890円〉

心身一体療法研究所所長　本宮輝薫著

『真気の入れ方と邪気の抜き方――色彩・言葉・形が気を動かす』

邪気を受けずに気を動かすには？ 気を動かして病気を治し、セラピストも健康になれる智恵。気についての従来の混乱した議論を整理し、誰もがたやすく気に近づけるようにした明確な理論。全セラピスト必携！

〈2100円〉

佐藤美知子著

「瞑想から荒行へ――意識変容をめざして」

長年瞑想の実践・指導にたずさわってきた著者が、意識変容を加速化させるための古くて新しい方法としての「荒行」の有効性を説いた、ユニークな対話録。［本書の内容］瞑想とは、なにか？●心――その、もうひとつの姿●荒行へ●宇宙の一点となる

〈1680円〉

佐藤美知子著

『滝行――大自然の中、新しい自分と出会う』

今や科学的にもその効能のメカニズムが解明されつつある滝行。その滝による修行の本質に迫った初めての解説書。生徒との問答を交えて荒行の常識をわかりやすく問い直す一〇回の講義。

〈1680円〉

佐藤美知子著

『瞑想の妙宝――こころと向きあうための教え』

『瞑想から荒行へ』『滝行』に続く、現代人のための瞑想実践法に関する三部作の最終巻。著者の佐藤美知子は、国際宗教・超心理学会（ＩＡＲＰ）会長本山博博士に師事し、同会で瞑想指導者として活躍したが、その後独立して「湧気行」を主宰。そして滝行を主な補助手段として、生徒たちとの対話を通じて瞑想の奥義を伝えてきた。

本書は、著者が生前に残した膨大な講話・対話録から、現代人にわかりやすく、かつ実践しやすい仕方で語られた瞑想法に関する部分をまとめたもの。●瞑想修行の意味●調心のための準備●身体的訓練・調息●集中から瞑想へ●瞑想深化のプロセス●行と現実をつなぐ。

〈1680円〉

近藤千雄著

『日本人の心のふるさと《かんながら》と近代の霊魂学《スピリチュアリズム》』

高校時代にスピリチュアリズムを知り、その後『シルバーバーチの霊訓』や『ベールの彼方の生活』などスピリチュアリズム関連書を多数翻訳紹介してきた著者が、《古神道》の真髄にスピリチュアリズムの観点から迫った労作。

●日本人および日本文化の源流●《かんながら》の思想の真髄●浅野和三郎の『龍神遠祖説』●《かんながら》の表象としての神社●《かんながら》の歴史的変遷●日本人の脳の特殊性と言霊●死後の世界観を塗り変えたスピリチュアリズム●「現代の啓示」の受信者たち●人間の霊的構成と死後の階層●日本的な、あまりに日本人的な霊現象●稀代の霊的治療家　ハリー・エドワーズ●スピリチュアルな旅としての人生●とっておきのエピソード●グローバル化が進む霊界組織

〈2100円〉

近藤千雄著

『シルバーバーチに最敬礼』

霊言集を完訳した今、「謎」と「なぜ?」を取っておきの資料と文献で検証する。これまで『シルバーバーチの霊訓』などスピリチュアリズム関連書を多数翻訳紹介してきた著者が、その過程で抱いた疑問に答えるために書き下ろした、ファン待望の書。

■シルバーバーチ自身は何者だったのだろうか。■なぜ今世紀になって出現したのだろうか。■キリスト教を諸悪の根源のように批判しているが、その根拠は何なのだろうか。■イエスは本当に磔刑にされたのだろうか。等々……

本書は、シルバーバーチ・シリーズを完訳した今、そうした謎めいたことや「なぜ?」と疑義を挟みたくなることを拾い上げて、可能な限りの資料を駆使してそれらを解明することにより、訳者としての責任を果たしたいという願望から出た企画である。

〈1890円〉

明治大学文学部教授　三沢直子著

『〝則天去私〟という生き方――心理学からスピリチュアリズムへ』

〝意味ある人生〟をどう生きるか。最終的に訪れる〝死〟をどう受け止めるか。それは科学の問題ではなく、哲学・宗教の問題である。限界に突き当たった心理カウンセラーが、自らの体験を通して語る魂への提言。

著者はこれまで約二十年間、精神病院、神経科クリニック、企業の総合病院神経科などにおいて、心理療法、心理検査を担当。母親相談や母親講座をはじめとする子育て支援活動、保育士・児童館職員・教師など、子どもに関わる人々の研修などに携わってきた。その著者の関心が一転して、なぜスピリチュアリズムへと向かったのか？　その経緯が子育て支援での様々な体験を軸に感動的に述べられているだけでなく、本題のスピリチュアリズムについても力強い筆致で簡潔にわかりやすくまとめてあり、優れた入門書にもなっている。●曲がり角●混迷●新たなる出発●心と体と魂と●スピリチュアリズムとは●スピリチュアリズムにおける訓え●スピリチュアリズムの日本的なあり方●エピローグ
〈1575円〉

正木りさ著

『スピリチュアリズムに苦しんで――本当の答えは自分の心にある』

現在、社会不安を背景に空前のスピリチュアル・ブームが続いており、いわゆる「スピリチュアル・カウンセラー」の許に相談に訪れる人が増え続けている。しかし実際には、きちんとしたスピリチュアリズムに基づいて霊的な調査、除霊、浄霊ができ、正しいスピリチュアリズムを伝えていける人はごくわずかである。さらに、霊感商法をしてしまうような霊能力者までもがスピリチュアルカウンセラーと名乗る場合もある。こうした風潮の中で、誤ったカウンセリングを受けて恐怖心をあおられたり、法外なお金を支払ったり、壺や印鑑を買ってしまうといったケースも出てきており、「スピリチュアル」の名を借りた悪徳霊感商法が増加傾向にある。さらに、間違ったスピリチュアリズムに苦しめられ、心の病になってしまう人も増加している。

二十四年間、正しいスピリチュアリズム理解に基づいてスピリチュアル・カウンセリング&ヒーリングに携わってきた著者は、こうした現状を憂慮し、真正のスピリチュアリズムについてわかりやすく解説し、「スピリチュアライズされた生き方」を提唱する。〈1680円〉

ジェイムズ・ホリス著／藤南佳代十大野龍一共訳

『ミドル・パッセージ――生きる意味の再発見』

人生後半を豊かに生きるために――ユング派分析家からのメッセージ

人によってその時期と訪れ方はさまざまだが、一般に「中年危機」と呼ばれる人生の転換機が必ずやってくる。思うにまかせぬまま、人は空虚さ、混乱、倦怠、惨めさ、抑うつ等に悩まされる。しかしそこには、実り豊かで創造的な後半生と、自己の全体性を実現するための、深いこころの知恵が秘められている。

欧米でロングセラーを続ける、アメリカ心理学会重鎮の快著。すぐれた人生論、教養書としても読める本書は、ミドルだけでなく、よりよい生き方を模索する若い世代にも実り多い読書体験を約束してくれるだろう。
〈1680円〉

ジェイムズ・ホリス著／神谷正光＋青木聡共訳

『「影」の心理学――なぜ善人が悪事を為すのか？』

ユング心理学の中核概念のひとつである「影」とのつきあい方を丹念にまとめあげた快著。

できることなら目を逸らしておきたい自分の一部、ユングはそれを「影」と呼んだ。端的に言えば、「影」とは生きられていない「私」である。「私」は親・夫・妻・会社員・教師等々として、いわば「善人」として社会に適応するために、努力して「仮面」を作り上げていき、それとほぼ「同一化」して日常生活を営んでいく。一方、その過程で「私」に切り捨てられた自己の諸側面は、背後から「私」を追い回す「影」となってしまう。そして「仮面」が「私」に張り付いて一面的な生き方や考え方に凝り固まってしまう時、「影」は根本的な変化を求めて「私」に襲い掛かってくる。

善人が不意に悪事を為してしまうのも、心の隅に追いやられていた「影」のせいである。が、たいていの場合、「私」は「影」を自分の一部として認めようとしない。それどころか、無意識のうちに「影」を不快な他者に投影して自分から遠ざけてしまうこともある。しかし、ユングはこの「影」と「真摯に向き合う」ことを勧めている。なぜなら、「影」の目線で「私」を見つめ直すことによって、少しずつ「私」の変容が始まるからである。その取り組みが真摯であればあるほど、内面に生じた分裂を俯瞰し、かつ統合する新たな視点が育まれていき、やがてその影響は周囲にも波及していくに違いない。

〈1890円〉

「コスモス・ライブラリー」のめざすもの

古代ギリシャのピュタゴラス学派にとって〈コスモス Kosmos〉とは、現代人が思い浮かべるようなたんなる物理的宇宙（cosmos）ではなく、物質から心および神にまで至る存在の全領域が豊かに織り込まれた〈全体〉を意味していた。が、物質還元主義の科学とそれが生み出した技術と対応した産業主義の急速な発達とともに、もっぱら五官に隷属するものだけが重視され、人間のかけがえのない一半を形づくる精神界は悲惨なまでに忘却されようとしている。しかし、自然の無限の浄化力と無尽蔵の資源という、ありえない仮定の上に営まれてきた産業主義は、いま社会主義経済も自由主義経済もともに、当然ながら深刻な環境破壊と精神・心の荒廃というつけを負わされ、それを克服する本当の意味で「持続可能な」社会のビジョンを提示できぬまま、立ちすくんでいるかに見える。

環境問題だけをとっても、真の解決には、科学技術的な取組みだけではなく、それを内面から支える新たな環境倫理の確立が急務であり、それには、環境・自然と人間との深い一体感、環境を破壊することは自分自身を破壊することにほかならないことを、観念ではなく実感として把握しうる精神性、真の宗教性、さらに言えば〈霊性〉が不可欠である。が、そうした深い内面的変容は、これまでごく限られた宗教者、覚者、賢者たちにおいて実現されるにとどまり、また文化や宗教の枠に阻まれて、人類全体の進路を決める大きな潮流をなすには至っていない。

「コスモス・ライブラリー」の創設には、東西・新旧の知恵の書の紹介を通じて、失われた〈コスモス〉の自覚を回復したい、様々な英知の合流した大きな潮流の形成に寄与したいという切実な願いがこめられている。そのような思いの実現は、いうまでもなく心ある読者の幅広い支援なしにはありえない。来るべき世紀に向け、破壊と暗黒ではなく、英知と洞察と深い慈愛に満ちた世界が実現されることを願って、「コスモス・ライブラリー」は読者と共に歩み続けたい。